财政部职业院校教师素质提高计划职教师资培养资源开发项目
《烹饪与营养教育》专业职教师资培养资源开发（VTNE067）
教育部　财政部职业院校教师素质提高计划成果系列丛书

餐饮管理与创新

教育部　财政部　组　　编
周晓燕　主　　编
侯　兵　张少飞　执行主编

孙克奎　王璇璇　副 主 编
侯　兵　张少飞　参　　编
孙克奎　王璇璇
朱文政

中国纺织出版社

图书在版编目（CIP）数据

餐饮管理与创新 / 周晓燕主编 . -- 北京：中国纺织出版社，2017.7（2023.7 重印）

（教育部、财政部职业院校教师素质提高计划成果系列丛书）

ISBN 978-7-5180-3188-7

Ⅰ . ①餐… Ⅱ . ①周… Ⅲ . ①饮食业 - 商业管理 - 高等职业教育 - 教材 Ⅳ . ① F719.3

中国版本图书馆 CIP 数据核字（2016）第 317795 号

责任编辑：舒文慧　　特约编辑：姚　红　　责任印制：王艳丽

中国纺织出版社出版发行
地址：北京市朝阳区百子湾东里 A407 号楼　邮政编码：100124
销售电话：010—67004422　传真：010—87155801
http://www.c-textilep.com
E-mail：faxing@c-textilep.com
中国纺织出版社天猫旗舰店
官方微博 http://weibo.com/2119887771
北京虎彩文化传播有限公司印刷　各地新华书店经销
2017 年 7 月第 1 版　　2023 年 7 月第 3 次印刷
开本：710×1000　1/16　印张：18.5
字数：311 千字　定价：68.00 元

教育部　财政部职业院校教师素质提高计划成果系列丛书项目专家指导委员会

教育部　财政部职业院校教师素质
提高计划成果系列丛书

项目牵头单位：扬州大学

项 目 负 责 人：周晓燕

出版说明

《国家中长期教育改革和发展规划纲要（2010—2020年）》颁布实施以来，我国职业教育进入加快构建现代职业教育体系、全面提高技能型人才培养质量的新阶段。加快发展现代职业教育，实现职业教育改革发展新跨越，对职业学校“双师型”教师队伍建设提出了更高的要求。为此，教育部明确提出，要以推动教师专业化为引领，以加强“双师型”教师队伍建设为重点，以创新制度和机制为动力，以完善培养培训体系为保障，以实施素质提高计划为抓手，统筹规划，突出重点，改革创新，狠抓落实，切实提升职业院校教师队伍整体素质和建设水平，加快建成一支师德高尚、素质优良、技艺精湛、结构合理、专兼结合的高素质专业化的“双师型”教师队伍，为建设具有中国特色、世界水平的现代职业教育体系提供强有力的师资保障。

目前，我国共有60余所高校正在开展职教师资培养，但由于教师培养标准的缺失和培养课程资源的匮乏，制约了“双师型”教师培养质量的提高。为完善教师培养标准和课程体系，教育部、财政部在“职业院校教师素质提高计划”框架内专门设置了职教师资培养资源开发项目，中央财政划拨1.5亿元人民币，用于系统开发本科专业职教师资培养标准、培养方案、核心课程和特色教材等系列资源。其中，包括88个专业项目，12个资格考试制度开发等公共项目。该项目由42家开设职业技术师范专业的高等学校牵头，组织近千家科研院所、职业学校、行业企业共同研发，一大批专家学者、优秀校长、一线教师、企业工程技术人员参与其中。

经过3年的努力，培养资源开发项目取得了丰硕成果。一是开发了中等职业学校88个专业（类）职教师资本科培养资源项目，内容包括专业教师标准、专业教师培养标准、评价方案，以及一系列专业课程大纲、主干课程教材及数字化资源；二是取得了6项公共基础研究成果，内容包括职教师资培养模式、国际职教师资培养、教育理论课程、质量保障体系、教学资源中心建设和学习平台开发等；三是完成了18个专业大类职教师资资格标准及认证考试标准开发。上述成果，共计800多本正式出版物。总体来说，培养资源开发项目实现了高效益：形成了一大批资源，填补了相关标准和资源的空白；凝聚了一支研发队伍，强化了教师培养的“校—企—校”协同；引领了一批高校的教学改革，带动了“双师型”教师的专业化培养。职教师资培养资源开发项目是支撑专业化培养的一项系统化、基础性工程，是加强职教教师培养培训一体化建设的关键环节，也是对职教师资培养培训基地教师专业化培养实践、教师教育研究能力的系统检阅。

自2013年项目立项开题以来，各项目承担单位、项目负责人及全体开发人员做了大量深入细致的工作，结合职教教师培养实践，研发出很多填补空白、体现科学性和前瞻性的成果，有力推进了“双师型”教师专门化培养向更深层次发展。同时，专家指导委员会的各位专家以及项目管理办公室的各位同志，克服了许多困难，按照两部对项目开发工作的总体要求，为实施项目管理、研发、检查等投入了大量时间和心血，也为各个项目提供了专业的咨询和指导，有力地保障了项目实施和成果质量。在此，我们一并表示衷心的感谢。

编写委员会

2016年3月

序 言

本书的使用对象以高等学校烹饪营养与教育专业本科生为主，同时考虑作为中职学校相关专业师资直接从事教学的学习教材。本书编写立足于餐饮业态层面的管理与创新思维，力求理论与实践紧密结合，在立足于一般意义上餐饮管理的同时，将信息化和互联网化融入各餐饮业态的经营管理分析中。本书编写旨在让学习者理解并掌握不同餐饮业态经营管理要求的同时，各章节自成一体，每章内容都较好地解决一个业态问题。在“大众创业，万众创新”的时代背景下，本书对于餐饮管理的创新与创业具有一定的指导作用。

全书第一章为概述和统领部分，其余侧重于：中式餐饮业态管理与创新分析，重点围绕中式正餐与中式快餐两个部分进行分析；西式餐饮业态管理与创新分析，重点围绕西式正餐与西式快餐两个部分进行分析；火锅餐饮业态管理与创新分析，将这一特色业态独立出来自成一章，体现了对餐饮行业发展现状的关注；外卖外送与休闲餐饮业态管理与创新分析，这两类业态在当前的餐饮发展背景下具有重要的现实意义，两者既有一定的区分度，同时也有很大的关联性，这两章内容是餐饮创新创业的主要领域，值得探讨和研习。

本书是集体完成的成果，扬州大学侯兵和河南牧业经济学院张少飞共同担任主编，黄山学院孙克奎和苏州经贸职业技术学院王璇璇担任副主编。编委、参编人员及具体分工如下：

侯兵负责第一章和第八章的编写及全书的统稿工作；张少飞负责第三章和第五章内容的编写工作；孙克奎负责第二章和第四章内容的编写工作；王璇璇负责第六章内容的编写工作；朱文政负责第七章内容的编写工作。扬州大学旅游管理专业研究生陶然和周晓倩参与了本书后期的统稿和编校工作。本书编写参考了诸多资料文献，谨向文献作者表示敬意和谢意！扬州大学出版基金为本书出版提供了支持，深表谢意！

侯 兵　张少飞

2016年3月

目 录

第一章 餐饮管理创新与发展趋势

主要内容

本章包含四个部分，第一部分是重点分析餐饮管理的现状，包括当前餐饮业的行业环境、问题分析和策略措施；第二部分是餐饮管理业态划分，包括业态与餐饮业态、餐饮业态类型、业态分布以及餐饮业态创新等内容；第三部分是餐饮管理信息化与互联网思维，围绕信息化与互联网化在餐饮管理中的影响和作用进行分析；第四部分是餐饮管理的发展趋势，针对餐饮市场的发展环境来分析餐饮管理的应对策略。

学习目标

总体目标：能对当前餐饮业的发展背景、形势和趋势等有基本的认识和理解，掌握餐饮管理的问题分析和策略措施，加深对餐饮业态及业态选择与创新的认识，能够对特定餐饮市场形势下的餐饮管理思路形成科学认识。

目标分解：

1.了解和把握餐饮业态的背景、形势和趋势。

2.理解和领会餐饮管理中的问题与策略措施。

3.理解和掌握信息化与互联网化对餐饮管理的作用。

4.理解和掌握新形势下餐饮管理的基本思路。

重点与难点

教学重点：餐饮管理信息化、餐饮管理互联网化、餐饮业态。

教学难点：餐饮业态选择、餐饮市场发展环境、餐饮管理对策。

第一节 餐饮管理现状

一、餐饮管理的行业环境

（一）移动互联时代的餐饮产业边界

当前餐饮产业的发展进入了一个新的时期，从互联网改造传统产业，到“互联网+”行动计划，互联网尤其是移动互联正对各行各业产生颠覆性影响。餐饮最基本的功能也从满足人们的饮食需求，延展到休闲娱乐的社交需求，餐饮作为媒介的产业属性得到更大彰显，餐饮消费的手段更加高效便捷。餐饮消费具有生产和消费同步性、需求层次多样性、消费重复性等产业特征，任何时代线下消费不仅无法替代，而且作为消费体验的窗口将更加重要。餐饮消费的背后是成千上万的用户群，以餐饮消费为端口，可以创造无限可能。例如，金百万将餐饮门店当作获取用户的入口，逐渐涉入在线电商、O2O、金融众筹领域。人人湘 90 平方米的小店却获得千万级投资，投资人看中的不是米粉本身的盈利能力，而是背后的管理系统与商业模式。以餐饮需求为端口树立品牌，以系统为平台，挖掘、满足用户群体相关需求，餐饮的内涵和外延被不断放大。移动互联时代，具备“基本饮食需求、社交媒介、用户端口”产业特征的餐饮业，未来发展将具有无限可能。

（二）经济新常态下的餐饮产业地位

当前，中国经济进入中高速增长的新常态，政治进入全面从严治党的新时期。据世界银行报告预计，到 2020 年，中国经济中消费占 GDP 的比例由 56% 增至 60%。美国摩根士丹利报告指出，未来 10 年中国经济将迎来国内消费需求井喷的黄金时期。2020 年中国消费总量将达到美国的 2/3，占世界消费总量的 12%。扩大消费是今后中国经济发展的强力引擎。餐饮业是服务业的重要组成部分，也是社会消费的基础产业，餐饮业的发展将对优化经济结构、转变经济发展模式有重要作用。餐饮业应成为经济转型的带动产业、扩大消费的支柱产业、富民创业的基础产业、提升福祉的先导产业，不是担当原料安全的终端产业，政府应从大流通、大监管入手，构建餐饮产业发展大格局。

（三）新消费时代下的餐饮消费特点

“90后”喜欢新潮，讲求个性，接受新鲜事物能力强。作为在互联网中长大的一代，他们对互联网尤其是移动互联网运用娴熟自如，成为媒体生产者和传播者，通过自媒体拥有更多话语权。“90后”甚至“95后”已经成为社会消费的主力军，消费潮流的引领者。研究“90后”的消费心理、消费特点、消费规律成为做好餐饮的基础。以“90后”甚至“95后”为主导的新的消费时代来临，餐饮业要积极适应市场变化，开店小型化、菜品精致化、营销娱乐化、服务个性化、网络化将为未来餐饮发展新常态。

二、餐饮管理的问题分析

（一）餐饮管理问题中的现实困境

1. 各类成本控制复杂，增加管理难度

店面房租高：房租年年攀升，一般餐饮企业的房租金占到营业总收入的50%左右。

食材原材料价格上涨：据介绍，食材的成本约占总成本的40%，而蔬菜、肉类的价格每年都在上涨。比如2016年，其价格就上涨了20%。

人工成本高：“用工荒”年年突出的今天，已经不再有可能1500元/月的工资来招到人了。一般地级城市来说，餐饮企业开出的工资都在2500元/月以上，而且，还包吃住。全国餐饮企业的平均工资是3000元/月。

水电费、刷卡费过高：餐饮业的水电气价格比制造业要高出很多，如很多地区水价每吨高出0.7元，电价每度高出0.165元。尽管餐饮业的净利润不到10%，但很长一段时间内刷卡手续费就达2%（尽管现在降到1.25%），在各行业仍然处于最高。比如，一家大餐馆，一年刷卡手续费就交了近400万元，无形中增加了餐饮企业的运营成本，降低了利润。

2. 政策因素引发的市场机制尚不健全

2012年“八项规定”出台后，反奢靡之风刷新了餐饮业，加速了餐饮业转型的到来。2013年年初，在反对浪费之风的影响下，众多餐饮企业大量政务酒宴订单流失，高端餐饮业收入的消失，直接导致酒店或餐饮店经营利润的急速下跌，高端酒店餐馆的经营前景不容乐观。

3. 食品安全因素，降低了消费者的信心

餐饮业食品安全事件不断出现，“地沟油”“人造鱼翅”“化学火锅”“毒餐盒”“麦乐鸡”等问题再次将餐饮食品安全推向风口浪尖。在此情况下，餐企欲上市将面临更大的压力，因为首当其冲的除了企业盈利水平外，还受食品安全影响。

（二）餐饮管理中的能力与素质问题

1. 管理艺术与能力欠缺

管理者素质水平高低决定着企业管理水平的高低。素质不高的管理者往往是制度的破坏者，缺乏规范意识，个人化、随意化、情绪化的不良管理表现，餐饮管理发展趋势是“知识不如能力、能力不如素质、素质不如觉悟”；职能界定不清，管理工作重复，缺乏上级的干预性协调和沟通；制度执行缓慢，有事发生互相推脱；授权上全面授权或全面包揽。

2. 员工流动的失序是普遍问题

员工群体的流动性与企业经营风险的矛盾。对于所有的经营性经济实体来讲，餐饮管理企业的核心都是人才的管理。尤其是从工业经济向知识经济转型，从计划经济向市场经济转型的今天，人才的管理是决定整个企业经营成败的关键。但是，人才管理对于餐饮经营管理企业而言有着不同一般的意义。因为餐饮行业的性质不同，经营管理对人才的要求和使用模式不同，所以对人才的培养、管理、使用的方式也不同。传统的工业企业对于员工的餐饮管理一般而言都是不轻易调动工作岗位的。员工群体是一个流动性很强的群体，俗语说：“铁打的灶台，流水的厨师”。很形象的概括了厨师的工作性质。为什么会出现这种现象呢？因为从消费心理学的角度讲，人的口味必须不断地更新、变化，餐饮经营管理企业在延续经营特色的同时，积极的频繁的更换技术队伍以求获得经营项目的更新，这样就产生了厨师队伍的流动性。

队伍的流动从目前的情况看是盲目和无序的。因为从经营管理的角度讲，经常变换工作单位，没有固定的工作目标、学习目标、奋斗目标的群体是一个可怕的群体，因为现代化管理的许多成功要素无法落实到位。一方面，厨师由于一年四季面临失业且居无定所而烦恼；另一方面，餐饮经营管理企业在确定用厨师时因为没有可靠的依据和充分的把握而困惑。很多餐饮经营管理企业的老板在更换厨师队伍之前都亲自询问、试菜，然而仅靠一次试菜是难以真正了解整个厨师队伍的技术素质和水平的；再者这些厨师队伍大多是临时组织的“草台班子”，没有统一的管理、统一的项目技术规程、统一的思想和理念，所以很难有效地与经营餐饮管理结合起来，很多餐饮经营管理企业就在这种频繁更换厨师队伍的过程中倒下了。

群体的频繁流动给企业餐饮经营管理带来许多不良后果。

①使餐饮管理企业最初的经营理念和目标无法贯彻落实和延续下来。

②使企业餐饮管理无法现代化、科学化、人性化。

③使餐饮管理企业的口味特色无法确定和延续下来。

④不利于企业文化品牌的创立。

一方面，企业餐饮经营管理要求不断更新技术和经营项目，这是单纯的技术创新无法满足的。另一方面，厨师的流动带来极大经营风险的同时，自身的合法权益和收入都无法保证，怎么解决这个问题呢？另外，由于厨师群体规模一般都较小，无法通过技术管理、项目餐饮管理形成合理的技术结构。且使这种技术结构与经营项目、餐饮管理项目的营销和企业的经营管理做到完善的匹配和结合。所以，组织大规模的技术队伍，实行统一的项目管理和技术配置，为餐饮经营管理企业提供充分的技术支持、技术咨询、合理的营销策划服务，是解决当前餐饮经营管理企业经营管理的难题，且使行业管理规范化的一个重要的、合适的方法，这也是技术服务专业化发展的必然趋势。

3. 餐饮服务的专业化要求与年龄、性别之间的矛盾

对于很多餐饮管理者说，现代餐饮业的竞争，除了厨师的菜炒的好不好之外，还在于综合服务好不好。综合服务的直接提供者是服务员，所以服务员的素质高低、文化水平、仪态举止直接决定着顾客对餐饮经营管理企业的印象。菜品质量再好，服务员破坏了顾客就餐的心情，一样无法将饭店的综合服务做好！因此，餐饮管理行业的经营管理需要有一批高素质的服务员队伍，可是目前很难实现。

第一，由于服务员的社会地位不可能得到现实意义上的提高，在人口红利时代已经结束的背景下，文化素质较高，容貌较好的女孩子很难加入到这个行业中来。

第二，服务员的工资收入一般都很低（除领班外），因此很难吸引高层次的、有一定文化素养的女孩子到饭店当服务员。所以服务员的文化素质不可能短时间内得到改观。

第三，18 ~ 25 岁是当服务员的最恰当年龄，超过这个年龄，女孩结婚成家，不会再到酒店当服务员；再说超过这个年龄，年龄优势失去了，也很难找到工作。

第四，经过 3 ~ 5 年的学习，一些女孩子对服务行业也熟悉了，同时懂得了一些管理和营销知识，但是年龄却不允许他们再待在服务岗位上。因此，高素质的、业务熟练的服务员退役；新的、没有经过培训和实践磨炼的服务员又

站到服务岗位上，这种只问年龄而不管业务能力、服务水平的新旧更替，使得服务队伍整体素质不可能得到提高。

况且，现代意义上的服务员很大程度上是酒店的营销员，服务员与营销员的双重身份，因为他们普遍学历不高，所以这样的服务员队伍只经过简单的培训就上岗服务的模式，是难以满足餐饮经营管理企业高质量服务要求的。再说了，一个优秀的服务员，在充当酒店营销员的时候，除了具备充分的服务与营销知识、必需的口语表达能力、推销能力外，还要懂得饮食营养及保健方面的知识，这样才能具备高素质优秀服务员的要求。

4. 消费者口味变化与餐饮经营管理企业风味特色经营的矛盾

很多酒店的餐饮管理者都经历过兴旺与衰落。在投资创办餐饮经营管理企业的时候，投资者往往是选中了某一个优势技术项目，然后从外地引进，该项目也给予投资人一定的回报。

然而好景不长，随着别的餐饮企业的其他风味项目的引进，已经吃过多次的人们便寻求新的口味刺激去了。此时如果再坚持原有的项目经营，十有八九是失败的，这就是技术项目的老化问题。技术项目的老化是导致餐饮企业普遍寿命短的主要原因。一般而言，技术项目的老化随着城市规模的大小而异。在流动人员多、规模较大的城市，由于固定项目潜在的顾客群大，从而延长企业寿命的例子有的是，如北京的全聚德烤鸭，如今全国各地哪里没有烤鸭项目，但又有哪个烤鸭店的生意像全聚德那样长盛不衰？这里还存在两个问题，即技术和品牌问题。所谓技术问题，即使投资人选准了项目，也未必能选到好的技术人才，这是导致一些餐饮项目不能永久经营下去的最直接原因；而所谓的品牌问题，即是说餐饮品牌是使餐饮经营管理企业长寿的秘诀。只要某一项目的技术优势能一直保持并延续下去，那么企业的品牌就不会倒，就会有众多的食客慕名而来。但是相对于特色餐饮而言，酒店的品牌创立与保持却有着更深层次的问题亟待解决。

5. 餐饮经营管理企业经济规模与市场营销体系的不匹配问题

现代餐饮业的市场竞争，在中国这个不成熟的经济环境条件下，不可能是平等和规范的、理性的；其最大的不平等即是在权力介入饮食经济市场的情况下，没有合理的制约机制。权力介入餐饮经济市场，使得餐饮行业的经营管理无法规范化并按照市场经济应有的规律运行，众所周知，餐饮行业的激烈竞争是许多投资者血本无归的重要原因。然而大家是否看到，高档餐饮的投资权一直被权力拥有者把持着，中低档餐饮才是普通投资者躲避投资风险、创立文化品牌的根本。毕竟，文化的来源始于民众，发展依托于民众。目前，即便是中档的餐饭市场也一半江山被权力资源拥有者把持着，这才是最不平衡的支点，而对于这一点，除了政治体制的改革，谁都无法改变。餐饮市场竞争机制的不合理，使得餐饭行业的竞争者无法将精力放在创建品牌，文化营销和内部管理上，而是以低成本购买权力资本，使餐饮经营管理企业的股本构成中掺和了权力的成本，从而使运营成本降低，大赚其钱。许多餐饮经营管理企业的投资人短时间暴富的秘诀就是权力与资本的融合，这不是健康干净的市场经济所允许的。低成本购买权力资源，实际上即是低成本垄断了买方市场，从而造成其他投资者站在不同的起跑线上，无论评判标准多么公正，都无法最终影响结果。

毕竟，中国还有一部分没有被权力染指的市场部分，那就是面向广大工薪阶层的快餐、小吃及中低档火锅类饮食项目，而这些餐饮项目，由于规模小、档次低，发展起来谈何容易，更遑论饮食文化的弘扬和餐饮品牌的创立了，这能是健康的饮食市场吗？另一方面我们也欣喜地看到，中国的一些著名的餐饮连锁企业象陶然居、九头鸟、狮子楼、巴国布衣等在市场竞争的夹缝中发展了起来，它们的成长让我们看到了希望。也许不久的将来，中国饮食经济将步入健康发展的轨道。因为世界经济的一体化要求，给我们的政治经济体制改革提出新的标准和游戏规则，无视这种规则的存在，就不可能打造像肯德基、麦当劳、麦肯姆等具有极强竞争力和发展力的世界级跨国餐饮经营管理企业。我们的饮食文化优势就会丧失殆尽，我们的饮食经济就会在新的经济浪潮冲击下体无完肤，中华饮食文明将消失得无影无踪。这不是杞人忧天，也不是危言耸听，世界经济的发展历史表明了这一点！美国没有古老的传统文明，但是它有着先进的现代文明；现代战争已不仅仅是军事上的，更多是文化意义上的、观念上的、信息上的、经济上资源的掠夺；美国的经济、政治掠夺已经是全球性的，这其中就包括他们对饮食经济资源的掠夺。如果我们不能及早治理好经济环境，尤其是饮食经济环境，中华饮食文明虽然可以光大，但是饮食市场的资源优势，将会消失得无影无踪。

6. 餐饮经营管理企业的经济规模与市场营销体系的不匹配

餐饮业的营销与其他商品种类的营销有着非常大的区别。除了少数特色餐饮品种如火锅类、水饺类、小吃类等可以批量生产且风味固定的项目外，酒楼、饭店等项目群为经营对象的餐饮经营管理企业，其品牌的创立就不是一两句话所能概括得了。首先，中华饮食文明的最核心成分是包含诸多技术成分在内的，无法工业生产，只能手工操作，现场生产、即时消费的产品项目，饮食产品的一个特点是产品的新鲜度。只有新才能鲜。无论现代科技多么发达，都无法解决加热成熟后食物的保鲜问题，那只有一个办法，即沿袭了几千年的现场加工制作、即时消费。凉拌、炒、烧、扒、煨、炖、煮、蒸、溜、烩等一类的烹调技法所加工出来的食品，很少有能够长时间保存而不失去鲜味的。饮食产品的商业价值最重要的就是食物的鲜味、香味、色泽、营养成分，而这些都会因久放失去。所以酒楼、饭店无法被现代工业文明取代，就是缘于此。

相比较而言，酒楼、饭店单独一个项目的产量是很小的，根本无法与工业化大批量生产的项目比。因此，项目经济规模太小是酒楼、饭店无法与现代市场营销体系融合，从而产生规模效益的根本原因。宣传一个项目起不到作用，宣传一批项目又难以让大家通过宣传了解到产品各自不同的风味特点；所以，酒楼饭店的营销工作很难做到位。目前，大多数饭店的营销仅靠服务员的介绍，它的受众范围太小，而电视媒体广告费太过昂贵，且受收视率的影响而效果不佳，如何选择恰当的媒体或者媒体组合起来做酒店的营销，是一件值得探讨的问题。目前最有效的方法是，利用当地电视媒体与地方报纸加上服务员营销业务培训，才能从根本上解决餐饮经营管理企业营销不到位的问题。电视、报纸媒体在对餐饮类产品项目收取广告费时，要改变以往的做法，毕竟这些项目与工业项目的营销学内涵不同。过高的收费酒店承受不起，时日一久，经营餐饮管理者会对广告的效用、功能产生怀疑，这样会影响整个行业的发展进步。

7.餐饮管理者必须是全才，才能做到面面俱到

餐饮经营管理企业的特点与经营者素质的矛盾。麻雀虽小，五脏俱全，各部门之间要形成一个有机的整体，并健康的生存发展，谈何容易。与大的工业企业不同，各部门可以各自分工负责，餐饮管理者只要做好协调工作即可。但餐饮经营管理企业是一个无论员工人数、生产规模、部门分类都很有限的生产单位。从员工素质上讲，他们大多数来自社会的底层，但现代餐饮业要求员工必须具备一定的素质才能符合工作要求。像厨师长，既要懂技术，又要懂营养配餐，还要懂经营、技术管理、行政管理，否则难以当好总经理的助手。毕竟餐饮经营管理企业经营是餐饮项目，每种项目的营销学内涵是不一样的，技术管理的内涵也是不一样的，厨师长不懂，就难以打造企业的饮食文化品牌，难以做好企业的营销工作，因为对菜品最了解的是他们。

现代餐饮业的发展，要求服务员同时兼菜品营销员，而不仅仅是传统意义上的端盘倒酒，作为营销员，良好的仪表、口才、丰富的学识，恰到好处的营销技巧不是每个服务员都能做到的，因此，拥有合格服务员都成问题的今天，酒店的经营管理难度确实增大了很多。而作为酒店总经理，不仅要掌握烹饪技术、酒店管理、现代营销知识还要懂饮食文化、饮食心理、餐饮经济、市场、营养配餐，

即便是不懂，也要聘请有关方面的人才，但那样经营成本会很高。而以上各个方面，无论哪一方面出现纰漏，都有可能毁掉整个企业。从餐饮经营管理企业经济规模角度讲，总经理的知识储备越丰富，能力越强，企业的经营管理成本越低。能管好一个小酒店，其所培养出的能力是完全可以驾驭一个大公司的。而现实的情况是：大多数酒店的投资者或经营餐饮管理者不具备相应的素质。因此，困扰餐饮经营管理企业发展的最大问题是餐饮管理者的素质。所有成功的餐饮经营管理企业都证明了这一点，所有失败的餐饮经营管理企业更证明了这一点。

8. 餐饮经营管理企业的财务漏洞

众所周知，餐饮经营管理企业的财务漏洞是导致企业经营管理成本过高，效益不佳乃至亏损、破产的主要原因之一。由于餐饮经营管理企业财务管理具有其特殊性，因此，我们需要认真分析各种具体情况，找到能够解决各种问题的方法，帮餐饮经营管理企业解除财务管理上的困难。

首先，采购成本问题。餐饮经营管理企业原材料是一般生产加工企业中最具多样性和复杂性的。说其具有多样性，是指同一次采购中，其所购的原材料有很多种，有的达几十种，甚至上百种；说其具有复杂性，是指每种原材料的品质、价格、数量都各不相同；这样一来，餐饮管理者对没有统一标准的采购就很难把握，只能由酒店的老板自己找亲戚担任采购员，反正肉烂在锅里。这样就造成了一种现象，凡是担任酒店采购的人一般都存在吃回扣的问题。由于饭店物料的采购一般都是小宗采购，老板没时间过问，时间一长，再亲再厚都有心理不平衡的，所以采购成本问题也就顺理成章地成为一个自然现象，是一个公开的难题。即使采购员自己不吃回扣，老板也不会认为他是干净的。采购中的财务漏洞就成为公开的难题，谁都无法解决。 大家不要小看采购成本问题，由于饭店的采购成本过高，直接影响到菜品的定价，同时会影响到饭店的营销，导致饭店的竞争力和盈利能力下降。例如，某酒店每月房租成本为 3 万元，水电气杂项开支为 5000 余元，工人工资为 33000 元，采购成本为 84000 元，月营业额为 14000 元，再加上工商税务、招待费用，算下来一个月还净亏 10000 余元。在调查一个月的所有账薄之后，发现一个最大的财务漏洞，就是几乎所有的物品采购都比同期市场价高，由于时过境迁，相互间没有可比性，这件事没有形成结论就搁了下来。还有一情况是，采购与验收员、保管员合伙欺骗老板，或虚报数量、以次充好，导致采购物品账面数量不少，然而营业额或出菜率不高，其原因颇让人沉思且找不到妥善解决并根治的办法。

其次，跑单问题。在较大的、实行电脑点菜结算的酒店，是否存在过跑单问题不得而知，但在很多中型酒店中，有相当一部分存在跑单问题，当然这些很多老板都不知道，是收银员背着老板干的。有的酒店生意非常红火，老板及员工忙得焦头烂额，但是效益却并不理想，原因何在？跑单！跑单的根本原因还在老板用人唯亲及财务管理监督机制不健全。由于很多酒店在开发票时操作都很不规范，所以税票不是唯一的收入凭证。而当天的酒水单及宴会单一般都是合在一起算的，酒店很少有人将各类项目一一分类计算各自的销售额，这样就给跑单及收银不实留下了可乘之机。从另一个角度看，不少规模较大的餐饮企业原先多是通过政务和公务消费支撑起来的发展业绩，靠权力来赚取利润，本身并不精于管理，把主要心思都放在其他方面。结果没多长时间，酒店的经营就出现了赤字，最后倒闭了事。所以，很多酒店的收银工作都是老板自己的人，一般比较安全，但如果遇到和老板不一心的，其企业的经营末日也就快到了。

第三，物料浪费问题。在所有财务问题中，目前被餐饮管理者注重的仍然是成本核算、物料浪费等问题，因为前述两大难题经营者自身解决不了，有的餐饮管理者将企业效益不好的原因，完全归于厨师搞不好成本核算和物料浪费，其实有失偏颇。但是，物料浪费既然是餐饮管理者甚为头痛的事，那我们就有探讨的必要。 物料浪费是传统的管理问题，一般而言制定相应的制度和管理措施，对员工实行亲情化管理，建立相应的激励机制，是可以大大减少物料浪费的。但是很多经营者将员工当作敌人一样防备和监督，使得员工没有归属感；一个没有归属感的人是不可能将饭店当成自己家，将饭店的物品当成自己的物品那样去爱惜和节约。所以，物料浪费不要认为是厨师的师德和习惯、观念问题，而要从餐饮管理者自身寻找原因。要多管齐下，各种管理手段一并使用才有可能减少或避免物料浪费问题。当餐饮经营管理企业的采购量不小，而营业额并不高，如果不是跑单问题，那么酒店就可以聘请专业人士核算后厨的出菜率高低了。 财务漏洞是困扰酒店老板很头痛的问题，但他们自身又无法解决。现代的物流配送体系及行业审计制度的建立，专业化的酒店管理服务可以帮助我们解决这些难题。要做到完全杜绝是不可能的，大中型企业可以聘请专业的管理公司来运作，小企业就没必要了。目前，国内配套的专业服务体系还不健全，一些诸如酒店经营管理咨询、营销策划、营养配餐、技术管理、技术研究、检验、情报、信息一体化服务等还没有建构并运作。所以，综合根治餐饮经营管理企业财务漏洞及解决经营管理中自己无法解决的难题的时机还尚未成熟。但是餐饮市场是向着这方面发展的，我们必须认清这一点。 从以上问题可以看出，这就是餐饮经营餐饮管理者在实际运作中不要品牌，只要客户的 OEM

（Original Equipment Manufacfure）精神。当然，不是所有的餐饮经营管理企业都适合做OEM，特别是那些以本地直接顾客为客源市场的餐饮经营管理企业，还是需要打造自己的品牌。而对于那些最终消费者是餐厅客户的餐饮经营管理企业，OEM模式是可行的。比如，专门接待旅游团的餐厅，可以对旅行社进行OEM；在写字楼区，经常接待各种公司招待客户的餐厅，也可以对这些公司进行OEM，这些在餐厅用餐的主要消费者，他们并不在乎餐厅的品牌，但是，他们对于用餐质量的要求会直接影响餐厅的客户品牌。

三、餐饮管理的思路创新

餐饮的创新，需要人们运用新的理念、手段和方法来整合餐饮资源，以创造一种新的餐饮经营模式。餐饮创新的根本目的，在于迎合市场，满足顾客需求，最终赢得较好的社会效益和经济效益。人们在创新思维中，要想自己开发的产品达到预期的目的，就需要把握餐饮创新的基本原则。

（一）餐饮企业员工使用的思路创新

餐饮企业应多渠道改变传统的用工方式，其一积极整合院校人才资源，大中专旅游院校每年都会有一定数量的学生到酒店实习，让他们提前进入职业培训阶段，这是提高服务员素质的一个重要保证，酒店也可以联合招生。其二是酒店的经营餐饮管理者要改变以往的旧观念，即服务员都是年轻、漂亮的。有气质和修养，业务熟练，懂得经营管理的成熟服务员会将酒店的服务质量提高几个档次。因此，聘用25岁乃至35岁及40岁左右的中青年妇女在酒店当服务员也是非常明智的选择。

（二）员工管理模式的思路创新

从人力资源管理的角度看，餐饮管理者首先应具备专业知识和技能，否则就无管理能力，无权进行管理工作。其次是精于授权，能大权独揽，小权分散，能抓住大事，而把小事分给部属。第三是敢担风险，对公司发展中不景气的风险敢于承担，有改变公司面貌，创造新局面的雄心和信心。第四是尊重他人，重视采纳他人意见，不武断狂妄。第五是管理者要品德超人，有良好的品德，能被社会和公司职工所敬仰。第六是要求餐饮管理应“厚积薄发”，管理者应具备三气一计：霸气、胆气、大气和心计。总体来看，餐饮管理者必须是一个全面发展的管理者，而他的管理思想都源于他的智能，这是保证成功管理的前提。管理者的职责是建立、健全各项规章制度，既是制度的设计者也是制度的执行者，而执行力是企业文化、精神的最佳体现，是管理思想的核心所在。

（三）菜品综合效果的设计思路创新

应依托食材的特点，在形与色上追求审美趣味的创新。注重味型创新，发挥调味品的作用，从单一味型向复合味型转变。同时，器皿从单一色和普通宴席餐具变为从审美角度出发，因菜配器，使色、味、型、器相得益彰，深化传统餐饮的文化内涵。当然，餐饮产品的创新，将不仅仅是菜点，而是在菜点、菜谱、环境、服务、活动等方面，不断引领餐饮潮流。在产品创新中，菜肴将紧随国际饮食的“五轻”趋势，去开发轻油、轻糖、轻盐、轻脂肪、轻调味品，更多地注重饮食环境，更多地借助人员服饰、服务礼仪和配合就餐活动开展的文娱活动来烘托主题。

（四）瞄准市场需求的经营项目创新

首先是突出文化的核心作用，餐饮的文化性已渗透到经营方方面面，从餐厅的设计布局、装饰到菜品的色、香、味、形、器，无一不是文化的结合体。不同风格的餐厅营造不同的文化特色，一方面要考虑到本地人的消费特点和习惯爱好；另一方面要考虑到某一消费群体的接受程度，在设计和装饰上不能过于庸俗和低级趣味，不能背离现代餐饮的发展方向。在体现时代特色的同时，更要反映文化的时尚性，做到雅俗共赏，耐人寻味。因此，在餐饮创新过程中，应始终把提升文化特色作为经营的主要方向，去营造一种良好的、健康的文化主旋律，为餐饮经营开辟新的思路。其次，视市场需求变化，积极拓展经营项目，需要经营者不断研究餐饮市场的变化，树立新的经营理念，转变经营方针，敢于开拓新的思路。如有的企业充分发挥品牌和企业文化的效应，深挖企业潜力，开拓多元经营的发展方向等。餐厅不要局限于原有现状，可适当增加菜品风味，开发风味餐厅、特色餐厅、主题餐厅等。总之，要冲出传统的经营观念和思维模式的束缚，从实际出发，遵循市场的发展需求。

（五）坚持经营模式的思路创新

随着市场需求的不断扩大和消费者心理需求的变化，市场要求餐饮经营必须在经营模式上进行创新。企业发展模式上，应加快经营规模的拓展，从单一小店经营向连锁经营转变，加快餐饮集团化公司的建立。另一方面，随着规模经营的发展，专业化管理公司也应运而生，餐饮经营企业由经验管理转向专业管理，以更好地发挥集约化管理的优势。管理能力的强化，不仅促使厨师整体化水平的提高和整体素质的飞跃，推动了餐饮标准化程度的提高，推进了出品质量的稳步提高，为餐饮出品进一步贴近市场、全面创新奠定了坚实的基础。

（六）坚持餐饮文化的创新和服务理念的创新

随着餐饮业的蓬勃发展，餐饮创新已上升为文化和理念的创新。就餐饮文化创新而言，餐饮店堂由最初金碧辉煌的装饰变为书房、庭院式的能够体现文化休闲品位的装修，使食客从拘谨的就餐环境走向怡然自得的宽松就餐氛围中。在创新菜品的展示上通过灯光的照射，达到最佳的视觉效果，能被食客瞬间所接受，色、香、味、型、器、光的综合运用，为不同类品营造了不同的展示氛围，实现了包装创新。

此外，在服务理念的创新上，从“消费者是上帝”到“消费者是朋友”，从而消除了距离感，强化了亲和意识。与此同时，中餐摆台西式化、分餐厨房等，都将先进的餐饮文化理念融入服务理念的创新之中，强调了中餐的餐间文化。同时这些举措并非华而不实，而是从根本上满足食客高品位就餐的需要。

四、餐饮管理与创新的策略措施

（一）借助资本市场，实现规模化，品牌化

餐饮企业如果没有一定的规模或达到市场领先地位，很难真正获得成功。借助资本市场有助于真正对餐饮企业规模化发展的“顽症”进行彻底改造，大幅提升餐饮企业竞争力和管理水平。全聚德、味千拉面、唐宫海鲜等餐饮企业上市后，为中餐行业的经营和扩张建立了一些模式；接下来餐饮企业借助资本力量加速内部改造，建立符合中餐规模化扩张发展的商业模式将成为一大趋势。

（二）餐饮经营形式多样化

近年来全国餐饮业陷入低谷，受影响最大的是中等规模企业，众多高端餐饮企业也不得不放下身段走起了亲民路线。未来餐饮业一定会出现更加明显的分层次消费。各种菜肴大杂烩，公务、商务、家庭消费通吃的餐馆将被特色鲜明的品牌餐馆代替。定位不同人群的特色餐饮业态将应运而生，实现持续发展。与此同时，实力较强的大型餐饮企业可能将投资触角伸向其他领域，涉足如经济型酒店、旅游、园林等，实行多元化经营。为扩大规模，很多中餐企业选择

了多品牌战略，例如，湘鄂情2012年下半年收购了齐鼎餐饮味之都，向快餐品牌进军等，而香港上市公司唐宫集团也设立唐宫膳、唐宫壹号、盛世唐宫、忍者居日本料理、樱川日本料理、胡椒厨房等多个品牌。

（三）向规模化、标准化态势发展

规模化、标准化成为大型连锁店的发展方向和控制成本的不二法宝。而标准化则一直是中餐做大做强的绊脚石。目前国内优秀的餐饮企业已经开始提炼经营技术、申报餐饮专利、积淀品牌价值、整合上下游资源、加快餐饮信息化建设。融资扩张成了国内餐饮业加速发展的新模式，国内连锁店最多的李先生加州牛肉面就是其中代表案例，李先生餐饮企业的内控精细化管理、“中央厨房”策略，其目的正是为了突破中餐连锁上标准化、流水作业的瓶颈。

（四）借助信息化技术提升人员效率，降低运营成本

借助信息技术、信息化管理这一平台是有效途径。低谷中更要考虑如何“节流”，要做到物尽其用，加强内部管理，在不降低服务标准的前提下最大程度缩减成本，节流下来的就是利润。在餐饮业高速发展的同时，中式餐饮尤其连锁餐饮原材料成本上涨、劳动力成本提升、管理人才匮乏、成本控制难等多方面问题日益凸显，传统的管理、经营模式遭遇严峻挑战。为摆脱危机，各餐饮企业纷纷思考新的出路，寻求降低运营成本路径。

（五）避免重复投资

经历拐点后的中国餐饮业又将重新洗牌，面对拐点后的餐饮市场，少走弯路就是一种成功，餐饮行业盲目投资、重复投资、多次投资相当严重，经常是“头痛医头，脚痛医脚”，缺乏整体规划，重复投资让餐饮企业经常处于“过山车”的不断从峰顶到谷底的恶性循环中。比如针对连锁餐饮至关重要的餐饮信息化建设，以往多数企业建设中仅仅考虑餐饮经营的某些单个点、单个领域、某一段的局部建设模式，缺乏与企业战略发展相匹配的系统规划和整体应用，这样不仅投入和成效难达预期，随着企业的成长，就经常导致重复投资和多次投资。所以，正品贵德（石基）以产业的视角，推出“餐饮产业链智能应用规划”，其成长模式值得很多餐饮企业构建信息化时借鉴和参考。

第二节　餐饮业态划分

一、业态与餐饮业态

（一）对业态的基本认识

一般认为，“业态”一词来源于日本，是典型的日语汉字词汇，大约出现在20世纪60年代。有学者将“业态”一词的英语翻译为“Type of Operation”，将“业态”视作“经营方式”的另一种说法。业态自出现起，就是零售业中的概念，所以又称作零售业态。“零售业态”一词何时引入国内，各种论点看法不一。有观点认为，中国从20世纪80年代后期，以超级市场为代表的新业态发展起来，“业态”一词开始用来分析中国商业。实际上，直到90年代中期，“零售业态”一词才被人们接受并得到广泛使用。1998年6月，原国内贸易局颁布了《零售业态分类规范意见（试行）》，表明这一概念得到官方的认可。综合现有的各类研究，我们认为，业态是指适应市场销售需要的经营形态和组织形式的结合，是现代商业的具体表现形式。

随着现代商业的快速发展，业态演化也经历了小商店、集市贸易、大型百货商店、邮购商店、连锁经营、超级市场及大型连锁超市、大型百货店、互联网型商业组织即电子商务的过程。在近现代社会里，零售市场的业态结构既有一定的均衡性，同时也表现出明显的主辅性，即在一个市场中，由一两种业态占主导地位，而其他业态处于次要的地位。当一种业态处于成长或成熟阶段时就居于主导地位，而当一种业态处于产生或衰落阶段时则会退至辅助地位。即使有若干业态同时产生和发展，其发展轨迹也不会同步，因此产业中的多业态并存并表现出主辅关系是正常的市场现象。

从业态演化的过程来看，一种新业态的产生，并非完全取代某种旧业态，而常常是对旧业态的一种补充。生产和需求的多元化，使任何一种业态都不可能满足所有顾客的所有需要，这就给其他业态的生存和发展留下了一定空间。这其中，主辅业态关系的变迁在一定程度上就决定了产生对市场需求的适应能力，昭示着一个产业的发展水平。

（二）餐饮业态的基本类型

餐饮业态是指为满足不同的目标市场的饮食消费需求而形成的不同经营形态。餐饮业态的选择主要依据餐饮业的位置空间、规模诉求、目标顾客、产品结构、店堂设施、经营方式、服务功能、技术条件等来确定。餐饮业态的内在组合要素包括目标市场、产品结构、服务方式、硬件设施、价格策略等。餐饮业态的实质是这些要素的组合，组合不同就会产生不同的效果，就会有不同的市场表现。

1. 集群式餐饮业态

集群式餐饮业态的最大特点是企业的规模化经营，即相同业态的连锁化经营。在国内市场有很强号召能力的国外餐饮品牌在业态组织制度上，几乎无一例外地选择了连锁经营这一先进的组织形式，通过连锁经营的规模化经营、网络化组织和规范化管理，充分发挥连锁经营的规模经济效益。制度化、标准化的运营模式很好地发挥了餐饮连锁业态的优势，不少餐饮企业在这一模式中逐步探索科学的经营之道。

2. 分散式餐饮业态

从业态特征来分析，分散式餐饮业态是相对于标准化、模式化的集群式餐饮业态而言。这里面有两层含义：一是我国餐饮业的行业集中程度目前还处于一个低水平状态，餐饮企业的“小、散、弱”依旧是我国餐饮业的总体特征，这从一个侧面印证餐饮业态形式的多样性和多元化；另一方面，即便是同样采取连锁经营方式的企业，如果单体组织在经营方式和目标市场定位上有很大的差异，同样属于分散式餐饮业态。中国烹饪协会制订的《餐饮业态分类标准》，对我国餐饮业划分出了包括家常餐馆、酒楼饭庄、宾馆餐饮、快餐、火锅、西餐厅、主题餐厅、休闲餐厅、茶餐厅、食堂等在内的共计 15 种业态。餐饮业态处于一种典型的分散状态，不仅是数目众多的中小餐饮企业的表现，一些连锁企业里也往往包含着多种业态形式。业态形式上的丰富多样既是我国餐饮市场发展和繁荣的外在表现，同时也在一定程度上削弱了我国餐饮业的竞争力。

二、餐饮业态类型划分

我国餐饮业分类主要基于传统的饮食行业分类方法。在餐饮业中可以根据不同的标准进行类型划分。按消费内容大致可分为中餐、西餐、日本料理、快餐店及异国风味餐厅。按消费方式来区分，可分为豪华餐厅、主题餐厅、家庭式餐厅、自助式餐厅。按服务方式来区分，则有餐桌服务方式的餐厅（如中餐厅、西餐厅、咖啡厅等）、柜台服务方式的餐厅（如快餐厅、酒吧等）和自助餐厅。按经营方向区分，一般可以分为餐馆、小吃店和饮料店。按经营方式区分，则可分为独资经营、合伙经营、连锁经营。

根据不同的经营行为和营销手段，我国餐饮零售连锁经营业态可分为5种主要的业态类型，每种业态在目标顾客、商品结构、服务方式等方面均有自身特点，各业态根据经营食品种类的不同又可进一步划分为不同的类别，其所属细分行业和业态也发生了相应变化。业内通常约定俗成的分类，如下表所示。

我国餐饮业态分类情况

<table>
<tr><th colspan="2">分类</th><th>细分行业</th></tr>
<tr><td rowspan="3">正餐业</td><td>中式正餐</td><td>包括传统菜系和创新菜系的家常菜餐厅、高档餐厅和特色风味餐厅、酒楼、饭店和宾馆餐厅</td></tr>
<tr><td>西式正餐</td><td>西餐厅</td></tr>
<tr><td>其他正餐</td><td>各国风味特色餐厅</td></tr>
<tr><td rowspan="3">快餐业</td><td>中式快餐</td><td>包括以传统中餐品种改良，具有标准化、简单化和工业化特征的快餐厅、提供单食品的小吃店和送餐服务，早餐供应点，团膳企业等</td></tr>
<tr><td>西式快餐</td><td>以销售欧美速食外卖餐饮品种的餐厅</td></tr>
<tr><td>其他快餐</td><td>以供应日式快餐和其他风味类型速食快餐为主的餐厅</td></tr>
<tr><td colspan="2">火锅餐饮</td><td>包括重庆火锅、北方涮羊肉、内蒙古涮羊肉、鱼头火锅、菌类火锅和台湾涮锅等</td></tr>
<tr><td colspan="2">休闲餐饮</td><td>包括咖啡吧、酒吧、冷饮店、茶楼等</td></tr>
<tr><td colspan="2">外卖外送餐饮</td><td>主要针对单一（组）餐饮食品，常与休闲餐饮等其他餐饮业态融合</td></tr>
</table>

根据当今我国餐饮企业连锁经营情况分析，隶属于餐饮业并从事连锁经营的业态，从内容上讲主要有熟食外卖、面食面点、中式快餐、火锅、中式正餐、休闲餐饮、外卖外送餐饮等大类，这些类型基本涵盖了我国餐饮业所有的业态组成。

三、餐饮业态创新

（一）餐饮业态创新的基本要求

1. 业态差异化

餐饮市场的发展与繁荣促进了各种业态之间的并存与竞争，也迫使连锁企业自觉树立业态差异化的形象，形成了竞争性、互补性、适应性和演进性的特点。对于任何一个消费商圈而言，都需要加快形成一个完善的生态群。一方面，企业之间的多业态发展可以在一定程度上体现餐饮产品和服务的差异化和丰富性；另一方面，只有业种、业态之间“相生”而不“相克”，整体功能分区和规划布局才能够相互支持、配套、补充，才有可能促使整个餐饮消费生态群保持良性的发展。

2. 业态大型化

我国餐饮业集中程度低的重要原因是具备一定发展规模和国际化视野的企业很少，近年来不少企业在市场定位和发展战略上不断地进行调整和优化。其中，表现在业态演化方面的一个主要趋势就是一些餐饮业态的单体面积在扩大。其内在的原因，一方面是餐饮企业在经营项目和特色定位上表现出特定的诉求，产品种类、环境氛围和服务模式等方面的极大丰富，需要较大的店面空间予以展示；另一方面从业态丰富性的角度出发，餐饮消费需求的日益个性化、多样化，需要较大的空间来表现各种风味特色，一些与相关业态形成互补的一站式购物和消费广场有效地满足了这种需求，业态大型化的趋势日益明显。

3. 业态融合化

业态融合化趋势有两种表现形式，一是内涵型融合，二是外延型融合。内涵型融合是指当某餐饮企业单体店的面积足够大时，将两种餐饮业态集中在一个店内，使之相互补充、相互促进，增加企业的综合效益。外延型融合是指企业对外进行资本扩张，在其他地方开设不同于自身业态的新店，一些企业设计出两种甚至更多的连锁业态，如火锅业态和早餐业态、餐饮业态和快捷酒店业态等的并行发展，这种捆绑式的运营模式在一定程度上，可以提升企业的市场影响力和品牌知名度，获得更大的利润空间。

4. 业态科技化

现代餐饮经营从采购、配送、生产、销售等各环节都充分体现了现代技术的完美运用，离开现代网络信息技术，销售将寸步难行。大型餐饮企业的成功与发展依赖于两个重要的科技因素，即配送管理技术和计算机信息系统技术，业态的科技含量不断提升。

（二）餐饮业态创新的策略

1. 强化餐饮业态特征，培育餐饮经营新模式

业态创新的出发点是餐饮企业根据市场消费需求而采取适宜的经营形态，每种业态都有着自身的市场选择和定位，但许多国内餐饮企业在学习和引进国外先进销售业态时，往往只具有形的相似性，而缺乏本质上的相通性。特别是

一些跨国零售企业即使看似采用相同业态，但都有着自己特定的商业运作模式，如沃尔玛的仓储式卖场、麦德隆的批发式零售、家乐福的综合超市等。由此类比，我国餐饮业也应多关注这些内涵，一些城市的商贸购物中心都会设置专门的楼层用作美食经营，众多风味汇聚一起，采取独立经营、统一核算的模式，给顾客以充分的选择空间。这种美食量贩超市就是一类比较新颖的业态模式，瞄准的是体量庞大的大众化市场，很值得大范围推广。

2. 强化本土化意识，推进餐饮业态本土化战略

对经营业态认识的局限和异地市场把握能力的欠缺，是不少餐饮企业错失发展机遇的重要原因。当一种餐饮业态在实施连锁经营之后，因为追求规模经济而不断向外扩张，从而使该业态逐渐冲破地区界限，向跨地区、跨国界的方向发展。由于不同国家之间、地区之间、消费群体之间都存在文化、经济与消费习惯等方面的差异，餐饮企业都存在着本土化问题。当高度的标准化难以适应异地餐饮市场发展形势时，企业所做的应该是及时调整结构甚至调整经营业态，正餐模式不好拓展，是否应该在快餐等其他经营业态寻找出路，这类敲门砖往往就是打开一个市场的关键。

同时，在这种业态增加或变更的过程中，餐饮业可以发现更好地打造核心竞争能力的手法和模式，淘汰和调整原先的一些落后业态，这对企业的长远发展无疑是大有裨益的。

3. 加快技术创新，实施业态技术领先战略

尽管现代科学技术在餐饮业中已得到了初步的应用，但仍处于较低的水平。科学技术的进步会有效地简化餐饮业态组织，提高业态的运转效率。目前，国内一些餐饮企业已在标准化生产、规范化运营、网络化预订等方面进行了尝试和探索，这对传统餐饮经营模式而言是一个突破和创新。我们有理由相信，网络技术和供应链管理技术的发展，会将供应商、分销商、零售商和终端用户集合为一个整体，形成完善的功能性网络，对商流、物流、信息流进行控制，实施业态运营的高效率和低成本。

4. 立足市场消费需求，积极推进多元化的业态类型

我国餐饮业态虽然在形式上丰富多样，但业态类型依旧比较单调，在我国规模餐饮企业中，基本上是特色酒楼、中西快餐、火锅餐饮三分天下，其余业态类型占比很小。这种业态结构尽管是当前餐饮市场的主体，但也与人们餐饮消费需求有很大的脱节。随着人们生活水平的提高，饮食的社会化趋势日益明显，而像大众化的便民餐饮很容易被市场忽视、城镇居民的早餐问题在很多地方一直得不到有效解决、旅游者对异地美食的消费诉求很难得到满足等，这类问题

在很大程度上都是因为餐饮业态单一造成的。因而，结构性过剩、有效需求得不到满足一直是我国餐饮业存在的通病。这类问题需要行业上下积极拓展思路，推动多元化的餐饮业态模式。特定的业态模式可以使企业在为顾客提供服务的时候，呈现的不是简单的商品，而是一种基于消费趋势的解决方案。一些品牌企业可以在本地的早餐工程、以咖啡文化为代表的休闲餐饮、旅游餐饮等方面尝试新的经营业态，积极发展送餐、外卖和成品、半成品、速冻、方便食品等多元化运营模式，形成特色酒楼、中外快餐、宾馆餐饮、火锅餐饮及其他业态的丰富多样的业态格局，更好地适应餐饮市场的发展趋势。

5. 加快推进参与国际竞争的餐饮业态创新

奥运会、世博会等国际性赛事会展事件既给我国餐饮业提供了大好的发展时机，同时也给我们提供了很好的学习机会。以 2008 年北京奥运会餐饮服务商 Aramark 公司为代表的餐饮运营模式就非常值得国内企业借鉴和学习，这种模式的盛行源于两方面的原因：一是国际通用的模式，可以给企业管理特别是食品生产监管提供了完善的制度化保障；二是餐饮市场发展的要求，大规模的团餐供应不仅是适应大型体育赛事、会展业发展的餐饮服务要求，也是现代都市经济发展的一个补充，大量的机关和企事业单位在团餐方面有着迫切的要求。国内也有一些具备一定规模的团餐供应企业，但都还处于一种初步的尝试和小规模经营的阶段，离餐饮市场的发展要求还存在着一定的差距。所以，这些国际性活动的举办给我国餐饮业营造出真实的国际场景，餐饮业的运营模式需要进行适时调整，结合中餐的文化内涵和优势特征打造具有国际竞争力的经营业态和商业模式，全方位提升中餐业的国际竞争力。

四、餐饮企业连锁经营业态分布

（一）业态发展不均衡

从我国目前餐饮连锁企业发展情况来看，正餐业中火锅与特色酒楼两种业态发展稳定、比例增幅较大。综合近几年来的全国餐饮百强企业的统计报告：火锅企业的数量占 20% 左右，营业额占百强企业营业额的 25% 左右；特色酒楼的数量在 40% 左右，营业额占百强企业营业额的 25% 左右。快餐企业虽然数量不占优，但营业额却占到百强企业营业额的 1/3 左右。从地区的业态分布来看，东部省市快餐的营业规模明显超过正餐，广东、江苏、上海、辽宁、北京、浙江、山东等东部省市都已达到 50% 以上。中、西部省市区，除四川外，餐饮业仍以正餐为主，连锁经营已经成为餐饮业做大做强的主导经营模式。一些新型连锁餐饮业态发展较快，其中尤以休闲餐饮店发展最为迅速。与此相反，最适宜发展连锁的熟食外卖，其连锁经营反而相对滞后，这是一个非常值得关注的现象。

（二）地域发展不均衡较为明显

从地域来看，华东地区餐饮百强企业的数量数年来一直保持领先地位，西北地区也呈现出了强劲的发展势头。从具体分布来看，上海、浙江、重庆、北京这四个省市拥有百强企业数量一直位于前列，地区经济的繁荣使大型餐饮企业的发展速度领先于其他地区。

（三）连锁经营已成为我国餐饮业发展的主导模式

我国大型餐饮连锁经营尤其是直营连锁业务发展势头强劲，快餐、送餐外卖、火锅连锁店、团体供餐发展迅速，连锁经营已经成为许多地区餐饮业的主导经营模式。

（四）内资连锁企业所占比例偏低

内资连锁虽占一定优势，但扩张速度和单体规模低于外资连锁，仍有很大的上升空间。

第三节　餐饮管理信息化与互联网思维

一、信息化与餐饮管理

（一）餐饮信息化管理的作用

1. 对餐饮信息化管理的认识

餐饮信息化管理就是利用计算机及计算机网络技术，用平板电脑、触摸屏及无线点菜设备代替手工作业作为服务终端，以网络作为数据传输渠道，以餐饮信息化管理软件作为管理平台，将餐饮企业的各种业务如前台营业、采购、库存、财务、数据统计、会员管理、人员考核、连锁管理等工作进行系统的数字化管理，从而达到稳定安全、准确高效地管理餐厅的目的。目前餐饮市场上使用的餐饮信息化管理系统大致有手工单据集中上传、PDA 点菜和 IC 卡手持点菜三种类型。

随着我国餐饮业的不断发展，越来越多的餐饮企业使用信息技术来提高自身的管理水平，把传统饮食与现代信息化管理有机地结合在一起，为企业的做大做强、管理规范化发挥至关重要的作用，餐饮企业的管理目的是成本控制、运营控制，其最终结果表现为效率和效益。而要达到这一目的，管理数据的及时性、准确性、完整性、有效性是至关重要的，而这些特性恰恰是信息系统最重要的特点。

由此看出，餐饮信息化系统完全用于企业内部的管理，从点菜、收银、采购、库存、业绩考核、连锁管理等统统都是由企业内部人员操作，即便是涉及消费者的会员管理系统，也基本是单向沟通，大多是餐厅向会员发一些促销信息，很少由消费者通过会员系统与餐厅开展双向沟通、反馈信息。

我国餐饮业在餐厅前厅运营管理方面，信息化水平处于“入门级”，即使有相关的信息化系统，使用率也并不高。当前全国餐饮业信息化应用处于初级阶段，信息化水平明显滞后，仅相当于国内零售业 8 ~ 10 年前的水平。但是信息化在外部营销方面应用广泛。

2. 餐饮信息化管理的作用

餐饮的信息化管理在改造流程、强化管理、降低成本、堵漏节流等方面已开始发挥巨大作用。

第一，节省人力。餐饮的信息化管理系统由计算机控制整个流程，从顾客进店起，到顾客离开酒店，从定餐桌、开台、点菜、厨房加工、就餐提供服务、结账、清台、财务，到采购等流程都有计算机的帮助。酒店餐饮系统管理软件可减少服务员的人数，减轻服务员的工作量。

第二，控制成本。餐饮的信息化管理系统可以控制餐饮成本。餐饮的信息化管理系统可以全程跟踪菜品的制作过程——哪个厨师做的、顾客点菜后几分钟上的、什么时候退回来的、什么原因，甚至这道菜毛利率，各个细节都能一清二楚。每到月底，也可以统计某一道菜，比如“东安子鸡”，卖出多少份，用了多少原料，赚了多少钱。也就是说，每一种菜品的投入产出都能做到心中有数。控制好了餐饮成本，可以最大化地优惠顾客，长久地留住顾客。

第三，提高效率。计算机的快速反应可以提高酒店的工作效率，提高上菜的速度，减少上错菜、掉菜的机率；利用信息技术实现库存管理可以做好仓库中物品的“收”“发”“盘”“存”，对有保质期要求的物品通过批号和保质期的管理，提高物品周转的合理性，减少损失，最大限度地缩短物品出入库的时间，减少消耗，保证库存账面数据与实物量一致，为其他相关系统及时提供最新的物品库存信息；另外，利用厨房和点菜联网，每一菜单经餐厅点菜后，通过网络及时传送到厨房，以便厨房及时掌握所需，减少了服务员的跑动，加快厨房出菜速度，提高服务质量。

第四，体现更加人性化的服务。餐饮系统管理软件在界面的设计上尽量做到人性化，菜单操作简单，界面直观，一般的操作都有提示，服务员使用起来很轻松。在预定、接待和收银这三个界面里，都能显示酒楼实际的台位布置，并且以不同的颜色来实时显示台位的预定、开单或用餐的情况，这样酒楼的前台预定和接待的管理就更加明了、更加科学、更加有序化。客人用餐完毕结账时，服务人员可到就近的上传机上打印出客人的留台单，以供结算用。结账由台面服务员同收款员配合完成，并可由收银打印出结算单；收银系统支持集团消费、会员卡、挂账、现金、支票、礼券等多种付款方式，可根据酒店管理要求和在收银员权限范围内进行折扣和服务费等的使用。

第五，改善餐厅的管理水平。餐饮的信息化系统先进性与灵活性完美统一能使酒店的管理迈向现代化的企业管理，使酒店的管理信息化、现代化、高效化、先进化、标准化、规范化，真正走进国际管理水平的行列。

第六，提供管理者决策的依据。通过餐饮的信息化系统，总经理查询决策系统的功能非常强大，可以查询营业收入统计、员工业绩统计、人均消费额、翻台率等；可以用图形或表格形式进行各种分析：财务状况、营销决策、营业收入等，能对餐饮企业的经营起到全面的辅助决策作用。

（二）餐饮信息化管理的现状与问题

在目前的餐饮信息化管理实践中，餐厅前厅运营管理方面，“POS 收银 / 点菜”普及率达到 95%，成为餐饮信息化的“入门级应用”。此外，餐饮企业还在“进销存”“会员管理”“订货及配送系统”以及“电子菜谱（点菜器）”等方面引进信息化，但使用率还不是很高。特别是连锁餐饮企业在厨房管理、人力资源管理方面的信息化应用普及率都在四成以下，而且受制于资金或人手等问题，采购物流信息化水平也比较低。其次，办公自动化 OA（Office Automation）系统在各行业中的普遍应用，并未在餐饮管理实践中得到体现。餐饮业对于 OA 系统的应用比例维持在 50% 左右，并且系统利用水平不高，应用最广泛的只是文件档案管理、信息发布、收发邮件等最基础的事务型功能，信息流程的跟踪与监控、业务讨论、信息集成等有关企业管理、决策支持功能的利用率普遍较低。第三，外部营销信息化应用广泛。随着营销信息化的重要性越来越受到重视，餐饮企业初步利用自主信息平台、第三方信息平台开展营销，有50%以上的企业利用微信微博进行宣传推广。作为O2O（线上到线下）新兴模式的重要一环，在线预订也成为企业尝试与第三方信息平台合作的新业务。

总的来看，虽然与第三方合作的方式发展迅速，但是规模不大。依然有超过40%的餐饮企业没有参与过团购或电子优惠券业务；预订方式也是以电话订餐为主，仅有不到20%的企业推出在线预订、支付、选座。制约餐饮信息化管理水平的因素主要集中在四个方面。

其一，没有统一标准。由于缺乏统一的信息化标准，导致餐饮企业内部经常出现“信息孤岛”现象。很多餐饮企业不同部门使用来自不同供应商的产品，但每家供应商的标准不统一，导致企业内部信息交流不流畅，给企业带来很大不便。

其二，供应商实力不强。餐饮业信息化需要一个包含“软硬件安装、人员培训、问题咨询、内部管控实施、电子商务实施、信息收集、数据挖掘”等内容的综合性解决方案。但是，目前餐饮信息化服务供应商整体实力不强，呈现“小、散、乱、弱”的特点。餐饮企业使用的信息化系统杂乱，而排名前十家供应商的市场份额仅为一半。第三方信息平台供应商大多只是“餐饮信息”服务平台，并不是“餐饮业信息化”服务平台，且产品和服务“同质化”严重。近一半的企业认为，现有信息化产品功能不完善，系统整合也不完全。

其三，信息化应用水平不高。大多餐饮企业的财务部门和营销部门都能够有效实现信息化管理，但行政、库房、厨房、采购、人事和后勤等部门信息化应用水平都普遍偏低。

其四，信息化缺乏专业人才。餐饮业信息化专业人才缺乏已成为突出问题。据调查，40%的餐饮企业都没有设置信息化部门或人员，还有30%的企业是由其他部门或人员兼职代理。报告认为，未来一段时间内，人才缺乏问题仍然存在。此外，资金短缺、信息化成本较高等，也是阻碍餐饮业信息化发展的重要因素。

以上因素是今后一个时期餐饮信息化管理亟须应对和解决的迫切问题。

二、餐饮管理的互联网化

当前市场环境下，以互联网行业耳熟能详的方式进军餐饮业已然成为热点。一些原本没有任何餐饮经验的外行人，从互联网、媒体、设计等别的行业跨界来做餐饮，尚在遭受传统餐饮人的质疑和观望。但无可否认的是，他们以低成本甚至零成本的方式快速解决了传统餐企最难解决的问题：媒体关注度和品牌知名度。

借助互联网传播特性，通过故事、话题、爆点的制造能力，在网络上不断掀起传播风浪，并快速集结一批自己的品牌粉丝。由此，餐饮业已经成为融创意密集、技术密集、资源密集的平台型行业。在运营方式上，互联网餐饮组织和运用有着鲜明的互联网特点，以网络平台作为其业务承载的核心，所有业务从餐厅外的预订、到餐厅内部的自助化点菜、支付，再到用餐中与好友的即时分享、用餐后的点评等都是建立在数字化与网络化的基础之上。餐饮管理的互联网化概括总结起来可以从五个方面开展，即商业模式的互联网化、产品体验互联网化、市场推广互联网化、产品销售互联网化、采购供应链的互联网化。

（一）商业模式互联网化

基于互联网思维形成的餐饮管理的全新商业模式。互联网餐厅可以凭借其超越时空的客户接入能力、丰富的营销方法、餐饮门店低廉的用户转换成本，渗透到更加广泛的客户群体，推广互联网自助餐厅服务，餐饮服务从“百货式一对一服务”更多的走向“超市式自助化服务”的商业模式。比如一家社区餐饮连锁店川鱼婆，是真正意义上的互联网自助餐厅，消费者一进门就需要扫二维码、自助点菜、自助成为会员、自助结账买单，大大提高效率，节省了人工，还积累了消费者的所有消费数据，为进一步的精准营销打下扎实的基础；再比如笨熊造饭，一家无店铺外卖餐厅，通过互联网打造了生产、销售、物流配送三网合一的外卖商业模式，引起业绩及投资界的极大关注；还有更早一些的 3W 咖啡，所谓众筹咖啡模式，通过筹资金、筹人脉、筹资源，可以吸引众多有创业梦想的人以极低的成本开始自己的创业、寻梦、追梦之旅，开创了基于互联网时代餐饮创业的崭新模式。

（二）消费体验互联网化

餐饮业是典型的体验经济行业，这是互联网在处理传统零售业和服务业的分水岭。线上电商模式再新颖，也无法通过互联网吃一碗面，意思是吃面你总是要到餐厅去吃的，即便通过外送到家，也还是通过线下的物流配送，似乎与互联网没有多大关系。但是餐饮的出品体验也是可以互联网化的。互联网自助餐厅可以为用户提供突破时空的服务，可以为用户提供个性化的定制服务，可以通过技术手段 LBS（Location Based Services）为用户提供即时所需的服务。这方面做得比较早的是雕爷牛腩。雕爷牛腩通过几个步骤，先是渲染从香港食神手里花重金（500 万元）购得牛腩面的配方，然后请北京娱乐圈各路明星到尚未开业的店内做试吃活动，号称内测，手法也是互联网公司惯用的邀请码制度，吊足了各路明星与媒体的胃口，直至请到日本 AV 明星苍井空来为雕爷牛腩开业站台引发雕爷牛腩知名度空前高涨；餐饮出品方面只做 12 道菜品，菜品研发、迭代，甚至起名都听取消费者的意见（参与感策略）；餐具体验做到极致，专门定制据说是符合嘴唇接触到碗边沿时最舒服的曲线碗（符合人体工效学特征的碗），如此等等，将用餐体验互联网化做了一个非常不错的探索，堪称餐饮产品体验互联网化的一个典型。

（三）市场推广互联网化

市场推广互联网化的典型例子是一家名为黄太吉的餐饮品牌。黄太吉将路边煎饼做成一个品牌化的小而美餐饮项目，尽管黄太吉的一路成长一直伴随着各种不同的质疑声音，但从来没有影响到黄太吉从 2012 年初创时期一路发展到今天，2 年内从 4000 万元的估值一下子蹿升至 12 亿元，面对市场各种质疑的声音，投资人还专门撰文澄清，说我们为什么要投资黄太吉，为什么他们的估值可以这么高。

黄太吉创始人赫畅熟悉互联网营销手段，前期通过开奔驰送煎饼等话题营销引发媒体关注，自身通过抓住新浪微博崛起的时机，通过世界的背面（关于宇宙、外星人探索的演讲）一下子集聚了大量的黄太吉粉丝，并与粉丝互动，迅速打造黄太吉品牌，进而通过借势餐饮互联网外卖的大风口，宣称打造黄太吉外卖航母计划，将黄太吉变身为高端外卖平台。在黄太吉们的成功示范带动下，在全民创业大潮里，将来会有越来越多的跨界者瞄准餐饮业，众多新奇古怪的品牌会继续涌现，成为餐饮市场上不可忽视的新势力。

（四）餐饮销售互联网化

这是传统餐饮借助互联网平台比较容易实现的一种线上售卖方式，尽管目前这种售卖方式还只是刚刚开始，大多数还只是通过团购、外卖的方式来实现。比如团购餐饮大多可以通过美团、大众点评、糯米网来实现，外卖则可以通过饿了么、美团外卖、百度外卖来实现。但是，近来由于微信平台的快速发展，微信餐厅越来越被餐饮业所接受，因此通过微信餐厅售卖产品的餐厅越来越多，这样，餐饮不仅仅可以通过大型互联网平台来实现线上销售，还可以通过自建微信公众账号来实现线上销售，显然是一个非常有发展前景的线上销售方式。

（五）采购供应链的互联网化

采购供应链的互联网化尚处于起步阶段，2014 年一家名为“众美联”的餐饮采购系统上线，是餐饮业采购供应链互联网化的一个大事件。这是以小南国为代表的一批国内一线餐饮品牌，为了抱团实现互联网化而做的一次大胆尝试。尽管质疑声音不断，但是此举也是一个标志性的事件，标志着传统餐饮企业再也不能、不会小看互联网的力量，至少他们会尝试通过互联网来影响、改变、提升自己的业务效率、业务模式了。另外，以链农、美餐网、青年菜君等为代表的餐饮供应链公司获得风险投资的关注并投资，预示着餐饮供应链也将加速互联网化，未来餐饮企业通过互联网平台实现轻松采购的梦想并不太遥远了。

总体而言，餐饮的互联网化最大的特点是系统的开放，开放系统给餐饮企业外部的消费者用户，开放自己的产品到互联网团购、外卖平台上，开放到供应链平台上，吸引顾客的参与和互动，与供应商伙伴互动，与餐饮信息化最大的区别在于，不再像餐饮信息化的阶段那样，完全是由企业内部的人员来操作的，基本是封闭的系统。互联网的开放性，给餐饮管理带来的变化与升级，是在信息化阶段完全不可能做到的，不仅技术手段不同，而且商业模式、运营模式、管理模式都会发生根本性变化。

第四节　餐饮管理的发展趋势

一、餐饮市场的发展环境

在当前餐饮行业竞争激烈的背景下，高端餐饮谋求新的发展空间，中小型特色餐饮如日中天。结合近一个时期的发展形势，餐饮市场竞争环境呈现出如下特点。

（一）餐饮 O2O 成为重要模式

餐饮 O2O（即 Online To Offline，在线到离线或线上到线下）是近一个时期的关键词，今后一段时间餐饮 O2O 的发展速度不会减弱，并将融入各个餐饮业态中。同时，一些广受市场肯定的模式如团购、餐饮外卖等仍将继续盛行，餐饮预订、美食交友等也将继续壮大规模。此外，由于越来越多餐企意识到微营销的重要性，如何利用微信等工具拓展自己的营销渠道已成为不少餐饮决策者迫切要学习的东西。

（二）互联网技术整合传统餐饮业资源

近年来互联网应用飞速发展，传统餐饮行业与互联网相结合成为必然，搭建餐饮业互联网采购平台的商机被看好。在此背景下已诞生诸多餐饮产业链整合平台，为企业提供涵盖供应链服务、人才培训与行业智库、金融资本运作、互联网电子商务等多项服务。近年来，互联网巨头纷纷通过投资或独立上线外卖平台的方式进入在线外卖领域，中小型在线外卖网站也获得融资，预计这一举动将带动更多的传统餐饮企业跻身在线行业，进行企业转型。

（三）中小型特色餐饮成为主力

在当前消费环境和相关政策的作用下，中小型特色餐饮模式必然会成为餐饮行业的中流砥柱。特色食材、特色项目、特色口味、特色餐厅等一系列全新的特色餐饮构成了时下人们出门就餐的首选。便捷快速的就餐模式，奇特新颖的产品口味，时尚典雅的就餐环境，全面综合的政策扶持，未来必定会迎来特色餐饮的火爆发展时代。

（四）特色餐饮渐成商业综合体的主要依托

在互联网销售的冲击下，服饰业、百货零售业双双走向低迷，而餐饮对客流量的巨大拉动优势，使品牌餐饮企业逐渐成为商业综合体竞相争取的对象。新型商业综合体和购物中心正在迅速调整商业结构，购物、餐饮、娱乐的比例格局通常为7∶2∶1，如今已普遍形成了5∶3∶2，一些新开的商业综合体中餐饮的比重更是升至总量的40%～50%。对于餐饮企业来说，“傍”住商业综合体的“借光”战略也日益成为选址的优先选择。

（五）绿色健康和返璞归真并举

随着地沟油、添加剂、农药蔬菜等食品安全问题不断曝光，消费者对于菜品安全问题更为关注。烹制菜品除了要掌握好的技术外，最重要的还是要选择好的食材。什么是好的食材？肯定是那些不经过化肥催熟、农药灭虫、除草剂除草的、不使用抗生素抗病的、没有被化学物质污染过或接触过的食材。这种绿色健康食材将成为今后餐饮原料采购的主角。另一方面，菜品返璞归真将成为必然趋势，“返璞归真”是相对笼统的概念，食材的“返璞归真”、菜品选择的“原汁原味”都属于这一范畴。这些“返璞归真”的餐厅不再追求精美高档的店面，相反，土锅、土炕都可以上；菜品方面，突出家乡的“土”味，特色大骨头、火锅羊肉、惹火烤鱼等，并将后厨搬到前厅，一进门就让食客好像又回到从前在家乡下馆子的日子。

（六）食品加工业成为餐饮转型新的增长点

在探索转型发展的过程中，很多餐饮企业细挖新市场，将业务延伸至食品加工业，且增长迅速。上海杏花楼的食品加工业销售比重逐步上升，当前已占到总销售额的60%左右，餐饮部分只占到30%，其余为酒店等业务。上海丰收日集团也与广州酒家集团以食品制造业务为主要切入点开展合作，计划未来在上海共同出资建设食品工厂。

（七）专注和持久成为业界共识

着眼于“小而精”的餐饮模式将持续盛行。其中，单品打天下将成为一个特色。很多高端餐饮纷纷向多元化多品牌拓展市场。小南国实行多品牌集约复制，除了慧公馆、南小馆、小小南国之外，还引进了船屋等海外品牌，在休闲餐饮市场也连续推出了“徽思叔叔”西点和“米芝莲”奶茶等新品牌。而外婆家相继推出炉鱼、锅小二、指福门、运动会、第二乐章、动手吧等注重杭帮菜文化溯源和消费人性化体验的多种品牌，多管齐下，业绩飘红，开启了餐饮新业态的“小时代”。这类“小而精”的定位专注于特定单品的推出，并将其作为主打产品，具有持久性竞争优势。这种单品店运作简单、无须大店面和豪装修、人力成本低、经营难度小，但回报周期短，尤其在如今铺租、人工不断飙升的餐饮市场，不失为一种小投入、大回报的投资手段。同时，品牌建设将成为主旋律，知名餐饮品牌开始提炼经营技术、积淀品牌价值、整合上下资源，融资扩张成了企业加速发展的新模式。

（八）连锁经营与多元混搭并存

连锁经营是快餐和特色餐饮的发展趋势。连锁经营不仅可以提高效率、降低成本，更能帮助餐企突破发展中的管理瓶颈。连锁经营具有成本优势、价格优势、品牌优势，应该是餐饮业经营模式的主要发展方向。连锁经营的前提是标准化，打造规模级的企业，其中关键要素在于标准化，因为只有标准化才可以复制，复制才能规模化。与之相对应，餐饮混搭风不断兴起，同一个餐厅内能吃到中餐和西餐；明明是川菜店却邀请乐队驻唱；火锅店也像西餐厅一样为食客提供靠垫；传统的中餐厅也设置吧台让你喝一杯……随着喜欢个性、混搭的“80后”“90后”渐渐成为消费主流，餐饮行业也兴起了一股多元混搭风，形成了个性化突出的市场格局。

二、餐饮管理的应对策略

（一）利用新数据，做好精准管理

与许多行业一样，餐饮业已经迈入历史性的转折期，这不仅是因为互联网时代发展倒逼的思维转型，更重要的是面临用户群体的转变。“85后”“90后”消费群体的崛起并逐步成为主流，作为互联网的原住民，他们的需求与“60后”“70后”有本质的不同。过去几十年的餐饮运营经验忽然失灵并非耸人听闻。为此，在餐饮管理上，要明确基于新消费群体倒推的品牌定位、产品设计、营销策略、顾客体验、经营思维的改变趋势，依赖于全新的大数据研究分析体系，制定有目的、针对性强的管理策略。

无论是小而精还是单品策略、快时尚还是慢经典、商业综合体还是餐饮O2O模式，餐饮管理必然是细分化、精益化、品牌化的业态组合式管理，精准的选择和出击离不开用户大数据的研判。

（二）创新服务方式，拓展服务领域

本着改善民生、便民服务的初衷，餐饮企业积极投身早餐、老年餐饮、社区餐饮等领域。武汉小蓝鲸也卖起了主题故事早餐，而且准确抓住大众心理，注重引导营养健康消费，同时还推出向写字楼、社区、老人送餐等服务；巴比馒头、杏花楼与上海市政府合作开展的早餐工程、老年餐饮取得了一定的成果。外卖外送发展迅速、需求强劲，且充分利用互联网手段，有效结合。此外，发展餐饮O2O也是诸多企业尝试涉足的领域。

餐饮O2O行业线上的那一环，应该思考如何采用差异化的服务去满足不同餐厅的管理需求，而不仅仅是做好团购，这不是用互联网思维或者想要用互联网思维去做餐饮的共性需求。同样，外卖也不是，预订仅仅只能满足一部分。如果我们希望用互联网的思维去改造餐饮业，那么对市场的分析框架也应该在这一基本前提之下。尤其当互联网思维在餐饮业普及之后，服务定位该如何摆正，这是一个动态的面向未来的思考。

（三）服务发展大局，严格遵守法律规章

2014年，商务部出台了《加快发展大众化餐饮的指导意见》，要求5年内健全大众化餐饮服务体系，力争大众化餐饮占全国餐饮市场比重由当前的80%

提高到85%以上，并提出21条引导型措施。随后，杭州市等地区发布具体的实施意见和支持政策，以加快餐饮业转型升级，促进其持续稳定发展。预计各地政府及商务部门会加快制定支持大众化餐饮发展的财政、税收、金融政策，引导餐饮行业结构性调整。这为餐饮企业发展指明了未来的发展方向。同年，餐饮业经营管理办法形成，商务部和国家发改委联合发布《餐饮业经营管理办法（试行）》正式实施。餐饮企业应深刻领会《办法》的有关精神，对相关经营行为做出适当的调整；严格自律，做好与消费者的沟通和告知，在执行中防止极端消费纠纷，促进行业健康有序发展。

（四）明确安全意识，食品卫生与安全常抓不懈

餐饮行业食品安全监管有四个落脚点。一是原辅料的采购、储存，这是第一个环节，要规范渠道采购，原辅料的保管和使用要按照国家规定去办，原材料如存在食品安全隐患，后续环节便不再安全。

第二个环节是食品加工环节，需要按照国家食品药品监督管理总局出台的管理办法不断规范现有的传统加工工艺。餐饮企业的加工环节很多都是手工操作，特别要规范使用一些许可的添加物质，这些工作需要知识、技术、工艺的改进，确保食品安全。

第三个环节，餐饮行业所使用的工具设备及个人卫生、环境卫生，这个环节也有可能存在食品安全隐患，要加大这方面的制度化、标准化、规范化。

第四个环节，餐饮产品的销售服务环节，特别是现在半成品销售、窗口销售、外送服务，也包括一些风险食品的管理，在销售环节上要加大服务规范，风险环节食品包括像生食水产品、发酵的豆制品、酱乳制品、盒饭、自制饮料，风险食品是行业中食品安全的自律加工工艺制度化的重点监管环节。

（五）坚持技术革新，实施线上线下互动互促

随着互联网对餐饮业的渗透不断加强，餐饮管理应积极主动利用互联网，对现有的餐饮IT技术体系规划和设计进行革新和尝试。比如，互联网餐饮强调自助化与用户参与、交互，强调数据的分析与挖掘，强调将用户体验和数据运用到业务服务过程中，通过技术手段促进业务的发展与提升等。

首先，技术体系架构方面，传统餐饮IT系统都是C/S架构为主的系统；互联网时代用户的大量参与、连锁CRM（Customer Relationship Management，客户关系管理）系统的发展、互联网支付技术的逐步成熟，第三方线上餐饮平台的影响，如大众点评、团购等出现，微博、微信营销系统的出现、各类餐饮轻应

用（app）的诞生，都要求 IT 系统必须与互联网线上打通，线上的业务占比会越来越重，最终，餐饮管理系统自身也必然走向 B/S 架构的互联网化、云端化。

其次，要求应用服务化，尽可能将业务功能模块化，包括餐厅商户基础服务（餐厅基本信息管理、菜品管理、用户 CRM 系统管理等）、业务流程及服务（远程及近场点单服务、支付服务、团购优惠促销服务等），根据餐厅的不同业态品类能够灵活地组合拆分组件，以满足不同的业务流程，并且实现基础服务共享。

第三，构建云端采用分布式服务框架，通过建设分布式应用服务平台，满足业务不断增长的高并发访问需求，需要在开发、运行、维护等多方面提高架构的灵活性、可扩展性、高可用性、高负载、易管理。

第四，互联网餐厅服务平台最重视应用的用户体验。用户体验的根本在于以用户为中心的应用规划、功能设计、界面设计、流程设计等，改变了由餐厅单方面主导、规划、设计的业务流程，从“我要提供给用户什么”转变为“用户要我提供什么”，从粗放的展现与交互设计到注重细节、遵循规范的设计开发方式，最终达到不断完善用户体验的目的。

第五，利用好交易数据与大数据平台。互联网餐饮的特点，对数据架构也提出了新的要求。交易类的数据主要是机构对结构化数据的处理与分析。但是由于互联网餐饮由用户大量的参与之后，引入了消费者的各类点评、照片、文本等结构化的数据，因此需要处理各类非结构化和半结构化的数据类型，数据的价值与时效性也具有多样性的特点。此外，需要处理的数据量也会有很大的不同，会涉及海量的数据以及高并发数据的处理，因而对数据的存储、查询和分析提出了新的挑战。

互联网餐饮未来的一个重要应用就是大数据的分析与挖掘，数据开放与数据共享是大数据时代的方向与趋势。一方面，对数据存储的物理安全性要求会越来越高，从而对数据的容灾机制提出更高的要求；另一方面，由于基于大数据的分析能够分析洞察更多高价值的客户以及用户行为习惯带来的新业务突破点，因此信息的泄密也会导致更加严重的后果，数据安全的确面临更加严峻的挑战。因此，更加专业的服务，对 IDC 数据云平台数据安全更加专业与规范的标准，包括硬件设备、机房环境、人员管理、数据应用等都提出了更高的要求。

互联网餐饮毕竟还是一个新生事物，需要不断去探索与尝试。餐饮业拥抱互联网，不仅仅是 IT 系统，还需要结合自身的商业模式、业务流程、消费者的行为特点去做综合性的、整体性的、系统性的整合，要体现差异化、个性化及自身的优势，从战略上、组织上、人才上都做好充分准备，迎接崭新的移动互联网时代。

思考题

1. 请分析当前餐饮管理的行业环境。
2. 餐饮管理中的现实问题和困境表现在哪些方面？如何解决？
3. 餐饮管理中的能力与素质的不足体现在哪些方面？
4. 何谓餐饮业态？餐饮业态有哪些特点？
5. 餐饮市场的发展环境表现为哪些方面？
6. 新形势下如何不断改进餐饮管理水平？
7. 餐饮管理中的技术革新主要体现在哪些方面？

参考文献

[1] 邢颖，荆林波 . 餐饮产业蓝皮书：中国餐饮产业发展报告（2015）[M]. 北京：社会科学文献出版社，2015.

[2] 侯兵，许云飞 . 我国餐饮业竞争优势变迁与业态创新 [J]. 扬州大学烹饪学报，2007（3）：45 ~ 50.

第二章　中式正餐业态管理与创新

主要内容

本章包含七个部分，第一部分是业态类型与特点，分析了中式餐饮的市场业态，餐饮门店的特点；第二部分是中式餐饮组织与岗位管理，论述了中式餐饮业内部组织结构等内容；第三部分着重分析中式餐饮的经营决策、计划与特点，如何科学制定经营决策和推进计划的实施；第四部分是中式正餐的产品和生产管理问题，分析了如何创新设计中餐产品和优化生产流程；第五部分是中式正餐的定价与菜单设计问题，不同正餐类型和档次如何确定价格和制定菜单；第六部分是中式正餐的服务管理与质量控制问题，如何提升中式餐饮的服务质量；第七部分重点分析中式餐饮的市场营销管理，从营销原则等方面如何进行创新营销。

学习目标

总体目标：能对中式正餐餐饮业态的产生背景、起源和发展情况有基本的认识和了解，掌握中式餐饮经营的模式、计划、组织以及市场营销方面的重点，加深对中式餐饮经营的能力和条件的认识，做到理论与实践充分结合。

目标分解：

1.了解中式正餐餐饮业态的起源、类型和模式。

2.理解和领会中式餐饮经营的条件与要求。

3.理解和掌握中式餐饮产品的类型与生产要求。

4.理解和掌握中式餐饮产品的定价与菜单设计要求。

5.理解和掌握中式餐饮市场营销的特定原则和条件。

重点与难点

教学重点：中式正餐类型、中餐经营模式、中餐内部组织结构、中式正餐餐饮门店岗位配置、中餐产品定价、中餐门店服务质量控制。

教学难点：中式正餐经营模式的选择、中式正餐门店连锁经营、中餐产品设计与优化、中餐市场营销。

第一节　中式正餐业态类型与特点

一、业态类型

新型业态是市场竞争的产物，是商品流通的组织形式，组织方式适应生产力发展水平和市场需求变化的必然结果。新型业态产生于市场需求者，而形成于市场供给者，是供给者满足差异化需求的市场行为。所谓业态是指企业为满足不同的消费需求，以经营商品的重点和提供服务方式的不同，而采取的经营形态。以餐馆的经营特色为依据，可将中餐餐饮市场的业态格局做以下划分。

（一）家常菜为主的大众餐馆类业态

这一业态的餐馆目标市场定位为普通的工薪阶层，菜单和菜式大众化、家常化，价格较低，菜量大、上菜速度较快，能够满足百姓的日常饮食需求，这类餐馆遍布城乡各地，多分布于交通便利，流动人口多或居民区、机关企事业团体较为集中的地区。

（二）满足商务宴请需要的高档正餐类业态

此类业态也可以分中式高档正餐和西式高档正餐。中式正餐主要是指具有鲜明菜系特征的高档次餐馆，分为国有老字号、新兴的民营餐馆。餐馆是中国饮食文化的代表和集大成者，无论是操作技艺、菜式，还是服务、环境都体现了较为浓郁的民族性和历史性，具有深厚的传统文化内涵。新兴的民营餐馆以服务周到、菜式多样、环境高档、促销灵活的特点吸引了许多高档消费群体。西式正餐主要以高层次、高收入群体为主，环境典雅、服务细致，是喜欢西餐人士的最佳选择。

（三）依托星级饭店的饭店类中式正餐餐饮业态

星级饭店各项设施齐全，有客房、餐饮、娱乐等设施，这是专业性酒楼无法比拟的，这些设施组合的好，可以成为餐饮经营中的优势，如有的酒店可以在各类庆典活动中提供免费的客房。酒店餐厅一般装修较为精美，环境优雅，在当地有一定的社会声望和知名度，这也为饭店餐饮的经营提供了优势条件，但部分酒店内中餐也存在一些问题，如经营成本相对较高，特色不明显。

二、业态特点

（一）劳动力密集

餐饮业是劳动力最密集的服务业之一，不论是厨房或卖场，都需要大量人力投入各项运作。虽然少部分中央厨房能够以自动化设备取代人力，但对绝大多数经营者而言，厨房仍是劳动力密集区。由此，劳动力在餐饮业是不可或缺的投入要素，所以人力资源的调配安排，成了餐饮业的重要课题。

（二）产业关联性大

餐饮业的关联产业众多，但与食品加工业的关联最大，随着新业态外餐企业的加入，与其他企业的关联会更大，周边关联企业也会进一步增多。

（三）餐饮业多属经营者自营方式

餐饮业基本的设备，在硬件方面，以卖场的装潢、设施及厨房的设备为主。其资本大多来自股东，因此多属经营者自营方式。资金主要来自经营者，其优点在于资金的取得不难，但缺点在于取得数量有限，在扩大产出、设备与连锁经营方面，不易在短期内完成。

（四）产销同时进行

餐饮业购进原料、加工制作、销售交易、消费同时进行，有异于一般工业产品依规格大量订制，因此较难预估销售量以及控制生产量。餐饮业生产量受顾客数量与季节气候影响，在顾客购买前不可预知，同一原料要制作成适合不同顾客嗜好的商品，均是在极短时间内完成的交易。因此，餐饮业兼容了生产与销售。然而，近年来由于部分大型连锁店有中央厨房，食物可先在中央厨房做好，再运到卖场，因此，也可使生产与销售分离。

（五）商品易腐性

餐饮业一般是顾客上门来才有生意，而在食品原料由生的原料状态变化到商品的过程中，无论生熟，都易变坏。若顾客不及时购买商品，很快会腐坏。

（六）座位环境也包含于商品之中

就餐饮业而言，其所提供的商品除食物外，还包括座位。座位周转率的高低，对营业收入有很大的影响，因此，座位的安排、规划与设计等，都是餐饮业商品规划管理的重要内容。

（七）餐厅的选址要适当

餐厅坐落的位置，与营业的关系重大，如果位置选择恰当，位于集客力良好的地区，在经营上势必占尽地利；所谓集客力良好的地区，应是交通便利、人口集中、流动量大的地区。交通便利，使得人们便于光临。人口集中或流动量大，可带来大量的消费者。

同时再将每地区的特殊因素，如人口密度与性别比率、职业与平均所得额、工商业、机关、学校以及娱乐设施场所等发展趋势综合考虑，这都是餐厅繁荣的重要连带因素。

另外，还要考虑市场的接近程度，如能与社区居民紧密结合，为他们提供真诚的服务，以获得他们的好感，当他们有餐饮聚会的需求时，必定选择附近有特色且上档次的餐厅。在交通便捷但停车不易的情况下，餐厅的选址，也是成功与否的关键因素之一。

（八）营业有明显的高峰时段

餐饮业每日营业有明显的高峰时段，因此，在经营上需要特殊安排。这种高峰现象可分两方面说明。在一天之内，由于受到人们一日三餐饮食习惯的影响，一般来讲，营业时间通常是三段区分：早餐在 7 ～ 9 时，午餐在 11 ～ 14 时，晚餐在 17 ～ 21 时。

营业时段对顾客来说是一种信约，不能失信，必须调整员工的作息时间来配合营业时间。在正餐的尖峰时段，顾客们不断涌入，又很快离去。此时，对场地的需求量较大，但一般餐厅的空间与餐桌的数量均有限，无法同时容纳过多的顾客，所以要把握食物烹调与服务的快速特点，尽量满足顾客需求。如何突破这种购买时限，是发展的关键，而且需要针对不同时段提供不同商品。

在全年经营中，有明显的冷、热、淡、旺季的情形。经营者多以延长营业时间、调配人手、雇用兼职人员，来解决旺季的大量餐饮作业；在淡季，则减少人工的雇用或关闭某部分卖场来减少其费用的支出。

第二节　中式正餐组织与岗位管理

一、餐厅组织机构

餐厅负责向客人提供餐饮产品和餐饮服务，无论是独立设置的餐厅，还是酒店内部的中餐餐厅，都是一个重要且具有较大潜力的增收创利部门，餐饮的特色和质量也是酒店总体管理水平和特色的重要组成部分。

餐饮管理的主要职能是：积极组织生产适合客人需求的中西餐饮产品，全力参与市场竞争，创制特色产品，建树经营特色，赢得良好的形象和声誉；坚持质量标准，强化质量管理，认真贯彻《食品卫生法》，不断提高全体员工的安全意识，确保食品安全；严格控制各项成本费用，保证酒店良好的经济效益；采取灵活多样的形式，开展服务意识培训和业务培训，不断提高人员素质。

餐厅的经营管理方针是“以市场为导向，以成本为中心，以质量为生命”，服务宗旨是“让客人完全满意”。

独立设置的中式正餐厅和依托星级饭店的饭店类中式正餐厅，在组织机构的设置上略有差异，下页图为一家餐位为300人左右的独立设置餐厅的组织机构图。

二、岗位职责与管理

（一）店长

（1）负责组织完成公司所下达的各项经营指标。

（2）负责本店菜肴、服务质量管理和安全、设备、卫生管理，对前厅、厨部工作进行检查和督促，及时纠正、指导工作中不足之处，严格检查日常工作规范。

（3）制定各项业务计划，报公司批准后负责组织实施，并定期汇报。

（4）按公司卫生管理规定标准，严格检查各项卫生工作，确保符合国家卫生标准和公司卫生规范。

（5）负责餐厅安全工作，严格执行各项安全管理制度和操作规范。

（6）加强对本店的设施设备管理，督促检查指导维保工作，确保设施和设备保持最好工作状态。

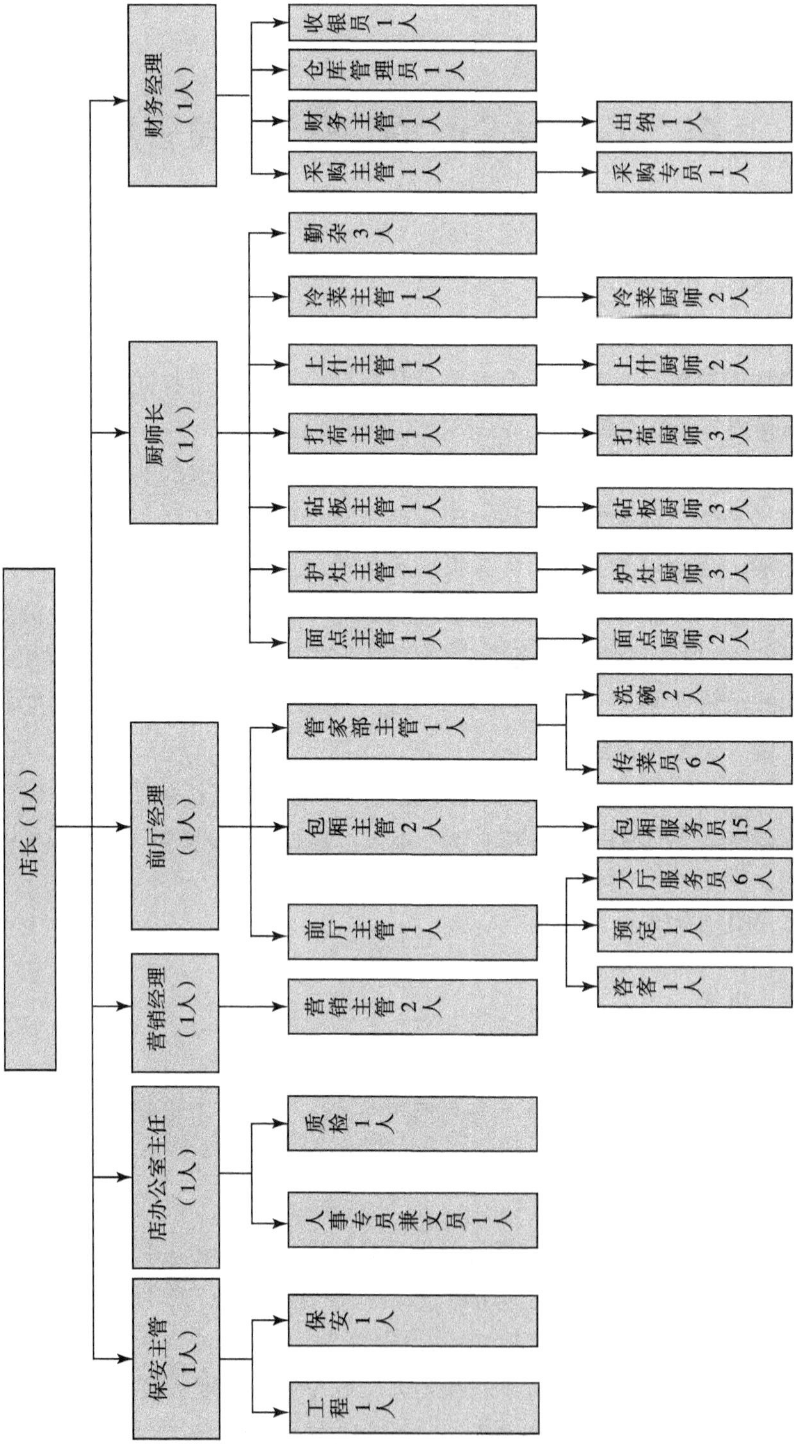
店长（1人）
财务经理（1人）
收银员1人
仓库管理员1人
财务主管1人
出纳1人
采购主管1人
采购专员1人
厨师长（1人）
勤杂3人
冷菜主管1人
冷菜厨师2人
上什主管1人
上什厨师2人
打荷主管1人
打荷厨师3人
砧板主管1人
砧板厨师3人
护灶主管1人
护灶厨师3人
面点主管1人
面点厨师2人
前厅经理（1人）
管家部主管1人
洗碗2人
传菜员6人
包厢主管2人
包厢服务员15人
前厅主管1人
大厅服务员6人
预定1人
咨客1人
营销经理（1人）
营销主管2人
店办公室主任（1人）
质检1人
人事专员兼文员1人
保安主管（1人）
保安1人
工程1人

独立餐厅的组织结构图

（7）负责餐厅财产管理，全面负责餐厅所有物品的领用、保管、添置、更新、改造等工作，做到有计划、有档案、有去向、有责任人。

（8）负责本店员工的业务培训，按公司培训制度要求制定各部门培训计划，并组织实施和监督、检查、指导，努力提高全员业务素质，培养优秀人才。

（9）做好与其他部门的沟通、配合工作，加强相互联系，具备全面观念，以公司整体利益为重，协调做好各项工作。

（10）关心关注员工，组织各类员工活动，确保员工的工作积极性和稳定性。

（11）强化自我管理，带头执行公司各项规章制度，做好管理班子的团结工作，处理管理班子的日常矛盾，创建高效优质团队领导。

（12）不断发现工作中存在的问题，积极改进，提升质量管理水平。

（13）组织做好营销工作，市场客户拓展，亲自接待大客户，确保客户满意度。制定销售政策，建立客户档案，完善客户服务体系，做好客户现场接待，处理客户投诉。

（二）前厅经理

（1）负责前厅各区域主管的工作分配、组织、协调，制定各项前厅管理制度，负责服务质量的管理和监督。

（2）负责组织安排班前会，并保证会议的质量，检查员工出勤、仪容、仪表，传达上级领导指示。布置本部门工作任务。

（3）开餐时间不断巡查、关注服务动态和产品出品情况，及时解决巡查中发现的问题，妥善处理发生的各类事件和客户投诉，确保让客人满意。

（4）熟练掌握本店菜肴、酒水知识，掌握餐位的预定情况，亲自检查大型宴会、酒会和重点客户就餐的准备情况，并根据预定情况对工作做出相应安排。

（5）负责前厅卫生和安全工作，检查、督促员工认真执行有关规章制度；指导、检查餐具消毒工作，指导员工正确使用消毒设施，配合落实餐厅设施、设备维修、保养计划。

（6）负责前厅财产管理，对餐厅各类物品、设施设备建立档案，明确责任，加强管理，并做好前厅日用品节约工作。

（7）协助制定前厅培训计划，并具体负责培训工作，不断提高员工素质和服务质量，并根据市场变化对前厅服务改进。

（8）掌握本部门员工思想动态，关心员工生活，鼓励培养员工敬业精神和上进心，努力创建文明团体。

（三）厨师长

（1）负责厨房全面工作，协调并检查厨房工作任务的落实情况及存在的问题，向上级汇报并提出改进的意见。

（2）根据前厅反馈的客户要求，开具合菜单。

（3）根据餐厅的客流量和预订菜单的数量，审批各组采购单和领料单，验收领料数量和质量，并将其发放。

（4）全面负责菜肴质量和供应工作，处理客人对菜肴质量的投诉。

（5）虚心听取客户和前厅意见，不断提高菜肴质量，满足客户要求。

（6）负责检查厨部的卫生管理工作，做好食品卫生和环境卫生的监督工作。

（7）负责厨部的安全管理，做好防盗、防食物中毒、防火、防意外伤害事故的发生。

（8）检查厨师的仪容仪表、劳动纪律的情况，严格考勤。

（9）对厨师进行业务指导，制定厨房员工培训计划，组织技术培训。

（10）负责厨房资产管理，对各类物品、设备设施建立档案，明确责任，加强管理。

（11）沟通协调各班组，加强团结协作，圆满完成各项任务。

（12）严格控制厨部生产各项成本，定期做好生产成本分析及监控。

（13）合理安排员工工作餐。

（14）负责厨部菜肴创新工作。

（15）做好餐前与前厅沟通、信息交流工作。

（16）完成上级交办的其他工作。

三、中餐的一般供应链

餐饮供应链由餐饮产品的原料采购、加工配送、餐饮产品制作、产品销售等所有环节和过程，是以餐饮企业为核心，通过信息流、物流和资金流的系统整合，使得需求、计划、供应、生产、配送、烹饪加工、销售等环节有机衔接，形成餐饮产品产前、产中、产后与市场之间连接成高效的运作体系。

中餐供应链除了具有浓厚的餐饮行业特色，还具有明显的中餐特征。其主要特点包括：①供应链上下游企业经营规模、形式多样化，管理水平参差不齐；②配送时效性要求高。餐饮业经营的品种多为易腐品，对配送半径、储存条件和送达时间有严格要求；③产品多样化，品项复杂；④需求不准确，计划难度大；⑤库存管理难度大，品种多，用量难以标准化，质量等级、原料的出品率不确定，信息系统难以应用，毛利率很难控制。

四、中餐供应链管理模式

我国地区消费特征差异大、生产力水平发展不平衡，受餐饮企业经营方式、规模、市场定位等因素影响，中餐企业供应链管理模式呈现多样性的特征。

（一）传统模式

企业零星就近采购，企业与供应商是简单的买卖关系。原料从入库、清洗、加工、烹饪等都在后厨完成，产品质量靠厨师的技能、经验和责任心来保证。经营者本人是店面信息系统的指挥中心，掌握着店面经营的销售数据、计划、采购数据和人力资源等资源协调。采购与销售过程都是现金交易。缺点是手工随意性生产、单店作坊式经营、人为经验式管理；产品缺乏标准，质量难以保证。优点是经营灵活、根据市场需求调整产品和原料采购，只要特色突出，物美价廉，还是具备一定竞争力，在细分市场上迎合了目前中餐特色化的趋势。投资者风险小，投资回收快。适用企业有特色餐厅、小规模食堂。目前此类模式在我国中餐市场上占据较大份额。

（二）集中采购模式

这种模式的主要特征是，主要用料实行总部集中采购，获得较低的进货价格，采取“集中采购，供货商对网点直接配货、总部与供货商统一结算”的方式，辅料由各店面自行采购。

采用这种模式企业的分店或食堂数量一般没有达到一定规模和密度，企业给予成本考虑，没有建立加工配送中心，产品加工制作与销售完全与传统模式相同，在店面现场靠人工完成。总部汇集各店面主要原料的信息需求，然后统一向供应商下达采购信息和配送信息，总部与供应商呈现出紧密合作的供方关系，可以获得赊销和部分延迟付款条件的政策支持。缺点是标准化程度仍然不够，产品制作、质量控制仍然在店面，只是实现了部分主料的配送，传统模式存在的问题依然没有得到根本解决。优点是初步实现规模化经营和批量化采购，具有一定的成本优势和经营上的灵活性。

（三）中央配送模式

这种模式按照麦当劳、肯德基等西方快餐连锁企业为参照发展而来。原料统一集中采购、统一配送，现场没有原料仓库。企业建立了标准的深加工配送中心或中央厨房，产品按照标准化作业流程深加工，量化控制，深度预制甚至完全加工成熟，以减少店面烹饪过程甚至取消烹饪场所。此模式不但可以提高产品质量，同时通过在配送中心增加机器设备，提高工业化程度，尽量减少人工操作，进而控制成本。企业运用强大的管理信息系统进行需求与计划、生产、采购和库存管理，企业具有完善的产品质量保证体系。此模式不但解决了租金飞涨的高成本下提高营业面积的问题，同时减少现场烹饪过程和时间，提高了用餐高峰期的供应效率问题和大批量供应的食品安全难题。企业获得了物流、信息流和资金流的高度集约和协调。目前此模式有着广泛的应用，典型经营模式有三类。

（1）快餐模式：主要以马兰拉面、真功夫、嘉旺、面点王、大娘水饺、嘉和一品为代表的大型中餐连锁企业，特征是配送中心前期进行标准化预制和深加工，店面进行简单的规范化烹饪制作（蒸、煮、烤等），快速成熟供应。由于中餐没有形成标准化体系，目前适合于加工配送中心进行标准化加工、制作的品种非常有限，仅仅限于面点、粥、蒸、凉菜、卤水和部分烩、炖类产品，而对于具备中餐灵魂的炒、烧、馏等类工艺的菜肴不能实现标准化制作，部分烹饪还是在店面或中央厨房靠厨师手工经验完成。此模式能够提供的菜肴品种受限，产品档次不高。

（2）冷链配餐模式：主要以航空配餐公司、江南小厨、双华食品等为代表，在配送中心完全加工、烹饪成熟，冷冻保存，冷链配送至用户处，在现场水浴或微波、烤箱加热供应。加工配送中心制作的标准化程度也不够，绝大部分靠厨师手工完成，辅助以部分工业化食品加工设备进行简单的前处理制作。此模式广泛应用于便当、航空配餐、大型集会用餐等场合。但适合此模式的产品也非常有限，炒类工艺、蔬菜类、汤汁少的菜肴等不适合此模式，而且冷冻回温过程破坏菜肴品相和营养，出品质量不高。

（3）热链配餐模式：主要以福记、柒号、利华等为代表，在配送中心完全加工成熟，利用保温设备快速配送至商务区、科技园区和企业食堂，现场分餐销售。目前这种模式在长三角、珠三角地区非常普及。由于在加工中心手工烹饪、封闭容器保温配送，对配送半径有严格要求，且出品质量、卖相较差，如果不能保持一定温度，还有食品安全的危险。这种模式目前的发展前景有待观察。

第三节　中式正餐经营决策、计划与特点

一、餐饮经营计划的内容

（一）市场营销计划内容

餐饮市场营销计划的内容主要包括四个方面。

1. 销售计划

餐饮产品销售是餐饮市场营销的前提和基础，也是餐饮市场营销的本质表现和各种交易行为的直接反映。餐饮销售计划主要是根据市场需求，在确定产品风味和花色品种的基础上，在分析餐饮产品的档次结构、接待对象、接待能力后所定制的。其内容主要包括：餐厅接待人次、上座率、人均消费、不同餐厅的食品收入、饮料收入和其他收入及总销售额等。

2. 食品原材料计划

食品原材料是保证餐饮产品生产需要，完成销售计划的前提和保证，其计划指标以食品原材料采购为主。由于食品原材料种类很多，难于确定各种原材料的需要量，因此，计划的内容主要包括：采购成本、库房储备、资金周转、期初库存、期末库存等。

3. 产品生产计划

厨房生产是餐饮业务经营活动的重要环节。生产过程的组织直接影响产品质量、客人需求和食品原材料消耗，是确保销售计划得以顺利完成的基本条件。旅游酒店的厨房较多，各个厨房的生产任务不同，因此，餐饮产品生产计划是以餐厅销售计划为基础，通过计划指标的分解来制订的。它以短期计划为主，其内容主要包括：花色品种安排、食品原材料消耗、初便任务安排、单位产品成本控制等。

4. 餐厅服务计划

餐厅服务过程就是餐饮产品的销售过程。餐厅服务质量的好坏直接关系到客人满意程度的高低，从而直接影响到客人的需求以及产品销售和营业收入任务的最终完成。餐厅服务计划以提高服务质量、扩大产品销售为中心，根据餐厅类型、就餐环境和接待服务规格来制订。其内容主要包括：服务程序安排、

服务质量标准、优质服务达标率、客人满意程度、投诉率控制等。

（二）经营利润计划内容

餐饮经营与管理的最终目的是在满足客人需求的前提下，获得良好的经济效益。其经营本质上是一个利润计划。其计划内容也包括四个方面。

1. 营业收入计划

营业收入计划是餐饮利润计划的基础，它根据餐厅上座率、接待人次、人均消费水平等来编制。餐饮营业收入的高低受不同餐厅等级规格、接待对象、市场环境、客人消费结构等多种因素的影响。编制营业收入计划，需要区别不同餐厅的具体情况，具体内容与销售计划基本相同。

2. 营业成本计划

营业成本是影响餐饮利润的重要因素。营业成本主要指食品原材料成本。营业成本是在食品原材料的采购、储藏、生产加工过程中形成的。

3. 营业费用计划

营业费用也是影响餐饮业利润的重要因素，它是指食品原材料成本以外的其他各种费用，其内容可大致分为固定费用和变动费用两大类。前者包括房屋折旧、家具设备折旧、人力成本、销售费用、管理费用等。后者是随着餐饮销售额的变化而变化的费用，包括水、电、燃料费用、客用消耗品、服务用品、洗涤用品、营业费用计划就是要确定这些费用指标及其费用率和变动费用率等。

4. 营业利润计划

营业利润是经济效益的本质表现。营业收入减去营业成本、营业费用和营业税金，就是营业利润。酒店餐饮部门的营业利润形成后，上缴税金和利润分配由全店统一安排，营业利润计划只反映本部门经营效果。其计划指标内容包括利润额、利润率、资金利润率等。

二、餐饮经营计划的编制方法

（一）营业收入计划编制方法

餐饮经营计划的编制是以营业收入计划为起点的，一般分为两个步骤。

1. 确定餐厅上座率和接待人次

它要求餐厅根据历史资料和接待能力，分析市场发展趋势和准备采取的销售措施，将产品供给和市场需求结合起来，确定餐厅上座率和接待人次。其中，旅游酒店的接待人次既要充分考虑住店客人的需要又要考虑店外客人的需要。住店客人的接待人次一般根据客房出租率指标，分析住店客人到不同餐厅用餐的比率来确定。店外客人则根据档案资料和市场发展趋势来确定。

2. 确定餐厅人均消费水平

餐饮人均消费应将食品和饮料分开，食品确定人均消费额，饮料确定销售比率。需要考虑三个因素：一是各餐厅已达到的水平，二是市场环境可能对餐饮人均消费带来的影响，三是不同餐厅的档次结构和不同餐次的客人消费水平。

（二）营业利润计划编制方法

餐饮营业利润计划的编制，主要将收入、成本和费用计划汇总，形成计划方案。

1. 编制餐饮计划营业明细表

将各餐厅的营业收入、营业成本和营业毛利汇总，形成计划方案，作为餐饮管理成本控制的主要依据，同时也作为对利润计划表的补充。

2. 编制餐饮利润计划表

将餐饮部的收入、成本和费用汇总，形成餐饮部门损益计划表，它是餐饮经营部的核心内容。

三、中餐业的经营特点

中餐业除具备服务的基本特征外，还具有一些区别于其他服务业的特征。下面，我们就它的这些具体的独有的特征做一些探讨。

（一）需求的多样性

作为中餐行业来讲，人们进餐馆吃饭，需求的不再仅仅是填饱肚子，其需求有社交的需要，如商务餐；有情感的需要，如生日宴、烛光晚餐等；有自我表现的需要，如豪华宴席等。

（二）服务质量的难以把握性

中餐行业的服务质量包括：环境的质量、菜品的质量和人员服务的质量。环境的质量是指餐馆的环境与顾客的期望是否一致或尽可能地接近；菜品的质量是指菜品在新鲜、卫生、独特、美味、价格等指标上与顾客的期望是否一致或最大限度地接近；人员服务的质量是中餐业较难把握和衡量的方面，它包括服务人员的态度、服务的程序、服务的标准化程度、上菜时机的选择、服务失败的处理方法等。

（三）培养顾客忠诚的困难性

中餐行业相对于银行、零售等其他服务行业来说，培养顾客的忠诚度难度较大，主要原因有：第一，顾客的选择成本低，这使得顾客可以频繁的转换餐馆就餐；第二，顾客的猎新心理作用，顾客在餐饮方面具有较强的猎新心理，对于新的餐馆或新的菜品总有尝试的心态；第三，新开餐馆的竞争，顾客很有可能会选择其他新开的竞争餐馆就餐。

（四）产品质量的不稳定性

我们知道，麦当劳、肯德基等洋快餐实行的是标准化的生产，从选料、配方到制作都有严格的标准，按照这一标准制作出来的快餐可以保证全世界口味的统一。而中餐由于制作工艺等多方面的原因，到目前为止还没有实现，而且在很长一段时期内也难以实现标准化，这使得中餐不可避免地出现不同厨师，甚至是同一厨师不同批次制作的菜品口味也不统一。这就造成了中餐业产品质量（主要是菜品）的不稳定性。

第四节　中式正餐产品与生产管理

一、中餐产品的类型

中式正餐的产品类型与传统中餐的分类基本一致。

按原料分类，中餐的产品可分为粮食类（谷类、豆类、薯类及制品）、蔬菜类、家畜类（猪牛羊肉）、家禽类（鸡鸭鹅肉）、鱼类（海鲜、河鲜）等。

按烹饪方法分类，可分为蒸菜、烧菜、炒菜、炖菜、煎炸菜、卤菜、凉拌菜等。

按产品功能分类，可分为主食（米饭、面饺）、点心小吃、凉菜、热菜、汤菜、粥水饮料等。

二、中餐产品的制作

从整体上来说，中餐由菜肴和面点两大部分构成，菜肴制作行业上又称为“红案”，而面点制作行业上俗称为“白案”。

（一）菜肴制作

菜肴是烹饪原料经选料清洗等初加工、刀工切配，还可在成菜前做初步熟处理或预制加工，最后用一定的方法烹制成具有色、香、味、形的菜品。根据烹调方法和成熟方式的不同，菜肴又分为热菜和凉菜两大类。热菜的成菜可采用多种烹调方法进行热加工，如蒸、煮、煎、炒、炸等，热加工前往往还要做初步熟处理（如焯水、过油等），或者经过码味、上浆等预制加工，而调味则贯穿于上述各环节中。

（二）面点制作

面点是以粮食（主要是小麦面粉）为原料，可再配以菜、肉、果品等制成的馅料，经熟制而成的面食、点心小吃等。

在工艺流程中，面团调制、面点成形和熟制是面点制作的主要工序，面团调制包括和面、揉面、饧面等工序，而面点成形则由搓条、下剂、制皮、上馅、成形等工序制成面点生坯，最后经熟制（煮、蒸、煎、炸等热加工）得到面点的成品。

三、中餐生产管理

餐饮产品具有即时性的消费特点，餐饮产品的生产、销售、顾客的消费几乎在同时发生，饭店不可能预先生产好餐饮产品贮存起来等顾客来购买。因此，餐饮产品的质量直接关系到饭店的声誉和经济效益，良好的餐饮生产管理可以有效地控制菜肴的质量、食品的成本，减少生产事故，最大限度的发挥厨房在餐饮管理中的作用，是餐饮管理的关键。

（一）中餐厨房的日常管理

这里所说的厨房业务工作，指的是将厨房生产中各种专业工作进行有系统的安排和控制，使餐饮生产系统形成一个高效率的整体。厨房生产是为餐厅服务的，厨房必须以餐厅为中心来组织、调配自身的业务工作，所有厨房工作人员必须树立起“厨房生产服务于餐厅需要”的意识和观念。

（1）当天的生产安排要有计划性，饮食产品的生产任务是以餐厅销售为基础。销售具有很强的季节性和随机性，而厨房产品易于腐变，如果生产过剩，极易造成经济损失。厨房根据点菜单来生产菜肴花色品种，每种菜肴数量随时处于变化不定之中，所以，饮食产品生产任务量的确定是以短期作业计划为主。通常每天上班前，厨房应根据餐饮部通报的团队宾客、宴会预订、重要来宾等预定用餐人数和用餐标准，登记到生产作业计划登记表中，由厨师长安排调度全天的业务。厨师长要负责组织、监督、指挥菜肴生产的全过程。厨师长还应将宴会菜单、团体包餐菜单、当日零点菜单同时公布，以利各生产环节的工作。

（2）开餐前的准备工作。开餐前，特别是每天上午，各个生产班组的主要任务是在厨师长指挥之下，按各班组本身的岗位业务内容各自进行餐前准备工作。

（3）开餐时的业务组织工作。在开餐时间内，厨房应以餐厅客源为依据，以炉灶为中心安排工作。厨房中的工作岗位都要围绕炉灶的需要。厨房应与餐厅及时沟通、密切配合，随餐厅情况的变化而调整厨房的业务，根据餐厅所送菜单的先后顺序及预定单依次安排菜肴的生产。厨师按照标准食谱生产加工，厨师长进行监督和检查。符合质量要求的菜肴由传菜员按出菜顺序准确无误地从炉灶工作台送往传菜间。配菜、炉灶、出菜必须由专人负责，并保持各道工序之间的衔接和协调。

（二）中餐厨房生产管理的内容

（1）生产管理制度一旦建立以后，应根据运作情况来逐步完善，员工的奖罚等较为敏感的规定应加以明确，界定清楚。为避免制度流于形式，应加强督查力度。

（2）员工管理。员工素质高，具备熟练的、高超的操作技能，是保证饭店餐饮质量的关键之一

（3）设备管理。为了改善劳动条件、提高生产效率，厨房中都配置了相当数量的电器设备和生产机械。厨房设备是进行食品生产的物质基础，是厨师生产食品的必要条件。

（4）卫生管理。厨房中的各种食品原材料，半成品和成品都很容易腐坏变质，饭店经营中每天还要产生大量的垃圾和残汤剩饭。如果管理不善，厨房将成为细菌和老鼠、蚊虫大量滋生的场所。

菜肴清洁卫生。风味好，质量高，既是顾客的基本要求，也是厨房生产管理工作的重要内容之一。厨房管理人员要从清洁、卫生、安全的角度，对所有食品从原料选购、库存、加工到成品进入餐厅的整个生产过程进行严格监督。对所有生产范围内的清洁卫生工作进行监督和指导，以确保餐饮食品的绝对安全。

（5）安全管理。

厨房火灾的防范：厨房火灾事故是饭店事故中出现频率最高的事故之一，

厨房防火的要点如下。①厨房的设计必须按一级防火单位的消防规范执行，并配置足够的消防设施和设备，并请消防主管部门、设备安装部门提出合理的建议。②液化气炉灶、油灶、电气热源设备及电源控制柜应安排专人负责。下班前，应将所有电源切断，检查是否有漏油、漏气，如有发现及时请专人维修好。③及时清除油渍污物，将易燃物品如油类、纸张等置于远离火源的地方。厨房和食品仓库内禁止吸烟。

（6）菜肴质量管理。菜肴的质量，即菜肴的色、香、味、形、质（质地）等。菜肴质量的标准不易统一，也不能通过化学或物理仪器来测量，菜肴质量的高低主要依靠宾客来评定，而且，不同的宾客对同一道菜往往评价也会不一样，所谓众口难调，适口者为佳。

（7）成本控制。餐饮产品的成本主要是餐饮企业在生产餐饮产品时所占用和耗费的资金。按性质分为固定成本、变动成本。固定成本在一定的经营范围内总量不会发生变动，如餐厅的折旧费、经营管理费、税费等。变动成本是制造总量随着餐饮产品的产量或销量的变化而按比例发生增减的成本，如食品原料的成本，一些低值易耗品（餐巾纸、筷子、厨房的刀具等）的成本，其中最主要的是食品原料的成本。厨房是最大的食品原料的使用和生产场所，厨房的成本核算是餐饮企业成本核算的重要内容。厨师长在厨房的成本控制中起关键性作用，厨师长应掌握厨房进货的品种、数量和价格，还要及时随原料价格变动而调整菜肴售价，或调整菜谱的原料搭配和数量定额，在保证餐食标准的前提下，按照规定的利润合理计价。

因为饭店是按实际耗用的食品原料计算食品生产成本，所以必须加强对食品原料的管理。厨师长在厨房生产管理中要把好食品的采购、验收、领用、切配、烹调五个关口，防止成本泄漏点（采购的原料不能全入库、原料贮藏中的变质、保管中的丢失、私自领用、切配和烹调中的折损、厨师的偷吃）的产生，从而实现对食品生产全过程的成本控制。

第五节　中式正餐定价与菜单设计

一、菜单设计

中式正餐菜单根据经营需要，常分为零点菜单和宴席菜单，在设计过程中应有所区分。

(一)零点菜单设计

设计零点菜单时，必须根据各种零点菜单的用途与特点，设计出最佳菜单，具体要明确设计要求，注重设计方法。零点菜单设计如下。

1. 明确经营风味

在设计零点菜单内容时，首先要确定经营菜肴的风味。因此，要根据本地区、本企业餐饮经营的特点，选定一两种风味菜肴，形成有独特风味的零点菜单。在设计零点菜单时，千万不能照抄照搬别人的菜单或把多种菜系的菜肴拼凑在一起，形成大杂烩菜单，这种没有特色的菜单自然不能吸引更多的顾客来餐厅消费。

2. 明确菜单用途

在设计零点菜单时，要了解菜单用于何处，是用于粤菜馆，还是鲁菜馆等；要根据各餐厅的风格，设计出相应的风味菜单；还要了解菜单用于何种餐别。用于早餐的菜单，就要以粥类、点心类、冷菜（小菜）等内容为主；用于午、晚餐的菜单，就要以冷菜、热菜为主，再安排一些汤羹类、面食类、甜品类等菜肴；用于客房内用餐的菜单，安排的菜品不宜太多，要便于烹调，便于服务等。

3. 明确消费对象

在设计零点菜单过程中，要根据餐厅装潢的档次、风格、服务水平等条件，来定位顾客的消费层次。比如一个三星级饭店的零点餐厅，对历年来接待的对象进行分析研究，了解到来餐厅消费的人群中，高、中、低消费的比例是：高消费的人群占20%～30%，中档次消费的人群占50%～60%，低消费的人群占20%～30%，那么在设计菜单内容时，根据这一比例，就可以制定出高、中、低档的菜品来满足不同消费对象的饮食需求。

4. 明确菜肴数量

零点菜单中菜肴数量的多少要依据饭店规模的大小和技术力量的强弱确定，菜肴数量列举太多会使客人在点菜时无所适从，有的客人不会花费很多的时间用来点菜，否则，会影响客人就餐情绪，同时也增加厨师和服务人员的工作量，在人手不足的情况下，因准备工作不充分，容易出现缺售菜肴的现象，工作质量自然会下降。如菜肴数量列举太少，客人挑选菜肴的余地就少，无法满足不同层次消费群的饮食需求。所以，我们要认真分析各种客观因素，根据餐厅的规模及工作人员的数量，设计出与客观条件相适应的菜肴数量。一般零点菜单的数量控制在80～120种为宜，随着市场和季节的变化，有些菜肴可长期供应，有些菜肴可删去，还可以根据不同的季节、不同的节日、不同的主题，随时增加一些特色菜、特选菜、时令菜等来弥补零点菜单菜肴数量不够的缺陷，目的是吸引更多的食客来就餐和调换食客的口味。

5. 明确菜肴盛器

零点菜单在设计每一份菜肴所需原料的重量时，往往要了解各种盛器的形状和大小，因为零点菜单通常按照盛器的大、中、小来设定菜肴的多少。如一份“鱼香肉丝”，用大盘装，需要 200 克肉丝，可供 7 ~ 10 人用餐；用中盘装，需要 150 克肉丝，可供 4 ~ 6 人用餐；用小盘装，需要 100 克肉丝，可供 1 ~ 3 人用餐。如在设计中对盛器不太了解，小盘装上大份菜，显得过于臃肿，大盘装上小份菜，显得数量不够。

6. 明确菜肴成本

零点菜品的成本核算相当重要，不但要计算出每一盘菜肴的主料、配料、调料等的成本，还要了解制作零点菜肴所支出的费用。为了计算正确，在核算时不能凭经验、大约估计等方法来核算成本，而是应该对每盘菜肴所需要的原料逐一核算，掌握每一原料在加工时的出净率、损耗率是多少，每一份菜肴需要多少净料，还要了解各种原料的市场价格，这样才能正确计算出每盘菜肴的成本费用。根据这一费用就可以计算出每盘菜肴的售价。售价的计算公式是：售价 = 菜肴的原料成本 ÷（1- 销售毛利率）。所以决定零点菜肴的销售毛利率很重要，销售毛利率越高，售价就越高。但零点菜肴中并不是每一盘菜肴的毛利率都是一样的，而是应根据菜肴的结构决定毛利率，如一些大众菜肴的销售毛利率应低一些；特选菜、特色菜销售毛利率可高一些；高档、较贵的原料因成本太高，销售毛利率可低一些；品牌菜销售毛利率可高一些。但零点菜肴总的销售毛利率不得低于饭店预先设定的比率。总之，每一盘菜的毛利率的确定应以有利于促销、有利于经营、有利于盈利为目标。

7. 明确内容编排

零点菜单内容的编排是有一定原则的，即应根据菜单的式样，如单页菜单、对折菜单、三折菜单、多页菜单等，来确定哪些菜排在重点位置，哪些菜排在次要位置，要根据人们阅读菜单的习惯和心理，结合餐饮企业推销菜肴的重点，精心设计，精心编排，从而达到促销的目的。

在产品类型的排序上，因菜系、地区的不同，排法也不一样。通常的排序是：冷盘类、海鲜类、水产类、肉类、家禽类、蔬菜类、主食类、汤类、甜品类等。但粤菜的排序要特殊一些，主要是：卤水烧味类；燕、鲍、参、翅、肚类；海鲜类、畜肉类、家禽类、煲仔类、蔬菜类、汤羹类、点心类；粥、粉、面、饭类等。其规律是一般把山珍海味及较贵重的、有特色的菜肴排列在前面或重点位置上。近几年来，随着餐饮企业的不断改革、创新，许多餐饮企业在零点菜单产品类型的排序上更加人性化、个性化，尤其对一些山珍海味、鲜活原料等热菜，在菜单上只标明单价，其每份菜肴数量的多少、采用什么烹调方法制成、做什么口味均由顾客说了算。这种做法深受顾客的欢迎。

另外，零点菜单中产品类型及菜肴、数量之间的比例关系也要恰当，要根据顾客的消费心理及规律，进行科学的设计。一般来讲，冷菜类、热菜类、面点类、汤类之间的比例关系是1 ∶ 4 ∶ 1 ∶ 0.7。但这不是绝对的，而是要根据各地区、各菜系、各地人们的饮食习惯加以调整，使各类菜肴比例更加趋于合理。

（二）中式宴席菜单设计

宴席菜单的设计原则和宴席制作的具体要求需用文字形式下达，以便工作人员实施。宴席菜单的编制通常有两种形式：一是简单式，只列菜名，适合有丰富经验的烹饪厨师使用，这是社会上较为流行的形式；另一种是表格式，除了菜名，还需列出烹饪原料、烹制方法、味型、特点、品质要求等，分门别类列出，适合烹饪初学者，一般新开业大型酒店采用此方法。

中式宴席菜单一般由冷菜、热菜、甜菜、素菜、汤菜、点心组成。中式宴席菜单的设计步骤如下。

1. 菜点的合理分配

宴席菜单在编制时，一是要选择合适的菜点，二是要将它们按宴席的要求和饮食习俗按一定顺序排列起来，使其与宴席风格相符合。如宴席菜单的类别、每类菜品的数量、各种菜点的规格等，所有这些都与宴席的档次密切相关。

在设计宴席菜单时要遵循“按质论价”的原则，防止菜品组配不合理。一般按照中式宴席的格局，合理组配宴席菜品，分为冷菜、热菜、点心、水果等，还要做好宴席菜品成本的分配，以确定菜点的选用范围。

2. 必用菜点的确定

必用菜点的选择，应以宴席菜单编制原则为前提，还要分清主次详略。通常采用如下步骤。

（1）要考虑就餐者的具体要求。

（2）考虑饮食习俗，在选用菜点上尽量显示当地风味。

（3）要发挥酒店烹饪特色，推出厨师特选，突出本店名菜点。

（4）要充分考虑能显示宴席主题的菜点，展示宴席的特色。

（5）要考虑时令特色菜点，选择富有特色的地方原料。

（6）要考虑烹饪原料的供应情况，适当安排一些价廉物美的菜点，便于合理调配宴席成本。

3. 确定主要菜点

宴席的主要菜点是整桌宴席的主角，对于主要菜点，各地区餐饮界一般以头菜来作为整桌宴席的“核心”。因此，首先要选择好头菜，在用料、口味、技法、装盘、点缀等方面的标准要讲究。头菜确定以后，其他菜点选择都要围绕头菜来组配，在质量和规格上要与头菜相适应，力求起到衬托头菜、突出主题的作用。

4. 宴席菜单的附加说明

送厨房的宴席菜单的附加说明，作为宴席菜单的补充和完善可以增加菜单的实用性，充分发挥指导作用。宴席菜单的附加说明通常包括以下内容。

（1）宴席的风味特色、适用季节和就餐者要求；

（2）说明宴席规格、宴席主题和办宴席的目的；

（3）列齐所用烹饪原料和餐具；

（4）写清宴席菜单出处和掌握的有关具体信息；

（5）介绍重点菜点的制作要求和整桌宴席的具体要求。

二、菜单定价

（一）菜品价格的构成要素

菜品的定价是以经营利润为目标的。在确定菜品的价格之前，应对菜品价格的组成内容充分了解。一道菜的价格，通常由原材料成本、经营生产费用、经营税金和经营利润这四个项目构成。

1. 原材料成本

原材料成本是指制作菜品所耗费的主料成本、配料成本及调料成本之和。 原材料成本占菜品总成本的比例很大，一般约占所有成本的40%左右。一般来说，在同一餐厅中，零点菜品的成本率低于套菜菜品、自助餐菜品和火锅菜品等的成本率；特色菜、宴会套餐菜的成本率则要低于零点菜产品成本率。掌握餐饮产品中原材料的成本占售价中的比例，是菜单产品定价最主要的基础之一。

2. 生产经营费用

所谓生产经营费用就是经营一家餐厅所需的一切费用，通常包括如下项目。人事费：包括员工工资、员工福利、员工服装及员工工作餐等；

折旧费：包括一切资产设备的折旧费；

维修费：指保养及维修一切设备所用的材料和费用；

水电费：包括一切自来水费和电费；

燃料费：指餐厅使用的燃气或其他燃料的费用；

洗涤费：指餐厅对于餐巾桌布及员工的服装送洗的支出费用；

广告推销费：指为了推销餐厅饮食产品所支出的费用；

办公用品：指日常办公所需的用品支出；

损耗费：餐厅为了经营需要购买的各式碗盘、杯子、匙筷及其他器皿的损耗费；

财务费用：财务费用包括银行费用及贷款利息；

其他杂项支出：如邮费、公关费、交通费、书报费及不可预见的费用等。

3. 经营税金

餐饮产品的定价除了考虑烹饪原材料的成本和各种生产费用之外，还要考虑企业应承担的各种税金。主要税金包括营业税、所得税、房产税、教育费附加税、印花税、牌照税。

因此，餐饮企业投资者为了获得一定的投资回报，在对菜单定价时，总会将各种营业税金考虑在内。

4. 经营利润

餐饮企业无不谋求经营利润的最大化。利润的简单公式为：

利润 = 售价 -（原材料成本 + 税金 + 营业费用）

售价定得越高，则餐饮企业获得的利润也越大。但是，并非菜品定价高，企业就能获得高额利润。餐饮企业在定价时，还要充分考虑顾客对产品的价值价格比、产品的竞争情况，以及其他各种因素，也只有平衡了这些因素，科学合理地确定价格，才有可能获得相当的利润。

（二）影响菜品定价的因素

在市场经济条件下，餐饮企业为了使本企业在竞争中立于不败之地，在餐饮产品定价之前要充分考察市场，仔细研究影响定价的各方面因素。

1. 成本和费用因素

成本和费用是确定菜品价格的两个重要因素，它对菜品价格是否具有竞争力有着直接的影响，而这种影响又是由成本和费用自身的特点决定的。

成本和费用具有两个特点：一是固定成本低，而变动成本高；另一个是不可控成本低，而可控成本高。固定成本是指随着产品销售数量的变动，其总量不变的成本，如折旧费、修理费，以及一定时期的人工费等。变动成本是指总额随着产品销售数量的增加而呈正比例递增的成本，如原材料成本、水电费、燃料费、营业用品费等。可控成本是指企业可以控制的成本，即企业可以对产品生产过程中的采购、验收、储存、发料、加工、烹饪和销售各个环节加以严格控制，设法减少各种不当使用情况的发生，从而降低经营成本。不可控成本是指不可控制的成本，即各种税金及经营费用中的折旧费等，这些是餐饮企业无法控制的成本。因此，管理人员要密切注视市场的动态，研究影响成本和费用的因素，特别是变动的因素，如季节和气候的因素、物价指数和通货膨胀的因素、就餐者的口味等因素。

为了使菜品价格更具有竞争力，餐饮经营者必须努力探索降低成本和费用的途径，加强餐饮经营各个环节的管理，通过严密的控制方针来减少支出，积极研究市场供需情况，平衡与顾客接受程度之间的关系，制定极具竞争力的售价，最终为企业赢得效益。

2. 同业竞争因素

餐饮企业需要投资的资本可大可小，餐饮产品科技含量不高，可模仿性及可替代性强等决定了餐饮业的市场竞争非常激烈。因此，餐饮经营者必须分析餐厅产品的竞争形势，研究产品所处的地位，采取合适的价格策略，才能使自己的产品有竞争力，并在同业当中立于不败之地。

餐饮业的竞争可分为完全竞争和不完全竞争两种。完全竞争是经济学家认为最理想的市场竞争，它具有买卖双方人数众多，市场资讯来源充足，不受任何因素的阻碍和干扰的特点，是一种完全自由的竞争，因而企业完全不能控制价格，产品价格高于市场价格就会被顾客淘汰，低于市场价格企业就会无法生存。然而，这种理想的竞争市场几乎不存在。餐饮产品多数处于不完全竞争状态当中，因此，经营者在制定价格策略之前，必须先了解其他竞争者的产品定价和本企业产品所处的地位，针对市场情况，采取相应的价格策略，适时地稳定或调整产品价格，才能抓住老客户，争取新客源。

3. 顾客心理因素

餐饮产品只有被顾客接受、消费之后，餐饮企业才能获得利润。因此，仅考虑成本和费用的因素，以及同行业竞争的因素来给产品定价还不够科学，这样定出的价格不一定能被顾客接受。餐饮产品的定价还要考虑顾客的心理因素。

4. 其他因素

餐饮产品的价格政策与其他产品一样，都要受社会上各种不可控制因素的影响而产生或多或少的变化。社会上的不可控制因素有政治因素、经济因素、餐饮行业的主管部门对餐饮产品的限价、通货膨胀率的高低及其他不可预料的因素。比如，为同时保障经营者与消费者的利益，餐饮业的相关团体会规定菜单产品的最高盈利率和最低盈利率。又如，前几年的东南亚金融风暴，以及

2003 年“非典”的暴发，使餐饮业受到不小的影响，餐厅商务宴请明显减少，各个餐饮企业餐饮的价格都随之做了调整。还有顾客对价格的接受程度和要求，也是影响餐饮产品价格的因素，如顾客外出用餐的频率、顾客用餐的方式等，也是餐饮经营者应研究的内容。

总之，餐饮管理人员应当充分考虑顾客对产品价值的认可程度，考虑他们对产品的支付能力，以及就餐者的就餐目的等因素对价格的影响，方能合理定价。

第六节　中式正餐服务管理与质量控制

一、餐饮服务的含义

服务质量是餐饮工作的生命线，任何餐饮企业要想在激烈的餐饮市场竞争中占得一席之地，就要不断提高餐饮服务质量，靠质量求生存，靠质量求信誉，靠质量求效益。

要保证服务质量，首先要对服务质量的内涵有个清晰的认识。服务质量按国际化标准组织的定义，是指服务所具有的，能够满足宾客明确或隐含需求能力的特征和特性的总和。这里所讲的“明确需求”是指行业规定的质量要求，或者是宾客提出的明确要求。如：宾客在预订宴会时提出的台形设计及环境布置要求；餐厅内温度控制要求，冬、春季保持在 18 ~ 22℃，夏、秋季保持在 22 ~ 24℃等，这些都是明确的需求。“隐含的需求”则是指宾客对服务的期望，或者是宾客潜在的、尚未明确意识到的一种需要。如：一位患感冒的客人到餐厅用餐，服务员为客人端来一碗热姜汤，客人会深表感谢。这便是宾客隐含的需求。这种隐含的需求，需要加以识别和发现。

餐饮服务是通过适应需求的有形设施，质价相符的有形产品和服务员热情周到的无形服务相结合来体现其特性和价值的。餐饮服务质量是在餐饮服务实践中从业人员向宾客提供的可以被感知、评估的餐饮服务及产品的优劣程度。餐饮服务的一系列行为之间互相影响，共同作用于宾客，最终形成了对餐饮服务质量的总体评价。

二、餐饮服务的内容

餐饮服务是有形产品和无形劳务的有机结合，餐饮服务质量则是有形产品质量和无形产品质量的完美统一。有形产品质量是无形产品质量的凭借和依托，无形产品质量是有形产品质量的完善和体现，两者相辅相成，构成完整的餐饮服务质量的内容。从服务本身来看，主要体现在如下几个方面。

（一）端庄的仪表仪容、得体的礼貌待客

仪表仪容是一个人精神面貌的外在体现，包括姿态、表情、衣着及修饰等方面的内容，它与一个人的道德修养、文化水平、审美情趣和文明程度有着密切的关系。良好的仪容仪表不仅体现了服务人员的修养和内在品德，同时也体现了饭店的企业形象。

如果说仪表仪容是餐饮服务质量的外在表现，那么礼貌待客则体现了餐饮的时代风格。礼貌是人与人之间接触交往中，相互表示敬重和友好的行为规范。它通过言谈、表情、姿势等来表示对人的尊重。礼貌服务主要是要做到举止大方、有礼有节；表情真切、微笑服务；语气委婉、使用敬语；态度和蔼、真诚待客。

一名优秀的餐饮服务人员要时时、事事、处处保持端庄大方的仪容仪表，表现出彬彬有礼的服务态度，让客人真正体会到“宾至如归”的亲切感。

（二）主动热情的服务态度

良好的服务态度是取得宾客信任与好感的基础，它可以使双方一开始接触就建立起友善的关系。只有具有热情、友好、亲切的服务态度，才能向宾客提供主动、周到、细致的服务。因此，良好的服务态度是提高餐饮服务质量的基础，是“宾客至上”服务理念的具体体现。

（三）熟练的服务技能

客人到餐厅用餐是来享受服务的，娴熟的服务技能，恰到好处的服务技巧。使服务变的赏心悦目，提升了服务的价值和品位。每一位员工都要经常进行培训，掌握过硬的服务技能，不断提高服务质量。

（四）快捷的服务效率

随着人们生活节奏的加快，对服务速度的要求也越来越高。日本的麦当劳快餐连锁店做过调查，顾客能耐心等待服务的时间只有 37 秒，之后就会逐渐失去耐心。长时间的等待会造成客人极大不满。为解决这一问题，许多餐饮服务的规范中都加入了时间标准。如第一道热菜要 5 分钟之内上桌；客房送餐时间不超过 20 分钟等。还有一些餐厅采用高科技服务手段，如电子点菜等方法提高服务效率。服务效率的高低成为衡量餐饮管理水平、服务质量的重要标志。

（五）清洁卫生

清洁卫生工作是餐饮服务质量管理的重要内容。它包括餐饮部各岗位的环境卫生，服务人员的个人卫生及厨房的操作卫生。做好清洁卫生工作首先要制定严格的卫生标准，并落实到岗位、个人；其次要指定规范的卫生工作程序并加强监督检查，使卫生工作做到制度化、标准化。

（六）不断创新的服务

创新对一个企业来讲意味着生命力，意味着发展和成功。随着人们经济生活水平的日益提高和价值观念的变化，对餐饮服务的要求也越来越高，餐饮服务要满足顾客的需求就要不断变革、改进、创新和发展提高，停滞不前就是退步。餐饮服务创新是各种各样的，它包括服务设施设备的创新，也包括服务方式、方法的创新。菜品的开发是创新，服务的改造也是创新。有的宴会厅把餐桌架换成了大型鱼缸，木制桌面换成了玻璃桌面，用餐的同时又可赏鱼，增加了客人用餐的乐趣。为了避免客人用错小毛巾的尴尬，将相邻两位客人的小毛巾摆放在一起，这些贴心的服务创新都不是什么大的变革，但作用不小。创新的目的不在于彻底改变原有的一切服务形式，而在于冲破想当然的条条框框，最终提高顾客满意度。

三、餐饮服务质量的特点

餐饮服务及经营的特殊性决定了餐饮服务质量具有以下几个特点。

（一）综合性

餐饮服务是一个复杂的过程，环节众多，而餐饮服务质量是各个环节服务与管理水平的综合反映。餐饮服务从计划的制订，到产品生产，到提供服务所依赖的设施设备维修与保养、物资供应、财务保障等，最终到服务得以实现的主体——服务人员，任何一个环节出现问题，都会导致服务链条的断裂，最终影响到服务质量的整体水平。餐饮服务质量的综合性提醒我们，餐饮服务质量管理是一个系统工程，要从系统观念出发，进行多方面评价，全面、综合地探讨餐饮服务质量及管理问题。

（二）短暂性

餐饮服务从生产到销售到服务几乎是同时进行的，在这么短的时间内向宾客提供尽善尽美的服务，对每一个餐饮从业人员都是一个严峻的考验。

（三）协调性

良好的服务质量是由众多因素构成的，缺一不可，任何一个因素的缺陷都可能使服务出现残品、次品。餐饮服务每个环节之间都有很强的关联性，好的服务质量是以每个环节之间的协调为基础的。在要求协调的同时，还应特别提出“二线为一线，全员为酒店”的企业文化，其根本是以顾客为工作的重心来协调各项服务。

（四）一致性

管理学中的“木桶理论”认为，一只由长短不一的木条拼成的木桶，其盛水量不是取决于木条的平均长度，而是取决于那根最短的木条长度。餐饮服务质量各标准应保持一致，即消费环境、产品质量、服务水平应相辅相成，共同提高。餐饮服务质量可以有自己的强项和特色，但不能有明显的弱项和不足，否则就会影响服务质量的整体水平。

（五）餐饮服务质量认定的主观性和一次性

虽然餐饮服务质量水平是客观存在的，但由于服务的主体是顾客，客人对服务质量的认定存在较大的主观性，而且客人的评价直接影响到饭店的声誉与客源市场的稳定。因此应该特别注意客人对服务质量的评价，特别是某些“偏见”。服务中应有意识地引导客人，将客人吸引到餐厅的整个经营活动中来，影响和改变客人，与客人建立融洽的客我关系。客人对餐饮服务质量的认定同时具有一次性的特点。如果客人经历了一次不愉快的用餐，很有可能就失去了再次提供服务的机会。因此，要重视客人的投诉，把它看作是改进服务，补救与客人关系的良机，尽可能让客人对处理结果满意，以不断提高服务质量。

四、餐饮服务质量控制

（一）餐饮服务质量控制的基础

要进行有效的餐饮服务质量控制，必须做好以下几项基础工作。

1. 制定餐饮服务质量标准

服务质量标准就是指各项服务的工作程序，所要达到的标准及规格，是各岗位员工必须遵守的准则，是管理人员进行监督检查的依据，是餐饮服务得以实现的基本保障。

餐饮服务质量标准制定时，首先要针对餐厅的客源市场，对客户群进行多方面的了解和分析，如顾客的消费水平和服务需求等；其次，标准的制定不应照搬照抄其他饭店的服务内容，应在充分吸收国内外先进服务经验的基础上，结合本餐厅的产品及服务特点，制定适合自己的有特色的服务规程和标准；另外，服务质量标准的制定要全面、细致，对每一个服务环节都要细细推敲、琢磨，制定最合理的服务顺序，最佳的服务时机，包括服务员的标准服务用语，服务姿态，以及对特殊客人的服务和突发事件的处理都要做详细规定。同时，每一项服务质量标准的开始和结尾处都要有与上一道工序和下一道工序的衔接规定，使各个环节相互协调又责任明确。

餐饮服务质量标准用以统一各项服务工作，以达到服务质量的标准化，服务过程的程序化和服务方式的规范化。

2. 收集质量信息

质量信息的收集主要来自于三个方面。一方面是管理人员依据餐饮服务质量标准，在走动管理的过程中发现问题，并通过与顾客交流，征求意见等方式来收集服务质量信息。对信息进行认真分析，总结优点与不足，从而制定相应的措施，不断改进服务质量，提高服务水平。第二方面的质量信息来源于一线服务人员。许多餐厅要求服务人员做每餐的工作总结，通过服务人员细心的观察，将当天就餐客人的消费情况，对产品及服务的评价如实反映到部门，经搜集整理后从中获取有价值的服务质量信息。另外，定期召开前后台沟通会也是获取服务质量信息的有效途径。餐饮服务质量问题往往出现在各环节的衔接处，前台服务与后台生产的沟通可以帮助我们发现问题、解决问题，不断提高服务质量。第三方面的质量信息来源于顾客。由于餐饮服务质量的认定有很强的主观性，而顾客又是服务的主体，因此顾客对服务质量的反馈信息尤为重要。餐饮服务质量的顾客调查可以采用调查问卷、反馈卡、电话调查、网上调查等多种方法进行，调查内容一般覆盖以下方面：服务态度是否令顾客满意；服务速度如何；服务是否规范、标准；菜肴质量是否达到顾客期望；接到投诉时，处理是否及时，结果是否令顾客满意；服务还应做哪些改进等。

有效的服务质量信息有助于企业采取针对性的措施，更好地提高餐饮服务质量水平。

3. 提高员工素质

餐饮服务质量的竞争说到底是人才的竞争，是员工素质的竞争，优质服务是建立在员工全心全意为顾客提供真诚服务的基础之上的。向顾客提供优质服务是要求员工选择一种利他的生活方式，为了顾客的利益而约束自己的行为，所付出的不仅是辛苦，还有热情和智慧。作为现代饭店管理人员应该树立员工理念，以愉快的员工去争取愉快的顾客，将服务好员工作为实现经营管理目标的前提。

随着餐饮业的不断发展，人才短缺问题越来越严重。员工整体素质下降，各个岗位，特别是一线的部分关键岗位缺少合格的服务人员。人员素质严重影响了餐饮服务质量的提高，没有经过严格有效培训的员工，不可能向顾客提供高效优质的服务。这就要求每一个管理人员必须重视员工培训，通过培训强化员工服务技能，改变员工心智模式，激发员工自身潜能，充分调动员工的积极性和创造性，不断提高员工素质。实施培训的同时，还要通过建立有效的激励机制，使员工的个人发展与组织目标相结合。通过满足，引导或激发员工的内在需要，使工作成为满足需要的一种手段或途径，促使员工自觉学习和实践，不断提高服务质量。

（二）餐饮服务质量控制方法

根据餐饮服务质量全过程控制原则和餐饮服务特点，按时间顺序通常将餐饮服务质量控制分为三个阶段，即预先控制、现场控制、反馈控制。

1. 预先控制

所谓预先控制，就是指在餐饮服务运行之前，为保证服务质量所做的一切管理上的努力。预先控制是以充分分析影响当前经营的各种因素为基础，不断完善餐前的各项准备工作，合理安排人力、物力，以期达到最佳服务效果。预先控制贯彻了服务失误以预防为主的管理方针，是餐饮服务质量控制的最有效手段之一，其目的是为提供优质服务做好各项物质技术准备。

2. 现场控制

现场控制是指在对客服务的过程中，根据服务规范和顾客需要及时指导服务，合理调配人力资源，处理紧急突发事件等。现场控制首先是服务程序及标准控制。管理人员开餐期间应始终在一线指挥，及时纠正和弥补服务中的不足。其次是控制上菜速度。根据菜单程式、宴会档次及顾客要求，掌握好上菜时机。既不要让客人等候，也不要让客人感到急促，特别是大型、重要宴会，应由宴会主管人员亲自指挥上菜。第三，意外事件的控制。餐饮服务是面对面的服务，加之服务人员素质及技能技巧水平不一，服务环节众多，管理难度大等主客观因素，服务中常有意外事件的发生。一旦出现客人投诉，管理人员应迅速采取补救措施，消除顾客不满，修补与顾客的关系。第四，主动征求每一位用餐客人的意见，从中找到管理与服务存在的不足，及时弥补，提高顾客满意度。最后，要注意人力资源的现场控制，根据各餐厅的客源情况，及时调配人手，保证服务效率，避免因人员问题造成服务质量的下降。

3. 反馈控制

反馈控制是及时搜集各种信息，通过科学、客观的分析，找到出现质量问题的原因，采取措施，防止类似问题的再次发生。信息反馈主要来自于内部系统和外部系统两方面。内部系统是指来自于服务人员及管理人员的信息。外部系统是指来自于就餐客人的信息。只有建立健全两个信息反馈系统，才能准确地把握服务质量现状，以便“对症下药”，不断提高服务质量。

五、餐饮服务质量监督检查

“管理的一半是检查”，服务质量的监督检查是餐饮管理工作的重要内容之一。其实施主要分部门和班组两个层次组织进行。部门将制定的具体质量目标分解到班组和个人，并通过现场督导、信息收集、定期检查等方法分析工作中的薄弱环节，提出改进和提高服务质量的方案、措施和建议。

（一）现场巡视与指导

由于餐饮服务所具有的特性，决定了管理必须深入现场，实地的观察服务、观察客人的反映，才能真正感受质量。只在办公室里看材料、听汇报是无法掌握第一手资料的。因此，工作中要求关键时间、关键人物必须出现在关键地点，即餐饮营业期间，管理人员必须在一线进行督导检查。这种“走动式管理”因发现问题及时，并当场落实整改，管理成效显著，被大多数酒店所采用。

（二）质量监督检查内容

根据餐饮服务质量内容，可将质量检查归纳为以下几项内容：仪容仪表、就餐环境、服务规范、服务技巧、安全意识等。

（三）质量监督检查的注意事项

1. 把好心理关、情面关

质量监督检查执行不到位，效果不佳，很多情况下是因为一个“情”字。部分管理人员和质检员想做“老好人”，质量问题大事化小，小事化了，执行力不够。监督检查就是要敢于讲真话，实事求是，秉公办事，这样的检查才会有威信。

2. 明确检查依据与内容

质量检查内容一般应以成文的有关规定为依据，如《员工手册》《处罚细则》等，这些规定应通过培训与考核为员工所熟知。现在国内部分酒店服务质量检查往往偏重于仪容仪表、清洁卫生等方面，忽视了对服务过程中态度、技巧的督导，而这部分内容恰恰是优质服务的核心内容。

3. 检查尺度统一

质量的监督检查必须建立统一的标准，并严格执行，以免造成工作混乱。

4. 监督检查不是单纯找问题

发现问题固然重要，但树立榜样更可激发员工工作的积极性。检查不是让管理者充当宪兵的角色，而应该是一个帮助者和辅导员。

第七节　中式正餐市场营销管理

一、中餐企业面临的市场环境

任何一个企业的生存发展都是以适应市场环境为前提的，中餐企业也不例外。对于中餐企业来说，无论是新菜品的推出，还是优质服务的倡导，都必须与中餐市场相适应、相协调，任何脱离市场的中餐企业都难以在市场中生存发展。企业在发展过程中主要应考虑以下因素。

（一）政治环境因素

社会是否稳定，治安环境是否良好，这对中餐企业来说至关重要。另一方面，重大政治活动、政府有关休假时间的规定、产业政策、消费信贷政策、舆论导向、税收政策，以及当地政府关于基础设施使用费率和其他费用的规定等，也对中餐企业起着较大的影响作用。一旦社会动荡，通货紧缩，中餐业的生意就会立即清淡，这就是环境变化中活跃因素作用的明显例证。

政治环境因素中主要包括对餐饮市场起影响和制约作用的政治形势及国家对餐饮行业管理的有关方针政策。

（二）法规环境因素

法律法规环境因素主要是指国家对餐饮企业所在地区的有关法律和法规条例。与餐饮业有较密切关系的法律法规主要有企业法、食品卫生法、合同法、劳动法、税法、环境保护法、野生动物保护法、旅游法、社会治安管理条例、与外国合资经营管理条例、工商行政管理条例及消防管理条例等。在倡导法治的当今社会，中餐企业的市场营销更要遵循在国家法律法规的规定下办事的原则。

法律法规的制定代表着国家的整体利益，中餐企业的市场营销必须在法律和法规规定的范围之内营运。由于法律法规有时会有调整和变化，餐饮组织和市场营销者还要跟上法律法规变化的步伐，因时而变，因事而变。

（三）竞争环境因素

一个餐饮企业的市场营销活动可以影响竞争对手，但却无法控制竞争对手的数量和规模，更不能控制竞争这个行为本身。行业中只要不是唯一，竞争就永远存在。竞争在餐饮行业内迅速扩大，与以前相比，出现了更多的中餐企业。竞争越来越成为一个实力角逐的过程，一个中餐企业若推出一个新的市场营销战略，那么它的对手就会立刻相应地做出反应。对于中餐企业，市场营销部门经常需要跟踪调查其他餐饮企业的市场营销活动，并做出反应，餐饮企业必须有足够的灵活性以修正其市场营销战略。而另外一个事实也是市场营销者必须接受的，那就是他们要同时面对直接竞争和间接竞争。所以，市场营销者所做的营销活动又必须高于竞争对手，并且当情况恶化时，还要能及时地灵活应对解决。

（四）经济环境因素

经济环境主要是国家的财政、金融、经济状况和发展趋势等因素，这些因素影响的是市场大气候。中餐企业所在的地区如果生产力水平高，生产结构合理，产品市场范围比较广，就会促使当地经济的健康发展及各种社会交往活动的增加；更重要的是，该地区的居民收入、消费水平、消费结构、物价水平对餐饮市场需求也会产生根本性的影响。所以，对经济环境因素的分析就应把握企业所在地区的总的经济发展前景。一般来说，对于经济迅速发展的地区，中餐市场的前景十分广阔，市场机会也相对多一些。

（五）社会和文化环境因素

社会文化环境因素包括人的生活习惯、生活方式、消费观念、消费心理乃至对生活的态度、人生的价值取向等。社会环境在很大程度上决定着人们的价值观念和购买行为。在餐饮消费中，消费者为什么要外出用餐？什么时候去？去哪家餐厅用餐？选择什么样的餐饮方式？无不受社会环境的影响。

在同一地区内，消费者们所持有的核心文化价值观念具有高度的持续性，因此中餐企业必须了解当地消费者的文化和传统习惯，才能为当地消费者所接受。也有一些价值观是比较容易起变化的，这又为餐饮企业开发新的产品，引进新的经营思路创造了条件。

（六）地理环境因素

地理环境因素主要是指餐饮业所处的区域条件、交通情况、气候条件和季节因素等。

由于所处的地理位置不同，气候和其他自然环境也有很大的差异，这不仅给中餐企业的经营带来影响，而且在食品原料的供应、食品种类、口味、烹调方法和用餐时间等方面都带来影响。这些影响不是人为造成的，也很难通过人的作用去加以控制，只能在了解的基础上去适应这种环境，环境因素对餐饮企业有着决定性的影响作用。

二、营销策略和原则

（一）人员推销

中餐企业应确定在推销活动中向消费者提供些什么信息，并要求推销人员向消费者传递这些信息。由推销人员提供的信息和广告中的信息应该一致。营销经理应指导并协调全体推销人员的工作。现代中餐业承载了中国悠久的历史文化精髓，在经营当中，应发扬中国的文化精神。这既是中国优良传统美德的再现，也是商业竞争中不可违背的游戏规则。这不仅是一项营销原则，更是一种商业道德要求。

（二）诚实守信的原则

中国是礼仪之邦，有着优良的传统美德，诚实守信是最基础的部分，是企业商业经营的最重要的标准，是其他标准的基础，在我国的传统经商实践中，它被奉为至上的律条。当今，在由计划经济向市场经济转轨的过程中，由于许多方面的环境条件尚不规范，信用缺失现象在企业的营销行为中发展到了极为严重的地步。于是社会各界大声疾呼，建立一种信用经济，树立守信的社会风气。实际上，市场经济本身就是一种信用经济，没有参与市场经济的各主体的诚实守信行为，市场经济的大厦就失去了根基。

诚实守信，是我国传统的古训，当今仍应是企业市场营销活动中把握道德界限的重要基础规则。在餐饮业中，具体表现在包括莱品质量不以次充好，服务人员要以诚相待，广告中要诚实相告，价格上要明码实价，不欺骗顾客等方面。

“货真价实，童叟无欺”“诚招天下客，信揽四方财”，所有这些都是诚实守信的原则在市场营销中的具体体现。在餐饮市场营销中，把握这些诚信原则，同样是每一个餐饮企业获得成功的关键！

（三）义利兼顾的原则

义利兼顾的思想是处理好利己和利他关系的基本原则。在古代，尤其在传统的儒家思想中，主张的是商人获利要以义为本，不能通过不正当的途径获利。在今天的企业行为中，针对企业的营利性特点，要提倡的原则是“义”与“利”的兼顾。利是目标，义是要达到这一目标所必须遵守的合理规则，二者应该同样加以重视，达到义利兼顾。“见利思义，见得思义，义然后取”是经营的原则。餐饮企业在取利方式和获利之后的投向上，都要综合体现义利兼顾的思想。

（四）互惠互利的原则

互惠互利是进一步针对企业的营销活动提出的，企业在交易中应遵守的基本信条。

商品生产是在社会分工的条件下产生的。企业市场营销活动的核心是要发生交易行为，要与买者（顾客）产生交易关系，而且这种关系时刻伴随着企业的经营实践活动。在交易中，交易物品只有对别人有利才能实现卖方的利益；另一方面，买者则希望从市场获得自己所需的各种商品。

也就是说，在餐饮业中，餐饮企业希望在市场营销活动中获取利润，而顾客希望从餐厅获得自己所需要的可口菜肴和优质服务。在餐饮市场上，无论是经营者还是顾客，都是带着他们各自的需求参与这个市场活动的。在这里，只有遵循互惠互利的原则，才能使市场活动周而复始地延续下去。

（五）理性和谐的原则

理性和谐的原则是企业道德化活动达到理想目标的模式。

在餐饮市场营销中，理性就是运用知识手段，科学分析市场环境，准确预测未来市场的发展变化，不因好大喜功、单纯追求市场占有率而损失利润，导致盲目行动，做出错误的决策。

和谐就是提倡各餐饮企业的市场营销活动，应保持在适度竞争的水平上；

而过度的竞争会导致资源浪费，两败俱伤的结局。在餐饮市场营销中的和谐就是正确处理各餐饮企业与市场各相关利益者的关系，以和睦相处为基本原则，创造出天时、地利、人和的氛围。由此，我们可以肯定，理性和谐的结果是达到企业之间的友好相处、共同发展。“和气生财”这是中国一直提倡的经营之道。各餐饮企业应在营销活动中创造祥和的气氛，减少摩擦和冲突，这样自然也就降低了经营成本，对各方都是有利的。

餐饮市场以其独特的市场状况、激烈的竞争局面，以及多元的发展趋势而成为一个独特的消费市场，也因此给市场带来了一个独特的营销天地：服务的即时性、消费动机的多元化、管理的“有形因素”更多。

在餐饮市场中，又以中餐业最为独特。从纵向看，中餐实为一部悠久的中国历史文化：它的经营理念以文化为中心，就餐环境以文化为背景，菜系的形成以文化为主轴，烹饪的发展以文化为依托。有这么多的中国文化“荟萃”，中餐成为所有餐饮体系中最耀眼的明星也就丝毫不足为奇了。

承载着这样“沉重”的中国历史文化“负担”的中餐业，在其经营中便绝不能忘记中华民族的优良传统美德：诚实守信、义利兼顾、互利互惠、理性和谐，这些同时也是市场营销竞争中一种不可违背的商业游戏规则。

思考题

1. 中式正餐餐饮业态的基本类型和特点是什么？

2. 简述中式餐饮业态存在的问题、现状，联系实际谈谈火锅业将来发展趋势是什么。

3. 以一家中等城市中式餐饮门店为例，试设计门店管理组织结构。

4. 经营决策和计划的制定有何特点？

5. 简述中式餐饮行业适合的物资采购方式及其特点。

6. 根据菜单设计原则，设计一套中式正餐菜单。

7. 制定一套某中餐门店开业酬宾营销策划。

案例

案例 1：中餐正餐企业产品标准化之路

乐群餐饮在企业发展之初就建立了中央厨房，2008 年乐群公司 IT 部门与总厨办、采购部门解决了菜品及原料标准化问题，在流程管理中加入了物料清单系统 BOM（Bill of Material）。这一清单系统将供应链与财务系统、前台收银打通，使得从采购到菜品上桌的财务流程都透明化。

在菜品上桌结账时，后台就能知道全部损耗、毛利率等数据。

2009年，该企业进一步将ERP（Enterprise Resource Planning）系统覆盖整个公司。同时协调集团内部组织协调、门店管理、工厂生产和上下游产业链的协同，搭建集团、门店、工厂、人力资源等一体化经营管理的信息化平台。

为了保证口味，该企业采取两方面措施。一是只做预制品。中央厨房几乎不生产任何熟制品，最后烹调步骤全都在餐厅后厨，相当于将餐厅原本负责切配、预调味部分职能集中在一起。性状不易改变的食材比如汤底，则用大锅熬好之后立刻灌装在小包装里，并降温后冷冻送至门店。二是中央厨房的每一份预制品分量、形状、大小都相同，配备调料包也完全一样，厨师只需要保证炒制的手法和火候符合SOP（Standard Operating Procedure，标准作业程序），就能保证每份菜的口感稳定。高端中餐正餐菜品繁多，通常而言，从供应商处运来的食材，以虾仁为例，要经过检验、清洗、切配、上浆、预调味、饧发、分装、冷藏、运输等流程，送到门店供厨师使用。中餐的烹调方式复杂，包含炒、炖、氽、扒、灼、煨等22种烹饪手法，而西式快餐往往只涉及炸、烤，食材预制简单，要让每一个厨师炒出同一口味的菜，不能夹杂个人情绪、喜好，最简单的方法是SOP。

案例1思考题

1. 该企业对产品质量实现标准化控制的原因是什么？

2. 中央厨房对保障产品出品质量有什么重要作用？

案例2：解决用工荒发的正确之道

一家公司采用纯中式正餐模式管理，在全国已有十几家直营店，由于管理到位，业绩骄人，从而被外国风投公司投资看中并注资控股，在北京连开4店，由于业绩出色，开始大量招聘服务人员，但就在前途一片大好的时候，出现了一个瓶颈问题，由于人员难招，现有服务员无奈之下都承担了2～3个人的工作份额，结果造成大量工作人员提出离职，等下批服务人员招聘到位时，上批人员距提出离职之时已满一月并自动离职，结果不但人员压力没有得到缓解，离职率还继续攀高，尽管公司运用各种手段，如增加福利、提高工资、派人沟通，但处境依然在持续恶化。

经过一段时间的观察，公司管理人员发现其实每个员工的工作效率极低，原因有三。

（1）由于训练不到位，每个人都无法胜任自己工作，又缺乏主动学习的精神。

（2）当某个员工由于工作量的问题而抱怨，就会带动一片员工共鸣，大家将大量时间用来抱怨及消极抵抗上，结果是“见人不见活”。

（3）工作时间长，员工认为工作时间和收入存在着巨大的差异，开始抱怨，造成工作效率更加低下，同时也坚定了离职的信念。

于是管理层认识到，只需要降低员工抱怨，所有的问题就会迎刃而解，但绝对不能靠单纯增加员工工资来解决，因为这种方法助长了员工的不良心态，会造成局势进一步恶化。

措施各有针对，但都是为了在不增加人力成本的基础上，降低离职率及提高员工工作效率，该企业引入了“月薪工资小时计算”的方法，采取了以下措施。

（1）服务组现有工资不变，但超出 8 小时的额外工作均以小时计算，并以工资形式发放。

（2）管理组进行培训系统指导，并将管理组加班时间记录，作为晋级培训的一项重要指标，优先安排职业生涯规划。

（3）服务组加班由管理组指派，以心态端正、工作积极、效率高的服务人员优先。

（4）管理组对排班系统进行学习，将单店人力成本纳入绩效考核。

不到一个月，开始出现了一连串的“多米诺效应”，由于培训及绩效管理，管理组为了降低离职率，主动培训员工，并与员工沟通，而员工为了得到额外的加班报酬，主动学习岗位知识，并积极配合管理组工作，从而大大提高了工作效率。到了月底，有个别员工拿到了比初级管理组还要高的工资，起到了积极带头作用，员工由于付出与回报成正比，离职率大大降低，抱怨减少。

案例 2 思考题

1. 服务质量的提升对餐饮企业的运营有较大的帮助作用，作为企业管理者，应该如何提升服务人员的服务水平？

2. 如何从企业内部解决“用工荒”，达到员工与企业双赢的局面？

参考文献

[1] 李力．全球化视野下的中餐产业发展对策思考 [J]. 餐饮世界，2015(5)：36 ～ 37.

[2] 蒋梅．全球中餐代表共议联合发展中餐繁荣 [N]. 中国食品报，2015-4-28.

[3] 初晓恒．饭店行业业态内涵及创新路径选择探析 [J]. 旅游论坛，2009（4）：545 ～ 549.

[4] 谷慧敏．原真性和现代化有机融合—创建特色饭店业态 [J]. 饭店现代

化，2011（11）：57 ～ 60.

[5] 谷慧敏 . 饭店新型业态理论与实践 [M]. 中国旅游出版社，2011.

[6] 李红 . 中式餐饮企业与科学化管理 [J]. 环渤海经济瞭望，2011（8）：46 ～ 48.

[7] 刘姝 . 美国市场：中式快餐品牌传播现状研究 [D]. 江西：南昌大学硕士学位论文，2012.

[8] 张红 . 中餐企业业务流程再造 [D]. 成都：四川大学硕士学位论文，2006.

[9] 王瑞峰 . 餐饮企业营销策略研究 [D]. 内蒙古：内蒙古大学硕士学位论文， 2011.

[10] 张姗姗 . 中式连锁餐饮企业知识管理体系研究 [D]. 云南：云南财经大学硕士学位论文，2011.

[11] 祝松 . 中国烹饪协会与法国华人同业联手推动海外中餐业发展 [N]. 中国食品质量报，2009-11-27.

[12] 杨宁，周宇宁 . 华人中餐业呼唤经营新理念 [N]. 人民日报海外版，2010-9-16.

[13] 陈岩英，谢朝武 . 酒店业、物管业的管理模式比较及其联盟业态创新 [J]. 旅游学刊，2006（7）：54 ～ 57.

[14] 王建平 . 中国饭店业态问题探讨 [N]. 中国旅游报，2007-12-12.

[15] 杨铭铎 . 面向现代化的中国餐饮业发展趋势研究 [J]. 商业时代，2013（4）：4 ～ 5.

[16] 陈非，许永强，黄武营 . 中国餐饮业生态与发展模式探析 [J]. 中国商贸，2010（16）：233 ～ 234.

第三章　中式快餐业态管理与创新

主要内容

本章包含七个部分，第一部分介绍了中式快餐业态的类型与特点；第二部分是中式快餐的组织与岗位管理，论述了中式快餐店的组织结构、岗位配置和人力资源管理方面的内容；第三部分重点分析中式快餐店的经营决策与经营计划，如何科学制定经营决策和推进计划的实施；第四部分是中式快餐产品和生产管理问题，分析了如何创新设计中式快餐产品和优化生产流程；第五部分是中式快餐的定价与菜单设计问题；第六部分是中式快餐的服务管理与质量控制问题，如何提升中式快餐的服务质量；第七部分重点分析中式快餐的市场营销管理。

学习目标

总体目标：能对中式快餐业态的类型和特点有基本的认知，掌握中式快餐经营的模式、计划、组织及市场营销方面的重点，提高中式快餐经营的能力，做到理论与实践充分结合。

目标分解：

1. 了解中式快餐业态的类型和特点。
2. 理解和领会中式快餐经营的条件与要求。
3. 理解和掌握中式快餐产品的类型与生产要求。
4. 理解和掌握中式快餐产品的定价与菜单设计要求。
5. 理解和掌握中式快餐市场营销的要求和条件。

重点与难点

教学重点：中式快餐类型、中式快餐经营模式、中式快餐店组织结构、中式快餐店岗位配置、中式快餐店产品定价、中式快餐店服务质量控制。

教学难点：中式快餐连锁经营、中式快餐产品设计与优化、中式快餐市场营销。

第一节　中式快餐业态类型与特点

在我国，快餐一词是20世纪80年代的外来语，快餐是在人们对时间的价值越来越重视的背景下出现的，为迎合人们节约时间的需求而出现的一种简约供餐方式，其显著的特点就体现在“快”上：制作时间短、交易方便、食用简便快捷。《中国快餐发展纲要》定义：为消费者提供日常基本生活需求服务的大众化餐饮（Public feeding），其主要特征是：制售快捷，食用便利，质量标准，营养均衡，服务简洁，价格低廉，经营方式包括店堂加工销售和集中生产加工配送、现场出售或送餐服务等。

我国著名科学家钱学森认为：“什么是快餐？快餐就是烹饪的工业化，把古老的烹饪操作用现代科学技术和经营管理技术变为像工业生产那样组织起来，形成烹饪产业，这是人类历史的革命。”

一、中式快餐类型

中式快餐是西式快餐的一种本土化形式，随着肯德基和麦当劳在中国风行，带来了巨大冲击，本土的餐饮结构也发生了变化，而生活节奏的加快对速食的要求越来越多，西式快餐因饮食习惯的差异又无法满足大众需求，这样以本土饮食习惯为基础，结合西式快餐的某些元素，中式快餐应运而生。

中式快餐的业态在逐步增加，新的业态不断涌现。目前基本上可以分为以下几种。

1. 专业性快餐店

这是中式快餐连锁店的主要业态，也是发展最快的业态。其特征是店铺有一定的规模，一般在100 ~ 500平方米，产品结构简单化、专业化，以某一种或为数不多的几种产品为主打产品，辅以几大类数十种产品。其经营方式以自主服务为主。其代表品牌比如新亚大包、永和豆浆、马兰拉面，大娘水饺、和合谷、老家快餐等。由于此类项目加工、操作和管理都比较简单，其连锁经营往往跨区域，特许经营比例高，连锁店数量多。

2. 综合性快餐店

这是中式快餐连锁店的重要组成部分。这类餐厅的特点是店铺有一定规模，面积在100 ~ 1000平方米，有的甚至大于1000平方米。其经营品种较多，往往超过100种，并且主打产品不明显，产品具有明显的小吃特点，加工过程简单，或者可以适度标准化和工业化。其代表品牌比如面点王、桂林人、嘉旺等。由于其品种繁杂，对产品加工和质量的控制难度大，此类品牌连锁经营多采用区域集中化策略，直营为主，集中加工配送比例高。

3. 小吃店

此类餐厅的特点是面积小，一般不超过100平方米，店铺多，位置多在居民社区和商业中心。产品单一，特色突出，比如包子、馄饨、烧饼、米线、面条等。其加工生产简单，产品价格便宜。有的以外卖为主。其代表品牌比如吉祥馄饨、三品王、99鸭等。

4. 美食广场

此类餐厅从事连锁经营的较少。其特点是餐厅多集中在写字楼、大型百货商场和车站内，以档口出租方式招商经营。档口以特色风味小吃为主，品种简单，不超过10种，加工简便。档口以定额票单为收费依据，餐厅统一结算。代表品牌比如大时代（新加坡品牌）。

5. 送餐

此类企业以提供送餐服务为主要经营方式，其加工生产在若干个中央厨房，品种标准化和规范化程度较高，采购高度集中。其在一个城市设立数十个网点，在许多城市设立区域公司。其代表品牌比如丽华快餐。

6. 团膳

此类企业以受托经营企事业单位、写字楼的食堂和餐厅为主，经营区域在一个城市的诸多单位，甚至在多个城市。其代表品牌比如金白领、千喜鹤、武钢快餐。

7. 早餐工程

此类项目往往由地方政府倡导和支持，企业主导，以为市民提供早餐服务为主要内容。国内许多城市都有开展，形式多种多样，有以手推早餐车为销售方式的，有以开设10平方米左右早餐销售亭的，有利用现有餐饮企业店铺开展早餐业务的。此类项目提供的产品多以传统早餐为主，比如油条、豆浆、包子、粥等。

二、中式快餐行业特点

随着社会对中式快餐的需求逐渐增加，中式快餐行业得到了长足的发展，在发展过程中呈现出如下特点。

1. 中式快餐发展由感性认识向理性积累阶段转化

现代中式快餐在20世纪80年代末至90年代的发展历程中，广大企业勇于实践、不畏挫折、克服困难、奋发进取、付出了艰辛努力，在发展中也体现出了摸索性和冲动型的特点。通过这一阶段的实践，广大企业积累了经验，看到了不足，不断总结与反思，使中式快餐进入新世纪以来，发展的更加坚实，以理性积累为主的发展特征表现得更加明显：①发展思路更趋客观性，更加注重从客观实际出发，减少了发展中的盲目与冲动；②资本投入更趋合理性，企业讲求实效，投入注重回报，发展注重基础，扩张注重生存；③市场连接更趋紧密性，企业定位更加贴近市场，满足市场多元化需求；④开店分布更趋区域性，大多企业先立足当地和区域扩展，采取步步为营，逐步推进的策略，取得实效；⑤内在积累更趋深层性，加强自身基础建设和管理支撑体系建设，不断积累内在功力，追求和维系企业持久发展；⑥企业发展更趋稳定性，大起大落和过于炒作的现象明显减弱，讲求稳扎稳打、稳步发展和不断提升。

2. 快餐的社会和行业地位得到确立，作用更加突出

随着社会经济发展和人民生活水平的不断提高，人们的餐饮消费观念逐步改变，外出就餐更趋经常化和理性化，选择性增强，对消费质量要求不断提高，更加追求品牌质量、品位特色、卫生安全、营养健康和简便快捷。快餐的社会需求随之不断扩大，市场消费大众性和基本需求性特点表现的更加充分。现代快餐的操作标准化、配送工厂化、连锁规模化和管理科学化的理念，经过从探讨到实践的深化过程，目前已广为接受和认同，并从快餐业扩展到餐饮业，成为我国餐饮现代化的重要发展目标与方向。快餐作为我国餐饮行业的生力军和现代餐饮的先锋军，成为现代餐饮发展的重要代表力量，对全行业的推动与带动作用不断突出，为社会和行业发展做出了积极的贡献。

3. 行业与企业规模继续扩大，发展质量和水平明显提高

中国饭店协会发布的《2015 中国餐饮业年度报告》显示：2014 年全国餐饮收入达到 27，860 亿元，同比增长 9.7%，其中大众餐饮增长迅猛，占总体收入的 80%；饭店餐饮业进入了大众转型、结构优化和动力转换的新阶段。餐饮市场中高端消费下降明显，大众消费愈加火爆，火锅、快餐、西餐等业态持续增长。大众餐饮收入 22，288 亿元，总体收入中占比达到 80%。与上年相比，高端餐饮营业额下降 6%，人均消费较上年下降 20%，平均毛利率下降 8%；大众餐饮营业额增长 12%，人均消费增长 15.2%，平均毛利率增长 0.3%；火锅、快餐增长最快，2014 年营业额比上年分别增长 16.5% 和 11%。快餐行业在网点数量增加和规模扩大的同时，品牌企业的发展实力和运营能力更趋看好，内在支撑体系建设加强，发展质量日趋提升，发展的总体水平不断提高。

4. 西式快餐连锁企业迅速扩张，中西融合的趋势增强

以肯德基、麦当劳为代表的国际快餐品牌企业在我国迅速扩张，发展速度

一直较快，成为中国快餐以及餐饮行业的领头企业，对行业发展的作用和影响不断扩大。从其发展的特点看，由中国的一、二线城市向三、四线城市延伸，由东部城市向西部城市拓展；企业发展的战略布局、体系建设和本土化理念基本完成，“立足中国、融入生活”的思想得到确立；品种开发调整力度加大，中式品种的引入和营养内涵增强，中西融合的趋势更加明显等。

5. 快餐领域不断开拓创新，发展空间继续延伸拓展

从近年我国快餐业的发展看，快餐需求走向多样化，快餐企业经营空间不断拓宽，外延日趋扩大，服务领域更加宽广：①快餐连锁店持续发展，店态风格更加丰富，连锁经营稳步推进；②团体供餐异军突起，专业公司不断发展壮大，成为市场新的亮点；③各地早餐工程纷纷启动，一批快餐连锁企业担当主力，迅速崛起；④送餐和外卖发展势头强劲，市场需求不断增强，前景广阔；⑤快餐食品加工发展速度加快，积极开拓面向家庭的需求服务，受到欢迎；⑥快餐的休闲、便餐色彩有所强化，企业开拓创新与延伸经营力度加强，显示出我国快餐业发展的生机与活力。

6. 相关行业间的联合更加深入，产业链逐步形成

随着行业规模扩大和企业实力的增强，快餐业的产业化进程迈出新的步伐，为快餐企业的发展奠定了基础保证。主要表现在：快餐企业的原料采购、种植养殖基地和配餐配送中心建设增多，连接农业生产、物流流通和工厂化生产加工与配送能力增强；与相关的设备开发和生产供应厂商的合作更加普遍，专项技术设备开发深入推进；企业与教育院校的联合已经启动，在院校定向委托与培养专业人才取得初步成效；专业咨询和培训机构的服务能力和力度加强；企业通过资本运营为纽带，实施企业并购重组和资源整合开始起步；快餐的理论研究不断进步，书籍出版取得新的成果；行业组织的建立为行业服务平台建设创造了有利条件。

三、中式快餐特点

1. 品种繁多，各具特色

中国大江南北各有不同菜系，使得快餐也有不同特色。

2. 符合饮食习惯，广受欢迎

中餐有着悠久的历史和深厚的文化底蕴，中式快餐在我国博大精深的饮食文化基础上发展起来，必然具有鲜明的中国特色，更加符合国人的口味，更能满足国人对饮食的需求。

3. 价格低廉，色香味美

由于中式快餐的加工程度不高，相应的附加值也较低，所以它的销售价格

相对便宜。同时，“以味为核心、以养为目的”的中式快餐也符合中餐基本的色香味美的特点。

4. 标准化程度低

由于中式快餐的烹调加工工艺复杂，无法完全由机械生产取代，许多生产环节还需要人工操作完成，因此目前只能是适度工业化。

5. 使用餐具

和西式快餐可以用手直接取食不同，中式快餐通常需要筷子进食，盛装方式主要为可回收利用的餐具。

6. 合理的营养搭配

中式快餐通常采用中国传统的烹调技法，大多有着较为合理的营养搭配。

第二节　中式快餐组织与岗位管理

快餐企业的组织与岗位管理比其他类型企业更为重要，主要体现在三个层面：①在生产作业层面上，快餐业广泛采用了工业化的流水线生产方式，在这条生产线上，必须按照经过清晰定义和明确界定的工作方式把设备和生产员工组合在一起；②在前台服务层面上，快餐业主要是以人为主的服务行业，在为顾客提供优质服务的过程中，如何与顾客交流成为服务人员必须掌握的一项重要技巧；③在经营管理层面上，经济全球化和竞争国际化背景下的知识经济时代，外资快餐巨头大举占领中国市场的现实情况，对快餐企业的经营管理人才提出了更高的要求。而这一切归根到底是人才要素在快餐企业中的充分运用。

一、快餐企业人员配备

当一个管理系统有了明确的管理目标和组织结构时，还需要通过人员配置来使其有效地运转，使组织机构中的每一个岗位都有适当的人去占据，以实现管理目标所必须进行的每项活动都有合格的人去完成。快餐企业如何科学地配置人员首先取决于快餐企业的业务内容和业务结构。如何合理使用人员以达到人力资源的最大投入产出率，即以最少的人力实现最大的生产服务效率，需要快餐企业认真研究，以明确什么样的工作配置什么样的人和配置多少人。

1. 按员工结构进行人员配置

快餐企业一般以总部为基础，通过发展连锁加盟而不断进行扩张。因此，每一个快餐厅或连锁分店都近似一个完整的小企业，它有管理组和服务组的人员配置。

在中式快餐企业，很多还采用传统的“轮班倒”上班制，所有的作业员工都是全日制（或半日工），很少或没有钟点工。

2. 按柜台服务模式进行人员配置

快餐企业的服务工作和服务技术主要体现在柜台服务上，柜台服务模式的好坏决定了柜台服务的效率。具体岗位划分见图 3–1 和图 3–2。

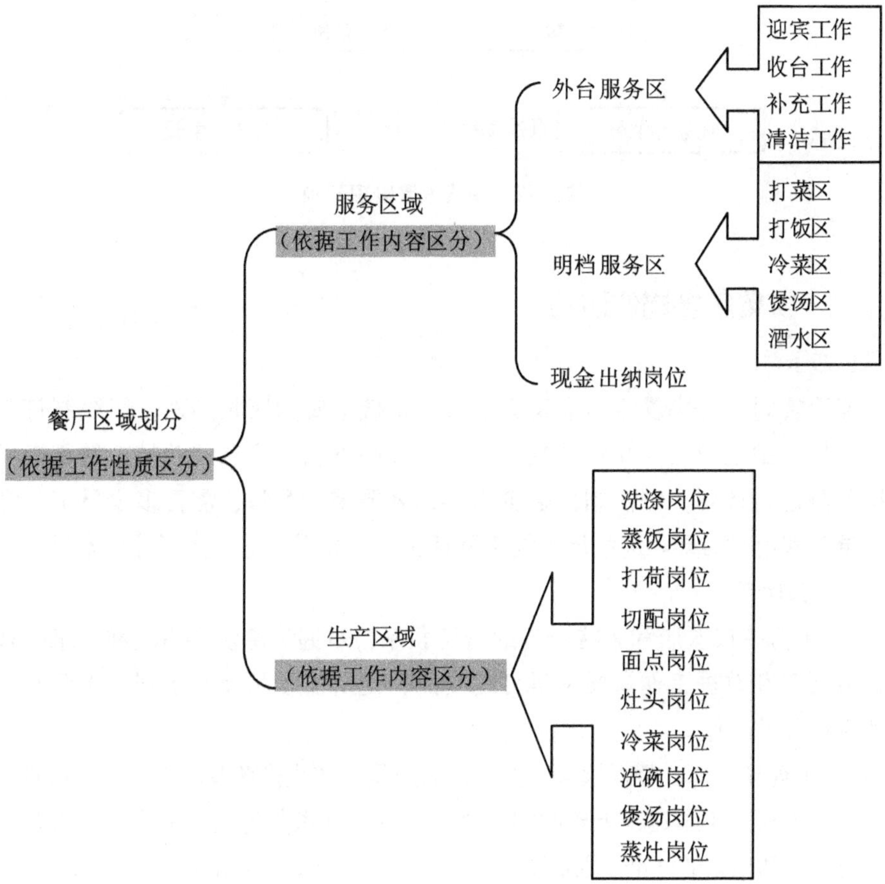

图 3–1　中式快餐岗位划分

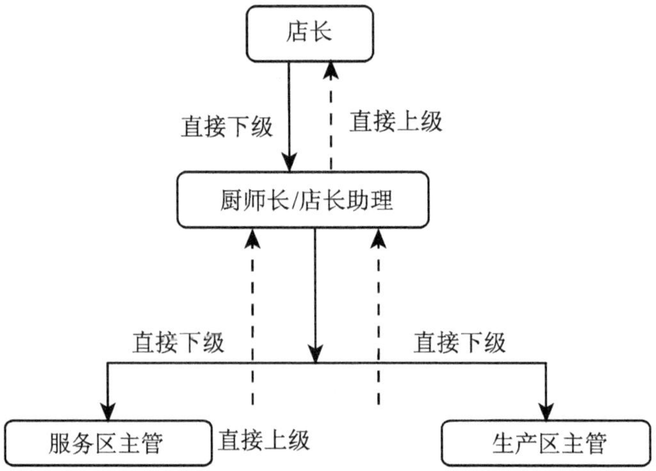

图 3-2　中式快餐管理架构

二、快餐店各岗位职责

1. 店长

统筹规划，为快餐店的最高决策者，直接下属为店长助理。组织制订各项工作计划，制定产品及饮料的成本标准。关心下属，注意调动员工的积极性。根据预测进行计划，如要制作多少份菜，需要多少配料，需要多少员工，需要哪些员工和何时需要。这些员工能否胜任工作，如果不能，需要计划安排培训。

2 店长助理

（1）保持快餐店和采购部门的密切联系，掌握货源供应情况和征求顾客意见，以便不断改进工作。要尽早订购食品，使所需食品及时运到。协调好采购部和宣传部的工作。

（2）现场指挥，督促检查，保证快餐质量。防止伤窃及改进工作，检查员工是否按时上班、不早迟，上班时间不闲谈、懒散或做其他无关的事。检查食品是否符合数量和质量的标准，既要防止浪费又要防止偷窃。协调好后勤部和财务部。

（3）做好技术培训，提高员工素质，不断研制和推出新快餐种类。监督清洁部门做好清洁工作。

3. 服务部

服务部门分为收银部门、清洁部门和引导部门。收银部门要做到动作迅速、态度和蔼，微笑面对顾客，对本店各食品的特色和编号都要熟悉，而且对电脑熟悉。

4. 清洁部

要做到在顾客走后，迅速打扫好卫生，为下一位顾客的到来做好准备。要保持本店的环境干净、清洁，注意各突发事件的发生，如饮料洒落在地等，要尽快处理，避免影响顾客的食欲。而且一定做好卫生间的卫生，保证厕纸充足。

5. 引导部

负责指引未找到位子的顾客找到座位，避免由于人员拥挤而造成不必要的事故。而且协助不能独自拿取食物的顾客，到自己的座位就餐。

6. 采购部

根据每天的食品需求量，对所需食品进行购买，做到价格实惠、新鲜等，并与采购处形成长期合作，保证每日食品的供应充足。

7. 餐饮部分

为前台、后台和研发部门。在每日开始营业之前，餐饮部门需准备好食品。

前台部门：负责把顾客需要的食品，通过核对，迅速给顾客，做到准确无误，保证顾客在最短的时间内能够吃到餐点。

后台部门：制作食品。

研发部门：根据顾客的喜好，研发与本店特色相符的食品。

8. 宣传部门

对本店推出的特色菜进行宣传，采用发传单、POP 海报、喷绘等方式，而且配合前台收银人员对新产品进行宣传。过年过节的时候，对本店进行装饰，但要以简洁为主，让顾客感受到本店的温馨气氛。对菜单进行绘制，在本店设计一个简介的菜单，而且前台的菜单要明显。

9. 监督部

及时反馈顾客对本小店的意见，且注意维持现场秩序等。每天对各人员的工作进行考核，是否有早退或迟到等现象，建立完整的检查制度。

三、岗位管理方法

（1）各级人员对上级的命令应该坚决执行，不允许以任何借口拒绝执行命令。如果命令发生错误，那么谁发命令谁负责。下级在无条件执行上级命令时，在不违背上级命令的同时，应根据自己的工作特点有所创新和发展。

（2）统一领导、分级管理、逐级授权、分层负责、责权分明、以增加工作效益，激发主动精神。上级组织对下级不越权指挥。

（3）工作开始前，给每个人一份工作计划和工作规程，并对各部分工作进行培训。

（4）奖励制度。通过考核制度，对优秀员工进行奖励。

（5）让员工参加组织变革的调查、诊断和计划，使他们充分认识变革的必要性和变革的责任感。大力推行与组织变革相适应的人员培训计划，使员工掌握新的业务知识和技能，适应变革后的工作岗位。大胆起用年富力强和具有开拓创新精神的人才，完善各项基础工作，健全各项规章制度，明确部门职责权限，规范部门和员工的行为。

第三节　中式快餐经营决策与计划

源远流长的中国饮食文化是中式快餐最富魅力的一面。饮食文化的博大精深预示着未来的市场是中式快餐的市场。对传统饮食文化的精华部分，中式快餐应将其融入其中，并大胆创新改造，使之成为中式快餐在市场竞争中的有利因素。中式快餐的发展应立足本国实际，继承中华民族传统饮食文化的优秀成果，吸取外国现代化快餐业生产管理特点，以先进的经营方式和管理方法作引导，开创一条传统与现代相结合，中西合璧的富有中国特色和民族风格的发展道路。

一、标准化战略

以标准化、工厂化为目标，以连锁规模化为途径，以管理科学化为基础，结合快餐自身特点和运用知识经济手段发展现代快餐已成为行业发展的主流。在政府给予足够重视、业内人士积极研发、社会各界大量投入的情况之下，中式快餐业的实际进程缓慢发展的瓶颈就是标准化。中式快餐业的标准化战略，就是要将中式快餐业的经验型操作规范为一整套标准生产程序，将人工操作技巧淡化，以保证快餐产品质量和服务质量的统一。

1. 控制采购质量

（1）签订采购合同。集中进货是连锁店的一大特点，这项工作通常是由连锁店总部或大区分部的配送中心以签订合同的方式来完成。签订采购合同是连锁店保证商品质量、分清质量责任的重要手段，也是连锁店质量控制的关键所在。合同签订前，最重要的两件事就是确定采购商品质量要求和寻找合适的供应商。由于供应商所提供的产品质量影响到连锁店最终的商品质量和服务质量，因此对供应商的选择要相当慎重。应尽可能多地调查出产所需产品的生产企业，并对这些企业进行严格的考察，包括其产品质量保证能力、资信度、经济实力、与其他需方的合同情况，通过比较，选出其中最有信誉的供应商签订采购合同。合同的内容，包括所需产品类别、数量、质量标准、交货时间及违约赔偿等条款。

（2）进货检验。在连锁店的配送中心应设有质量检验机构，配有常规的检验设备，并设有检验人员，负责进货质量检验。采购合同签订后，生产企业首先要按照合同要求生产出小批量样品，送到连锁店配送中心的检验部门，进行感观和仪器检测，确认该样品符合合同要求后，生产企业方可投入批量生产。此外，每一批货进入库房之前，检验机构还要进行抽样检验，以确保所有的产品均能符合采购质量要求。

2. 制定科学统一的操作规范

任何连锁店都有自己的一套系统的、科学的、统一的管理模式和操作规范，详细地规定了所有分店的经营策略、商品质量标准、服务标准、商品价格、操作规程等。所有分店都必须严格执行，在未经总部允许的情况下，不得进行任何更改，以确保分店的经营及服务质量符合总部的统一要求，满足顾客的需要。也就是说，可以在同一连锁企业的任何地方的任何一个分店购买到同样的商品和得到同样的服务。连锁店的操作规范并非一成不变，有一个提高和完善的过程。随着连锁商业的国际化，许多连锁企业在不同的国家和地区开设分店。由于各国的文化、历史背景和宗教信仰不同，原来的管理规范必然会有不合适的地方，此时分店可根据顾客的反映和经营中出现的问题，向总部提出意见和建议，总部会根据具体情况做出适当的调整，给分店以相应的特殊政策，以保证管理和服务最大限度地满足顾客的要求。如果是管理上普遍存在的问题，总部方面会修改原来的规范，按新规范执行。

（1）严格人员培训制度，确保规范切实执行。对于企业的管理，最主要的是对人的管理，因此，所有的连锁店都应十分重视人员的培训工作。在连锁店的总部应设有专门的培训机构，并配有专门的培训场地和设施。在分店开张前，分店经理应到总部接受培训，培训的内容包括连锁店的操作规范及各项技能。这种培训工作应是连续的。当总部的政策发生变化时，还要对分店经理进行相应的培训，以保证新的政策得到贯彻和落实。经过培训的分店经理要进行严格的考试，合格后总部才承认其资格，才可以到分店任职，任职期间仍然要定期接受总部的考查，如发现无法正常开展工作，则要重新接受培训，直至达到要求。此外，连锁店的所有工作人员在上岗前都要进行严格的培训，培训的目的是使每一位职员都知道自己应该做什么，为什么做，如何去做，做错了如何弥补等，以保证总部意图的最终落实、规范的切实执行，以使顾客满意。

（2）实行督导员制度，定期评估分店管理质量。连锁店总部实行督导员制度，定期对分店的经营管理质量进行监督和评估。通常总部设有一名总督导员，下设若干名督导员，具体数量根据分店数量而定。督导员的主要职责是定期向各分店传达总部的经营策略和意图，检查各分店经营管理质量，包括分店商品销售情况、经理的工作情况、服务质量、顾客对快餐店的投诉和要求，发现问题及时解决和改进，同时做好笔录，并及时向总部汇报，以便总部能及时准确地掌握全面的经营情况，促进管理质量和服务质量的不断提高。

（3）凭借先进技术，提高服务质量。引进电脑管理，提高工作效率。如厨房机械化电器化程度要高，设备摆放有序，无明火、无油烟，地面干净、不油腻、不打滑，无噪音。再如库房管理，各店的计算机和配送中心应是联网的。根据每天的经营状况，计算机自动分析库存数量，低于合理库存，配送中心及时补充；各种物品的合理库存，也是计算机统计分析出来的。又如电脑点菜，电脑计时。为了保证菜品风味和服务质量，服务员手持电脑点菜器，当确认顾客所需菜点品种后，厨房电脑马上打印菜单，同时计时。厨房操作人员拿到菜单，马上加工，成菜后立刻把菜单放进电脑读写孔（菜单上有条形码），记录下送菜时间，然后以最快的速度把菜送到客人面前。由于电脑计时，使厨房加工与服务员跑菜之间分清了责任，促使双方很好的配合，突出一个“快”字，提高了服务质量。如“大娘水饺”在加工过程中每道工序都有科学的量化规定，这使顾客任何时候吃的饺子都是正宗原味货，因此成为中式快餐业的成功典范。为避免低质量服务冲淡苦心经营的口味特色和优势，中式快餐必须提高其服务质量。从员工言谈举止、工作纪律到消费者的就餐环境，都应系统化、标准化，这是一个企业发展战略的重要组成部分，是一个自始至终都应该坚持的体系。

二、品牌战略

随着社会经济的发展，人们选择的商品在质量、技术上的差别日益缩小，能赢得顾客的就是“品牌”两字，只有树立自己的品牌，才能求生存、求发展。在肯德基、麦当劳等洋快餐巨头占据了半壁江山的中国快餐市场上，传统的中式快餐企业必须大力发展自主品牌，通过对品牌的形象价值定位、特色产品开发和营销手段创新等方式，走品牌化发展的道路。

1. 品牌战略的基础环节

中式快餐的品牌是针对企业的品牌，不同于一般的产品品牌。企业要充分分析内部资源与外部市场环境，做好成本与收益分析，确定是否采用品牌经营。因为一旦选择品牌策略，前期的品牌定位、设计到品牌的传播及后期的品牌维护与创新需要投入大量的人力、物力与财力。中式快餐企业大多起步较晚，还处于初步的发展期，真正有实力做品牌的企业相对较少。而对于那些已经有实力进行品牌经营的中式快餐企业，必须科学地制定品牌竞争对策。

根据迈克尔·波特的竞争理论，竞争优势可以分为三种：成本领先，产品差异化和集中化。目前，中式快餐企业所处的阶段和发展规模决定其很难成为快餐市场的领导者与挑战者。同时，中式快餐的属性决定其也不可能成为西式快餐的追随者。只能在一定区域内先以填补主要竞争者的市场空缺为主，发展成熟后逐步争取市场。所以绝对的成本领先或产品差异化战略都不是中式快餐的最优选择。而集中化本质上是在一个相对狭窄的市场范围内追求成本领先和差异化，可以作为目前中式快餐品牌首选的战略。即中式快餐品牌通过差异化定位不断扩大市场份额来实现规模经营的成本优势。这其中的关键是追求差异化的优势与追求较佳的成本优势之间矛盾的平衡。

（1）中式快餐品牌要在产品特色上区别于西式品种。中式快餐应选择具有中国传统饮食文化特色的品种。消费者对中华饮食的偏好是中式快餐品牌对西式快餐品牌形成竞争优势的立足点。而目前西式快餐产品在营养及安全方面所暴露的问题，是中式快餐企业在品牌投入期就应引以为鉴的。营养安全可以作为中式快餐品牌的差异化优势。

（2）在产品制售上差别于普通餐馆与酒店餐饮等品种。中式快餐应通过对产品整体的合理设计，实现产品的色、香、味、形、质、营养及卫生的标准，在此基础上进一步提高产品生产的机械化和自动化程度，或者是在标准产品配方下，设计出操作简单、生产快捷的工艺流程，形成适合于工厂化生产，现代化经营的品种。使产品成功实现制售快捷，品质稳定，为规模化发展提供生产工艺基础。

（3）中式快餐还应致力于产品的不断创新。品牌的知名度是一个动态概念，它具有很强的时效性，与市场状况有着高度的关联性。一成不变的产品很难持久地吸引消费者。所以必须不断地进行产品创新，才能保持品牌的长久生命力。对于中式快餐企业来说，就是要求产品品种、风味、文化内涵、营销策略等诸多方面，要随着市场及产品生命周期的变化，或丰富或创新，从而赋予产品高度差异性，使品牌具有更强的市场控制力与垄断力。

（4）规模化才有成本优势，但要注意规模与效益的平衡。中式快餐的发展最初是劳动密集型投入，即在投入成长期凭借小企业的竞争优势在市场中获利。但进入发展期，则必须追求不断扩张而实现以成本优势为主的规模效益，此时已转变为资本密集型发展。因而，中式快餐品牌要取得长足的发展壮大，还要解决如何进行资本运作的问题。如中式快餐迅速崛起的品牌“永和大王”，从赢利到亏损再到赢利的发展历程，就是规模化发展形成成本优势的过程，也是它借用国际资本实现劳动密集型向资本密集型转变的过程。但应当注意，正如“永和大王”的实践所验证，发展中的中式快餐企业必须突破一定的规模才能赢利。但这并不意味着可以盲目扩张，要注意因此而上升的管理成本是否能与增加的规模效益平衡。同时，还要密切关注市场环境的变化，控制扩张过程中由于不可预见因素所带来的危机。

2. 优良品质是竞争中品牌价值的核心

成功的品牌能给消费者在产品和服务上带来超越满足感的价值。中式快餐的品牌要解决的课题之一就是传递这种价值。品质对于树立品牌整体形象，提高品牌核心竞争力具有关键作用。中式快餐的发展最终将以品牌为核心走连锁经营的道路。这种市场扩张方式的特点是各连锁分店物理区域分散，统一管理困难。保证始终如一的优良品质，是决定其市场扩张的关键因素之一。品质除了产品自身的质量构成要素外，还包括长期稳定优质的服务质量。中式快餐的服务应更加突出东方文化中殷勤好客的特点，在标准化的服务中注入情感服务。在与顾客的各个接触点，以优质的服务节约消费者的体力成本，心理成本、时间成本，从而让渡顾客更多的价值，将会在消费者心目中树立良好的产品形象，提高非产品价值（服务价值、人员价值、形象价值），也必将提高消费者对品牌的忠诚度。目前，中式快餐企业还要致力于拥有一定技术含量和自主知识产权的配方设计，提升品牌竞争力的同时保护品牌的竞争优势。

3. 整合营销取得持续的品牌竞争力

中式快餐企业的品牌在发展到一定阶段时，竞争力的提高更多地表现在市场营销战略的创新上。因为快餐业偏于传统产业范畴，技术进步的速度相对缓慢。所以，在市场份额的占有和品牌竞争力到达一定程度后，进一步的提高主要依赖不断创新的营销策略。通过市场营销机制增强与消费者的沟通，来不断创造产品在消费者心中的兴奋点。市场营销管理中的销售服务、产品包装、广告宣传、公关活动等与顾客有接触的点，是与顾客建立良好沟通的最佳时机。可以利用整合营销，以建立与顾客长期稳定的关系为目标，不但注重品牌的传播，更要注重产品能给消费者带来的价值。

建立消费者对品牌的忠诚度。品牌经营是系统工程，要充分考虑企业的经营水平、市场环境等因素，以顾客为中心，合理安排企业的各子系统。整合各个系统的资源，为品牌营销战略目标服务。在整个系统建设中，企业信息管理、物流管理、财务管理、培训、生产管理等子系统要以服务品牌营销管理子系统为中心，系统最终以服务顾客为核心，目标是建立顾客对品牌的忠诚，提升顾客占有率，取得品牌的持续竞争力。

三、文化战略

文化与经济日益融合及其一体化进程的加快不仅改变了以往经济增长的方式，而且奠定了文化必然成为推动经济发展的主要动力的源泉。现代中国快餐业之间的竞争，说到底是中外快餐业文化之间的竞争和中式快餐业之间的企业文化竞争。要取得这场餐饮文化竞争的胜利，或者获得双赢、甚至多赢的结果，就必须实施文化战略。从文化的角度去思考企业发展目标和使命，去整合优化配置企业资源，去开发有文化含量的产品，去构建有竞争优势的企业核心价值文化，去塑造有渗透力和亲和力的品牌及品牌文化。中式快餐业的文化战略，实际上是指企业充分利用文化因素和力量，实现企业战略目标的市场营销活动。即企业在市场的调研与预测，市场目标的细分与定位，产品的开发与定价，商标及品牌的确立与发展，以及销售渠道、形式的选择与确立等一系列营销活动的过程中，均应主动地进行文化渗透，以提高产品文化含量，并借助文化媒介的影响与顾客及社会公众建立全新的利益共同体。这个营销过程也是企业文化及其核心价值的确立、发展、成熟、再发展的过程。中式快餐业的文化营销战略可分为高文化产品的开发战略、文化品牌的发展战略、定价的文化战略、企业形象价值文化的塑造战略等。

1. 高文化产品的开发战略

在生活节奏日益加快的时代，人们在内心里早就期盼着能从传统家庭餐饮解放出来，以“经济实惠、科学营养、方便快捷、清洁卫生”为标志的快餐业因此得以快速发展。中式快餐业走完发展的初级阶段，进入激烈残酷的竞争时代。在这个时代，物质产品日益富足，人们的需求已经从对产品本身物质属性的需求转变为对产品所蕴涵着文化内涵与特质的需求。人类需求方式这一转变，无疑导致文化需求的增长和文化需求市场的扩大，因此，中式快餐业者首先要转换快餐产品开发的思想观念，把开发文化含量高的快餐产品作为优先的发展战略。

首先，以文化变量作为市场细分和新产品开发定位的主要依据。不同阶层、不同地域、不同民族、不同年龄段的群体，他们文化背景不同，对文化需求也不相同，这就决定他们在选择快餐产品时，对产品本身的文化内涵和特质的需求千差万别。因此在进行餐饮市场的细分和餐饮产品开发定位时，要以文化变量作为主要依据，开发出与目标消费者心理意愿和价值文化相一致的、乐于接受的快餐产品。

其次，在产品开发中注入博大精深的中华烹饪文化。从中国人对传统饮食文化的承袭、依恋上来看，中国极其需要有中华民族饮食文化特色的快餐业。快餐产品在外形上首先是物质产品，然后才是特定文化的载体。在产品的开发，例如，选料、营养、菜名、烹调工艺、造型、色泽、口感等过程中，通过注入博大精深的中华烹饪文化或当地文化，不仅体现中华饮食文化的历史、美学等价值，也反映本民族的审美观、道德观、价值观和文化观。

2. 价格的文化战略

从文化营销的角度看，消费者购买的餐饮产品实际上是购买产品本身的整体利益，其定价也是以消费者期望获得产品的总价值为标准。因此，餐饮产品的价值自然包括食物本身的价值，即使用价值，也涵盖着产品所包含从包装、到菜名、品牌等无形的文化价值及服务等附加值。餐饮产品定价应与市场定价相匹配，与产品所满足的文化需求相一致。让大众消费得起，成为大众消费的主要形式，是快餐业生存的前提和发展的基础，这就决定中式快餐业要走价格大众化的策略。当然不同消费群体，对餐饮产品价格的认知和接受程度等存在着文化心理差异，也意味着中式餐饮企业在实施价格文化战略时，要对市场进行细分，确定不同阶层或群体对文化需求差异，导致产生对价格接受程度等心理差异，制订不同价格文化营销战略。例如，对于大众消费而言，10 元、8 元、6 元、4 元的快餐产品价格是被普遍接受的。而对于白领阶层而言，他们讲究就餐的文化氛围、餐饮产品的品质和文化内涵，因此像豪客来等套餐的 25 元、22 元、20 元或 18 元定价，也有广阔市场。

3. 文化营销战略

企业形象价值，简单地说，就是社会公众对企业产品的品质、经营理念、企业文化及核心价值的总体印象和评价。对顾客而言，企业形象价值就是顾客购买产品时能感受到精神上和心理上的满足；对企业而言，良好企业形象通过文化媒介传递给社会，诱导、鼓励社会公众在文化心理上产生对企业产品及其企业文化认可与接受，从而促进企业实现自己的发展战略目标。中式快餐企业要充分认识到良好企业形象是一笔宝贵的无形资产，应尽早地策划实施文化营销中的企业形象识别系统 CIS（Corporate Identity System）。所谓企业形象识别系统就是将企业经营活动及支配此活动的企业经营理念，通过媒体的传播来强化社会认同的符号系统@。它包括理念识别 MI（Mind Identity）、行为识别 BI（Behavior Identity）和视觉识别 VI（Visnal Identity）三个互相关联的整体系统，其目的就是把企业经营理念与精神文化，把企业经营活动的内部系统与外部系统，通过整体传达系统，特别是视觉传达系统，传递给企业周围的群众或团体（包括企业内部与社会大众），促使消费者产生深刻的认同感，实现企业持续健康发展的目标。肯德基与麦当劳等快餐企业，一开始就策划实施企业形象识别系统，经过许多年的努力，它们的企业形象早已深入消费者的心中。人们一提到肯德基或麦当劳就会联想起它们的主导产品，就能描绘出它们优美、整洁、规范统一的就餐环境和热情周到的服务。其品牌及其企业形象成为占领中国快餐业最有力和最宝贵的无形文化资产。中式快餐业要抓住中国快餐市场迅速增长的历史性机遇，顺应文化需求日益扩大的历史潮流，加快实施文化战略。推行规范化和标准化的服务体系建设，借助中华烹饪文化的丰富内涵，对餐饮产品进行文化渗透，提升产品的文化含量，打造核心产品，以产品品质为基础，走文化品牌的发展道路，树立企业良好形象，创造企业核心文化价值，才能实现中式餐饮业的腾飞。

四、连锁经营战略

快餐的主要特点不单是快速、简便，还要大众化、价格低廉。价格低就要降低成本，降低成本就需要规模效应。连锁经营是发挥规模效应的有效途径，所以快餐与连锁经营是密不可分的。美国快餐业发展的最成功之处就在于它创立和发展了一套十分完善的经营形式——连锁经营。麦当劳的经验是：保持相当数量的加盟连锁店，是连锁企业成功的一个重要方面。在麦当劳的整个企业中，一直维持直营店占25%，特许加盟店占75%。

1. 确立大众化的餐饮经营思想

研究表明，工薪阶层是餐饮市场最为稳定而广泛的客源，是支撑餐饮市场持续发展的基础，是推动餐饮市场结构变化的主导力量，只有坚持面向工薪阶层，服务大众需要，才能以“大量消费”带动“大批生产”，从而实现连锁经营的规模效益。因此，连锁店的分布及选址应设在商业区、居民区及学校、工厂、机关等企事业单位附近，营业面积不宜过大，装潢应追求简洁、舒适。工薪阶层这一目标市场的选择不仅为连锁经营提供了广阔的市场空间，为其扩展规模提供了可能性，而且在企业资金紧缺的情况下，开展面向工薪阶层的大众化服务可以节约大量投资额，取得投资少、见效快、效益高的效果。

2. 实施PB商品策略

PB（Private Brand）商品即自有品牌商品，是指零售企业通过搜集、整理、分析消费者对某类商品的需求信息，提出新产品的功能、口味、价格、造型等方面的开发设计要求，自行生产或选择合适的生产企业进行生产，标上企业自己的品牌，并只能在本企业内各连锁店销售的商品。实施 PB 商品策略源于以下两方面原因。① PB 商品可以在获得一定利润的前提下以低价格出售。因为，连锁企业可以在保证品质的条件下选择最低生产成本的企业进行生产，PB 商品只在本企业内销售，借助于本身的商誉，不必支付高昂的广告宣传费即可被消费者接受，各连锁店是 PB 商品极好的销售渠道，省去了为产品打通销售渠道的费用。世界最大的连锁零售企业沃尔玛 1992 年开发的品质、口味都不错的“美国可乐”，在其连锁店内售价仅 20 美分，而一罐可口可乐售价则要 50 美分。低价分析人员是企业取得竞争优势的因素之一。②连锁企业实施 PB 商品策略，可以拥有自己的商品特色，形成差别化的竞争优势，同时也可更好地满足消费者的需要，强化消费者心目中连锁企业的实力形象。作为实施 PB 商品策略的连锁餐饮企业，应进一步完善连锁企业的 CIS 设计，塑造企业形象，提高企业商誉；通过各种途径培训高素质的市场调查、分析人员，以及技术人员和质检人员；根据生产厂家的生产能力、技术能力等条件选择合适的合作伙伴。

3. 注重连锁经营的质与量的统一

保证连锁经营的“质”，应抓住连锁经营的本质，在企业的决策、组织、协调、管理方面下功夫，做规范化的连锁。反映连锁经营本质要求的是四个统一：统一进货、统一配送、统一决策、统一管理，以实现餐饮经营的规模化、专业化、标准化和集中化，降低流通成本、费用，提高经济效益。要实现中式快餐规范化的连锁经营，目前应解决以下几个问题：①进行科学的可行性分析，包括连锁方式的选择、规模大小的设置、产品定位、目标顾客预测以及效益预测等；②纠正只注重店容店貌标识的统一，而忽视采购、配送、决策、管理的统一等舍本求末的做法，切实抓好内部管理，建立健全连锁经营的规章制度，形成一套适合本企业的科学的经营管理系统，形成知识产权及其得以顺利转让的一整套程序（包括计划书、合约、权限等）；③搞好配送中心的建设，“配送”在日本被视为解决流通和交通双重问题的策略，在美国被视为提高劳动效率和物质资源利用的第三利润源。建设配送中心应注重：采购质优价廉的商品和原材料；储备要经济合理、科学；配送应准确、快速、节约；采用计算机管理，统一调配商品及车辆运输，完成进货、结算、出店、存货等经营的静态和动态监测；根据餐饮经营的特点，还应推行中心厨房的建设，根据各分店的需要，将原材料加工成半成品，甚至成品分送到各分店，使分店实行无库存经营且又能保证连锁企业餐饮产品的质量稳定，实现标准化经营。

“量”是指连锁经营取得一定的效益所应具备的规模、数量、程度和速度。连锁经营可以使企业迅速扩大规模，从而使销售额不受限制地扩大。企业在发展连锁的过程中应根据自身的优势和特点分阶段、分步骤、有计划地进行扩展。第一阶段即初创阶段，主要进行网点布局的合理选择，为建立配送中心包括其辐射范围、交通里程等问题打下基础；第二阶段即规范化阶段，建立以配送中心为龙头的总部，为各分店进行统一配送和统一管理等一系列规范化操作，注重连锁质量以求总体利益和长远利益；第三阶段即在实施科学管理和规范操作的基础上进行快速复制，以迅速扩展分店数量，实现连锁经营的规模效益和群体效益。根据各阶段质与量的不同要求，灵活地选择直营连锁、特许连锁、自由连锁或是它们的最佳组合。

五、人才战略

中式快餐发展需要经营模式、服务方式、食品种类、生产技术、机械设备的创新，因而对人才的要求较高，应具有多种才能和复合知识结构。

1. 培养厨师与岗位人才

厨师培养在我国有一套完整的体系，从师傅带徒方式到短期的初级厨师培训和厨师进修提高培训，以及 2 ~ 3 年的烹饪类专业大专教育。但受过大专以上教育的厨师数量是极少的。现在厨师的知识结构和工作能力可胜任宾馆饭店的餐饮制作与配餐管理。中式快餐开始发展时，完全依靠厨师的制作，致使中式快餐与传统中式快餐差别不大，难以形成标准化的生产操作和集中生产、分散销售的连锁经营模式，影响了产业升级和规模扩充的发展需要。快餐业岗位操作人员除了厨师外，许多岗位在要求不高的情况下，人员不经培训也基本能够完成任务。所以很多中式快餐公司很少进行一般岗位员工操作培训，而大型西式快餐公司的各个岗位几乎都有严格的岗位操作培训，合格人员才能上岗，工作是严格按照岗位员工手册进行操作并进行日常考核和再培训，调换岗位时也只能经过培训考核，合格后才能上岗。其管理干部大多经过多个岗位的合格工作才能上升到适当的管理岗位，中式快餐企业应在组织结构上按分工设置岗位，确定标准化的员工手册，建立严格的岗位培训上岗制度，做到岗位责任明确，才能提高中式快餐生产和经营管理水平，满足社会更高更新的要求。

2. 培养食品科技人才

食品类科技人才的培养在专业层次上有中专、大专、本科和硕士、博士等完整系列，专业上包括农产品加工、畜产品加工、食品科学与工程、营养学等专业。在专科以下层次的还有专业性更强的专业如乳制品工艺专业、水产品加工专业、食品工艺专业等。学习课程除公共课程外分别包括化学系列、生物与营养卫生学系列、机械工程系列、管理学系列和食品原料与加工系列等，这些专业的目标决定了其毕业生的知识结构和工作能力，适合于农畜产品加工与贮藏、食品的科技开发、生产与技术管理，以及相关的防疫卫生与检验或医院的病人特殊食品配餐，几乎不具有餐饮业工作的知识或能力。虽然食品科技类专业的毕业生也能够在中式快餐业发挥作用，为中式快餐业发展和产业扩张升级贡献力量，实际上极少有这方面的毕业生到餐饮业服务和发展。为了培养中式快餐业发展需要的食品生产技术管理人才，学生除了学习公共课程和基础课程外，还应进行化学与工程系列、生物与营养卫生系列、食品原料与加工系列、管理科学基础等课程的学习，完成作为食品科学工程师的基本训练，具备食品营养与卫生，以及食品工业化大生产的概念和相应的知识与能力，其中金工实习、机械制图、电子电工学、机械原理等课程的学习应使学生具有对中式快餐业需要的新的机械设备和生产线进行初步设计的能力，能够与相关的机电专业的技术人员合作，开展中式快餐生产配套机械设备和生产线的研究开发和使用维护管理。

3. 培养经营管理人才

快餐业标准化生产，连锁经营，对经营管理人才需求大、要求高。经济类管理专业和旅游管理专业的酒店管理方向毕业生是快餐业一般经营管理人才的主要来源，但大部分已经到西式快餐企业工作，极少数到中式快餐企业发展。相对而言，中式快餐是在探索中发展的新兴产业，与发展相适应的经营模式、服务方式、食品种类、生产技术、机械设备等都没有现成的，需要创造、创新和探索，所需要的人才也只能逐渐培养。现在快餐业生产技术和管理人才大多数是这些相关专业的毕业生自己长期探索和实践，进而成长起来的，由于本身知识结构的不合理，阻碍了中式快餐业的进一步快速发展和提高。这些管理专业的毕业生还缺少食品营养与卫生的基本知识，可以在生产与管理模式都已经比较成熟规范的西式快餐业工作，而中式快餐业的生产和经营模式都还不完全科学和成熟，需要创新，这些管理类专业的毕业生到中式快餐业工作还需要加强有关知识的学习培训，才能满足中式快餐业的发展要求。从事与中式快餐生产有关的经营管理工作，对经济管理类专业毕业生而言，需要进行大量的食品科学与工程专业及厨师专业的毕业生，在从事相关技术工作一段时间后，随着工作和管理经验的积累，加上在学校学习的经济与生产管理课程，有关管理学知识不断丰富，比较容易达到岗位要求，符合知识结构才能为进一步研究开发中式快餐新的食品种类、相应的生产技术、配套的机械设备及生产线发挥作用，对开创快餐发展新局面，提高行业总体水平具有重要意义。

第四节 中式快餐产品与生产管理

中式快餐作为中国饮食文化的一种表现形式，首先表现在食品的品种和口味上，仅以大米、小麦为主要原料制作的快餐食品就有上千种，如油条、饺子、打卤面、小笼包等，各地区的顾客口味差异明显，所喜爱的食品品种也各不相同，因此中式快餐企业不可能像麦当劳、肯德基等西式快餐企业一样，在全国范围内，仅仅推出很有限的统一快餐食品。其次，顾客在吃快餐的同时也在吃文化、吃情调，中式快餐企业应注意选择主打产品，深入挖掘产品的文化内涵，并通过店面的装饰、员工的服饰、器皿造型等方面来表现。同时，中国饮食文化讲究食品的营养，不仅要把注意力放在食品的安全与卫生、提供食品的快捷与方便等着眼点上，而且一定要重视营养均衡，对食品的营养比例要进行科学的分析与研究。最后，中式快餐企业要创造一个舒适的就餐环境，满足顾客进行社交的需求。中国是一个有着几千年悠久历史文化的国家，有其特定条件下形成的价值观念、伦理道德、风俗习惯和宗教信仰，这些社会文化因素的存在造就了中国饮食文化迥异的风格，成为世界饮食文化的重要组成部分，这也是中式快餐要立足传统饮食文化、开发传统品种的根本所在。但现代社会已经发展成为一个多种文化交流，并相互渗透、相互融合、相互影响的社会，因此，现代的快餐市场，已不完全是一个单纯的中式快餐市场，而是一个中西并存的快餐需求市场。

一、快餐产品特征

1. 制售快捷

现代快餐作为满足现代人快节奏生活方式和大众化消费水平的餐饮形式必然要求制售快捷。这种制售快捷的前提是快餐产品原料的规格化、产品生产的机械化、作业设备的专业化。快餐产品的生产可以分为两个阶段：第一个阶段是在加工厂（配送中心）将原料加工成为半成品或部分成品；第二阶段是在快餐店内简单的二次加工。在第一阶段的工厂加工中，一些大型现代化快餐企业完全采用工业上的生产线方法，根据“配送中心”提供的快餐店所需要的各种原辅料、半成品、成品的品种、规格、数量要求，由加工厂按照标准统一进行快餐原料的预加工，即快餐原料的成品化和半成品化加工完成，从而缩短了快餐店的二次加工时间，达到了快捷的目标。在第二阶段由配送中心根据快餐网点的需要，按照要求、标准统一配货，从而简化快餐网点的工艺操作，缩短了网点的二次熟制时间，并保证同等的质量，使顾客可以在最短的时间内拿到统一标准的食物，有效地促进产供销的平衡，加速周转，提高了效率。在时间变得越来越珍贵的现代社会，制售快捷的快餐适应了流动人口高速增长对餐饮的需求。

2. 食用便利

食用便利主要体现在快餐产品品种的简单化、优化组合和快餐网点布局上。快餐一般都是主辅料经合理搭配而成，且食用方便或是易于携带的食品，如包子、面条等。一些海外的中式快餐企业发展了以面条为主的特色快餐，我国港、澳、台等地区也形成了以米饭为主食的特色快餐，快餐品种的相对减少给广大消费者选择产品带来方便的同时，也为携带带来了便利。我国国内快餐企业目前主要工作是在兼顾主副食配套、营养、卫生、科学、合理，并制定出适合工厂化加工标准的基础上，针对我国的八大菜系，开发出适宜快餐的饮食品种，充分体现快餐食用便利的特点，同时体现出中国饮食多档次、多品种、多风味的特点，用特色品种创出自己的名牌。

要让了解快餐业运作的专业人士与懂得中餐生产的专业人士充分结合起来工作，让生产开发人员充分了解市场需求信息，知道在现今快节奏的生活中，快餐产品的食用便利特征对于广大的消费者意味着什么，只有这样才能开发出满足广大消费者的产品。同一快餐公司经营的不同快餐店均采用同一建筑形式而易于识别。同一菜单、同一价格和同一包装经营，同一品种产品的重量、形态、色泽、温度等指标均相同，消费者可以根据自己的喜好选择快餐，充分体现便利的特点。

3. 质量标准

现代快餐产品质量标准的特征是其区别于传统餐饮食品的重要标志之一，同时也是现代快餐能长期占领餐饮市场的重要原因之一。快餐产品质量标准是要求产品品质新鲜，有明确保质期和食用时段，原料采购要有严格的卫生标准（无毒、无害、有利于身体健康）和质量标准。同种产品应保持不变的感官性状，质量应保持始终如一，如哈迪斯（Hardee' s）汉堡在肉类物料验收贮存过程中，订购的肉在屠宰场即装入桶中，运输途中，温度控制在2℃，进厂后，以9个项目检测其是否新鲜，可以接受即上线生产。线上操作和冷冻时进行10种检验，判断其是否达到配方标准。还要通过微生物检验，判定其是否被空气与设备污染。麦当劳的炸薯条不但严格控制其淀粉含量，而且使用可调温的炸锅来炸制不同含水量的马铃薯，确保薯条色香味的一致性，同时炸制的薯条如果在17分钟内未售出则必须丢弃。肯德基对于原料鸡的品种、饲养条件、饲养时间直至生产中每块鸡块必须在粉料中按几下、在一定的温度中必须炸制多长时间都有明确的规定，这样使得快餐食品的质量达到统一标准的要求。肯德基、麦当劳这些大型的现代快餐企业对于自己产品的要求并不是精美绝伦，而是“持续性的一般”，广大消费者无论身处何地都不会受到品质波动的影响，能够品尝到品质如一的快餐产品，有利于在广大消费者心中潜移默化地形成对于某一快餐品牌的忠诚，这种存在于消费者心底的忠诚度对于快餐企业的生存也是同样重要的。

4. 营养均衡

快餐食品应提供人体每日所需营养和能量，因而快餐要把重点放在营养均衡上而不是像风味餐饮那样过分讲究色、香、味、形、质，消费者食用快餐的目的是其在方便快捷的进餐后营养素的供给量基本符合人体需求。西式快餐产品由于选用的动物性原料比重大，使得快餐产品高脂肪、高热量，长期食用易造成肥胖症，心血管疾病发病率高。实际上，每种单一快餐产品都很难实现营养平衡，因此快餐菜单设计除简单外，还要丰富，同时明确标出各种产品的营养素和热量值，便于人们合理搭配。为此，发展现代中式快餐时，必须参照中国营养学会颁发的中国居民膳食指南来开发。比如作为中式快餐的代表产品，包子以其突出的民族特色和营养均衡的优势成为中式快餐的开路先锋。包子是主食和副食相结合的食品，它除了具有西式快餐产品已具有的主要特征外，还可通过面和馅的合理搭配，馅心的精心调剂，能做到在满足色、香、味、形等感官性状的基础上，实现营养均衡。

5. 服务简便

服务简便也是快餐店与一般餐厅的重要区别之一。在传统餐厅，顾客的服务需求与厨房的加工是一致的。这使得厨房对顾客的服务成为点对点的单线服务形式，顾客的服务需求经由服务员传递给厨房工作人员，厨师按照顾客的需求进行生产后再由服务人员将菜品送给顾客，这一流程使得传统餐厅服务人员不仅要对顾客负责，还要对厨房负责，最终结果是服务路线延长，服务变得复杂化。而在现代快餐店中顾客自我服务的比重远比传统餐厅大，顾客的服务需求与厨房的加工是不一致的，厨房对顾客的服务成为面对点的多线服务形式，顾客的服务需求并不是由服务员传递给厨房工作人员，而是由柜台直接将所需产品交给顾客，服务路线缩短，服务变得简单化。在麦当劳、肯德基的快餐店经常可以看到这样的情景，顾客选购食品时站在柜台前，向服务人员道出所需食品的种类和份数，收银员一边快速计价一边高声对后面的同伴报出食品名称，后面的工作人员敏捷挑选，有条不紊，当食品端上柜台交付给顾客时顾客也正好付清款项。

服务简便对于广大的快餐企业同样具有重要意义，快餐店在出售快餐产品的同时，还出售了顾客食用产品的这段时间，在这段有限时间里顾客通过一定的自我服务，体验到的除了快餐产品外，还有工作人员的服务品质，在竞争激烈的快餐业，为广大顾客提供无可指责的满意而快捷的服务对于快餐企业来说是最强有力的竞争资本。如果不能为顾客提供快捷满意的服务，那么必然会陷入经营上的被动。在快餐店中顾客的自我服务可以替代部分甚至整个前厅的服务人员，而服务员基本不提供桌前服务，服务人员的基本服务内容包括招呼顾客、准备点餐、将餐点交给顾客、收款等项目，这些都是简便的有形服务方式。此外，快餐的服务内容还包括电话订餐服务、送餐服务、信函邀请、选早餐等简便而又方便顾客的服务，以及清洁卫生、优雅舒适的就餐环境，服务人员的微笑所提供的无形而又实在的服务。为顾客提供最快捷、最方便的服务作为现代快餐的服务宗旨之一，它的实现依赖于服务程序的规范化和全体服务人员的分工协作、紧密配合。相对于麦当劳等大型现代化的快餐企业对于其快餐产品品质的“持续性的一般”的要求，其对服务的要求是尽善尽美，90秒的服务时限，在充分体现出以顾客为尊的理念的同时，也是其对自身生存的尊重。

6. 价格低廉

现代快餐价格低廉，因为定位在大众的消费群体上。这一群体的消费水平决定了这一特征，也正是由于这一特征，快餐业才能在竞争激烈的餐饮市场中站稳脚跟并发展壮大乃至成为餐饮市场的重要组成部分。在美国，当驾车行驶在高速公路上时，给人留下深刻印象的莫过于道路两侧的快餐店招牌，在快餐店就餐，价格仅仅相当于到普通餐厅就餐价格的一半。现代快餐的价格低廉得益于两方面的努力：首先是快餐的生产方面，现代快餐的制作费用稍高于家庭厨房制作费用，而略低于中等餐厅消费水平，这个特征要求快餐在选择品种过程中，在满足品质优良、营养美味的前提下，应尽量采用普通原料品种，同时使产品设计适于高度机械化生产，从而降低生产成本。其次是人员方面，由于现代快餐产品的预加工均在工厂内完成，快餐店内的操作简便易行，一般只需进行简单的加热、加料处理，使得快餐业从业人员很大一部分是临时员工，而正式员工比例较小，使得人员成本降低，相应的管理费用降低，总体费用的降低最终体现为产品的价格低廉。

二、中式快餐产品开发

中式快餐要发展，首先必须进行快餐食品的开发。我国饮食文化源远流长，博大精深，在庞大的饮食体系中，不乏制作简单、快捷的传统食品，如兰州的牛肉拉面、天津的狗不理包子、陕西的羊肉泡馍等。这些小吃不仅各具风味，经济实惠，而且在我国有着广泛的社会基础。若对它们的制作方法加以适当改进，可使其更适合快餐的生产。对这些小吃选择一两种加以组合变化，配上几样小菜设计成小吃套具，即可成为顾客喜欢的快餐食品。此外，我国菜肴中还有不少家常菜的制作也很简单，若采用预加工的办法事先制成半成品，则可进一步缩短烹饪时间，再与其他食品适当组合，即可设计成多种套餐系列。例如，京氏快餐公司开发的川鲁风味的炒菜套餐，由10多种炒菜和米饭、什锦炒饭组合而成，并配有凉拌小菜、酸辣面或玉米羹，味美价廉，深受顾客欢迎。

在开发中式快餐食品的过程中，应当坚持两个原则。

（1）标准化与多样性的协调。现代快餐的重要特征之一是产品生产的标准化。在这方面以美式快餐最为典型，其产品生产的所有操作均依照温度计和定时器的指示进行，整个过程实现完全标准化，从而确保食品的优质稳定和口味的始终如一。相比之下，大多数中式快餐企业的厨房加工设备都比较落后，菜肴多由厨师手工制作而成，食品的质量在很大程度上取决于厨师的手艺水平，现代快餐生产所要求的标准化难以达到。要使中式快餐的生产实现标准化，企业应在一切可能的范围内使用现代化机器取代人工操作，同时制定标准化的操作规程，要求员工严格遵照执行，以此来减少人的主观判断所带来的质量不一致。中式快餐在实现标准化的同时，还应注意保持一定的多样性。这是因为国内消费者习惯于口味的变化，喜欢在就餐时有较大的选择余地，同时，不同地区之间还存在口味上的差异。这就要求中式快餐企业在开发食品时，要针对不同的顾客市场，设计出符合顾客需求的特色食品来。可根据各地的不同口味开发出适合当地的快餐食品，同时，可对菜单进行灵活设计，除一份包括企业特色食品的核心菜单外，还提供一份根据当地口味或不同季节而专门设计的附加菜单。只有同时兼顾标准化和多样性，才能使企业既提高生产效率，又保持住自己的特色，从而在市场竞争中，尤其是与外来快餐的竞争中取得优势。

（2）注重营养。随着生活水平的提高，人们的饮食标准不再仅仅是填饱肚子，越来越多的人对食品提出了营养、科学的要求。麦当劳在其广告中宣称："一个汉堡包中含有保证人体健康所需的全部营养"，即是针对了人们这种注重营养的心理。中式快餐在开发食品过程中也应重视营养配餐，合理搭配食物中的各种营养成分，同时利用医食一家的传统饮食文化，开发出有中式特色的营养食品。如在夏季提供清热解暑的粥品饮料，冬季则提供具有滋补功效的煲品菜肴，从而发展出一套与西式快餐明显区别的独树一帜的营养快餐体系来。

第五节　中式快餐定价与菜单设计

一、影响餐饮产品价格的因素

产品价格实际上是多种因素综合影响的结果，为了科学合理地进行产品定价，餐饮企业必须研究影响产品价格的基本因素。一般来说影响产品定价的因素可归纳为两大类：一类是可控制的因素，包括企业定价目标、产品成本、市场营销组合等；另一类是不可控制的因素，包括市场需求、市场竞争、国家法律政策等。

1. 需求

由市场营销理论可知：产品的最高价格取决于产品的市场需求，最低价格取决于该产品的成本费用。在最高价格和最低价格的范围内，企业能把这种产品价格定多高，则取决于竞争者同种产品的价格水平。可见，市场需求、成本费用、竞争者产品定价对本企业产品价格有着重要影响。而需求又受价格和收入变动的影响，因为价格与收入等因素而引起的需求的相应变动率，就叫作需求弹性。需求弹性分为需求的收入弹性、价格弹性和交叉弹性。

（1）需求的收入弹性。需求的收入弹性是指因收入变动而引起的需求相应变动率。某产品需求收入弹性大，意味着消费者货币收入的增加导致该产品需求量有更大幅度的增加，一般来说，高档食品、耐用消费品、娱乐支出以及西式快餐的情况就是如此。某产品需求收入弹性是负值，意味着消费者货币收入的增加将导致该产品需求量下降，如某些低档食品、低档服装等。

（2）需求的弹性价格。产品价格会影响产品市场需求。在正常情况下，市场需求会按照与价格相反的方向变动。价格提高，市场需求就会减少；价格降低，市场需求就会增加。但也有例外情况，如某些显示消费者身份地位的奢侈品在适当提升价格后其销售量却有可能增加。正因为产品价格会影响市场需求和企业市场营销目标的实现，因此，在进行产品定价时必须知道需求的价格弹性，即了解市场需求对价格变动的反应。

（3）需求的交叉弹性。在为产品定价时还必须考虑各产品项目之间相互影响的程度。产品线中的某一个产品项目很可能是其他产品的替代品或互补品，同时，一项产品的价格变动往往会影响其他产品项目销售量的变动，两者之间存在着需求的交叉价格弹性。交叉弹性可以是正值也可以是负值。如为正值，则此二项产品为替代品，如快餐中的主食之间，一旦产品 A 的价格上涨，则产品 B 的需求量必然增加。相反，如果交叉弹性为负值，则此二项产品为互补品，如快餐中的主食与副食之间，当产品 C 的价格上涨时，产品 D 的需求量会下降。

由于现代快餐产品是生活必需品，其需求量受收入和价格变动影响较小，所以当消费者收入提高或产品价格下降时，其需求量增加有限。同时，由于现代快餐产品存在替代品和互补品，当其替代品和互补品价格变动时，其需求量也会发生相应的变动。所以，在对现代快餐产品定价时必须考虑其需求收入弹性、需求价格弹性及需求交叉弹性对需求量的影响。

2. 成本

任何餐饮企业都不能随心所欲地制定产品价格。从长远看，任何产品的价格都必须高于成本费用，只有这样，才能以销售收入来抵偿生产成本和经营费用，否则就无法经营，因此，成本是影响定价的最基本因素，企业制定价格时必须准确估算成本。

产品成本一般包括原料成本、劳动力成本、生产成本、销售费用、管理费用、经营费用、财务费用等。一般来说，产品成本越低，产品定价空间越大。

3. 竞争

企业所面临的竞争环境是影响产品定价的重要因素。通常情况下，企业所面对的竞争环境可分为四种类型：完全竞争市场、垄断竞争市场、寡头垄断市场和纯粹垄断市场。不同的市场环境存在不同的竞争强度，企业定价的决定权也不同。在完全竞争市场中，企业只能按照市场价格出售其产品，单一的买卖双方都无法对市场价格产生很大影响；而在纯粹垄断市场中，企业拥有较大的定价权。但是无论哪一种类型的市场环境，企业定价时必须考虑竞争者产品的质量和价格，当本企业产品与竞争者产品质量大体一致时，可以制定基本相同的价格；当本企业产品质量较高，则产品价格也可以定的相对高一些；如果本企业产品质量较差，则产品价格就应定得低一些。

二、快餐企业的定价目标

快餐产品定价还受到企业定价目标的影响，不同的定价目标会导致不同的定价方法和策略，从而定出不同的价格。企业定价目标主要有以下几种。

1. 生存目标

如果企业面临生产力过剩、经济不景气、市场竞争激烈或试图改变消费者需求，则需要把维持生存作为主要定价目标。因为在企业濒临倒闭的危急时刻，生存是最基本的目标。依照生存定价目标制定的产品价格通常较低，但只要能够弥补可变成本和一部分固定成本，企业就可以生存，并保持应有的活力，待经济环境好转时再图振兴。一些刚刚进入市场的中小企业因实力不足，渠道有限，也常常采用以生存为定价的目标。但是生存定价目标只能是短时期的，从长远来看，企业必须设法提高产品价格，否则经营就难以为继。

2. 利润目标

企业经营的直接目的就是获取利润，利润是企业最基本的定价目标。它可以分为两种形式。

（1）当期利润最大化目标。这是一个短期定价目标，企业期望通过制定较高的价格，迅速获取最大利润。一般而言采取这一定价目标的企业必须具备两个条件：一是企业产品成本低于行业平均成本；二是该产品的市场需求大于供给。当然，由于竞争者的加入和消费者对价格的敏感，使企业这种相对有利的地位不会持续太久，高价最终会降到正常水平。

（2）预期利润目标。为避免承受过大的经营风险，本着稳健发展的原则，许多企业采用以适当的预期利润为定价目标。企业在确定预期利润时，应充分考虑企业的经营能力和外部市场条件的变化情况，从而使预期利润指标趋于科学化。企业以预期利润为定价目标，便于调控和管理。

（3）市场份额最大化目标。有些企业想通过定价来取得控制市场的地位，使市场占有率最大化。对许多颇具实力的大企业来说，在一定时期内，获取较大的市场份额比追求利润更为重要。因为市场份额的大小直接反映出企业在行业中的竞争地位，关系到产品在市场上的声誉。从长远发展看，企业的盈利状况又是与企业的市场份额成正比的。市场份额大的企业，在规模经济的作用下，单位产品成本低，在相同售价水平下会获得较高的利润水平。因此，维持或扩大市场份额，是企业十分看重的定价目标。当具备下述条件之一时，企业就可以考虑通过低价来实现市场占有率的提高：①市场对价格高度敏感，因此低价能刺激消费需求的迅速增长；②生产与分销的单位成本会随着生产经验的积累而下降；③低价能吓退现有的和潜在的竞争者。

3. 竞争目标

这是竞争性较强的企业所采用的定价目标。价格是市场竞争的重要手段，而企业在制定产品价格时，也必须考虑市场竞争情况。为应付竞争，在定价前企业必须注意收集目标市场同类产品的质量与价格信息，并与自己的产品进行比较，然后选择应付竞争的价格。一般来说，当企业力量较弱时，产品定价应与竞争者价格相同或略低；当企业力量较强而又想扩大市场占有率时，产品定价可低于竞争者；当企业资本雄厚，并拥有特殊资源或能力时，可采取高于竞争者的价格。当然在这种情况下，企业也可以采取低价，从而迫使竞争者退出市场或组织潜在竞争者进入市场。

三、快餐产品的价格策略

定价方法侧重于产品的基础价格，而定价策略侧重于根据市场的具体情况，从定价目标出发，运用价格手段，使其适应市场的不同情况，实现企业的价格目标。对于现代快餐企业来说，有如下几种主要的定价策略。

1. 分级定价策略

快餐店将众多规格的产品按档次分成几级，每级定一个价格来满足不同消费层次的顾客需求。档次高的产品可满足高消费顾客的优越感；档次低的产品可满足低消费顾客的求廉心理。分级定价策略可以方便顾客按需购买，同时也会相应增加企业的收益。这种定价策略的缺陷是各级产品之间的价格差不易掌握。

2. 招徕定价策略

为了迎合消费者求廉的心理，将少数几种产品价格定得较低以，吸引顾客惠顾并购买其他正常价格的产品。但必须注意的是，快餐店的规模必须要大；低价必须真正能吸引顾客惠顾；低价产品品种数量及降价时机要适当。

3. 产品组合定价策略

产品组合定价是指企业将一组产品组合在一起，降价销售给消费者。如快餐店将几种食品或饮料组合在一起，以一定的价格出售给消费者。当然，这个价格要比分别购买这些食品或饮料低，因为消费者本来无意购买全部产品。在这个价格上节约的金额必须相当可观，才能吸引消费者来购买组合产品。

4. 需求差别定价策略

需求差别定价策略是指企业按照两种或两种以上反映成本费用的比例差异的价格销售某种产品。对于现代快餐产品来说，需求差别定价主要有三种形式。

（1）企业对不同型号或形式的产品分别制定不同的价格，如不同馅的包子价格不同。

（2）企业对于处在不同位置的产品分别制定不同的价格，如对在不同地点、不同场所出售的快餐产品制定不同价格。

（3）企业对于不同季节、不同时期甚至不同钟点的产品分别制定不同的价格，如对高峰期出售的快餐产品和非高峰期出售的产品制定不同的价格。

四、中式快餐菜单设计

快餐店的产品具有便携式。这种餐厅一般规模不大，菜谱也不复杂，提供的服务标准统一。快餐店的最大特点就是服务快速方便，节省用餐时间。

快餐店菜肴品种一般不多，主要是几种或系列特色风味，并且产品标准统一。如遍布全球的麦当劳、肯德基是以汉堡包、炸鸡为主要经营品种的快餐店。中餐的快餐连锁也很有发展余地，红遍全美的熊猫快餐（Panda Express）和华馆（P. F. Chang' s）就是一个很好的例证，而且一些面点和水饺都还有巨大的发展空间。

快餐店经营具有以下几点特征。

（1）菜单简明，减少了顾客对菜品的选择时间。

（2）服务迅速高效。点选的食品既可在餐厅内食用，又可带出店外。

（3）快餐店中新菜品不易被顾客接受。

（4）快餐店食品大量采用流水线生产，制作成本低廉，菜品价格便宜。

1. 中式快餐设计要求

快餐店的菜品设计讲究营养卫生、制作方便快捷，而且每天应选购最新鲜的蔬菜、鱼、肉、禽蛋、水果作为加工原料。

另外快餐店的产品定位十分重要，针对不同的用餐群体，应有不同的侧重。针对喜欢面食的消费群，可以猪肉、牛肉、羊肉为主；针对喜欢米饭的消费群，可以鱼虾等海产品为主；脑力劳动者用餐，菜肴的口味要清淡，数量要少而精；体力劳动者用餐口味重，并且数量要足一些。设计快餐菜品时，要深入调查研究，找准自己的市场定位，充分发挥自身的优势，才能赢得更多的市场份额。

中式快餐在设计和筛选产品时，以品质优、制作快、便于工业化生产的产品为首选。工业化生产的实质是将传统手工操作改成机械操作，用定量代替定性，用标准取代经验，其目的是产品供应迅速、品质恒定，有利于实行连锁经营。

（1）中式快餐菜单明确经营项目。外卖餐厅的经营项目有很多，在设计菜单时，首先要了解主要经营哪些菜肴，根据这个原则来制定外卖菜单。经过一段时间的经营运作，了解各种菜肴的销售情况和顾客选中率，一些销售量少，顾客很少点到的菜肴应及时取消，并且补充进一些新的菜肴以保证有合适的品种数量。

（2）中式快餐菜单制定适当的价格。外卖餐厅的各种菜品，销售价格不宜定得太高。由于外卖菜品的制作成本低于零售菜品，可以大批量生产，有利于降低成本；在销售过程中，很多消费者都是打包带出餐厅食用，餐厅不必提供进餐场地和其他服务，所以经营成本较低；许多消费者，尤其是一些旅游景点的游客、社区居民、工薪阶层，很难接受高价位的菜肴，如果定价高，无法被消费者接受，最终影响销售量。所以，外卖菜品要物美价廉，薄利多销。

（3）中式快餐菜单设计要全面。制作一份好的中式快餐菜单，内容必须全面。例如，外卖食品的品种、价格、每份定量以及餐厅宣传促销信息，都尽可能设计在菜单上。设计外卖菜单，还要注意菜单整体结构的艺术性、广告文字的优美性、食品照片的效果等。

2. 中式快餐的外卖菜品设计方法

外卖餐厅菜品一般分为饭菜类、面食类、冷菜类、混合类。

（1）中式快餐菜单饭菜类：一般以米饭、爆炒类和焖烧类菜肴为主，以套餐或者单份的形式出售。

（2）面食类：一般以炒面、水饺、煎饺、包子等面食品种居多。

（3）冷菜类：一般以各种卤菜类、烧烤类、炸制类、凉拌类品种为主，如烧肉、烤鸭、卤鸡、拌青菜等。

（4）混合类：一般以米饭、菜肴、面食等品种为主。

第六节　中式快餐服务管理与质量控制

服务水平是快餐发展的一个重要因素，服务水平的高低在一定程度上决定了来就餐顾客的人数，也决定了餐厅赢利的多少。另外，对于讲究面子的中国人来说，在西式快餐厅就餐与在中式餐馆就餐的感受是不同的。在肯德基、麦当劳，菜单品种有限且品种之间价格差别不大，从而使就餐者的消费差异不大，餐厅服务员提供的服务也无大的差别。低收入者偶尔光顾，不会因此露怯；而高收入者经常涉足，也难于显富。与西式快餐不同，有些中式快餐馆菜单品种繁多且价格差别大，加上餐厅设雅座或单间，受到的服务有很大差异，使就餐者消费反差显露无余。正是通过上述不同感受的比较，一些顾客体会到西式快餐厅里平等、民主的氛围，纷沓而至；而中式快餐店顾客渐少还不知个中缘由。由此看来，现代中式快餐品牌在研究消费者餐饮心理，设计良好的餐饮环境方面还需努力。

一、服务管理

服务质量是企业管理水平的综合反映，服务质量的优劣是判断管理水平的重要标志。有良好的服务，才能招来并留住宾客，而宾客是企业生存和发展的基础。

1. 服务纪律管理

（1）考勤纪律和交接班纪律：主管人员每月应做好员工考勤记录，月末汇总上报，病、事假要事前请假，班组长有权停止安排工作。对不服从领导指挥及安排者，领班有权停止考勤。①未正式交接班前，交班者不得擅离岗位。②做好交接：交情况、交设备、交工具、交质量、交记录。③填写好交接班记录，做到手续完备。④交班者要为接班者提供方便，做好准备工作，当班的问题当班处理，未尽事宜也应向接班者交代清楚。

（2）服务规范管理纪律。主管人员应让服务规范化在每一个员工身上表现出来。①班前提示、集中训话、介绍本班工作任务、要点和注意事项、对重点要特别提示。②班间严格检查员工工作情况，不妥之处应及时指正。③班后总结，以利下次改进和发扬。

（3）组织纪律。各部门、班组之间都有该部门班组之间的纪律要求，主管人员应以身作则，带头执行。同时教育、监督员工贯彻执行组织纪律。

（4）班组民主生活。①主管在执行制度时应做到公平公正无私、勇于认错。基层组织人员的生活与困难，要当作自己的事情来关心、投入。②要开好基层组织民主会，要在会上形成真正批评与自我批评的气氛，给员工充分发表意见的机会。

2. 基层控制、指挥管理

（1）服务质量的预先控制。所谓预先控制就是为使服务达到预定目标，在实施前所做的一切管理上的努力，防止服务中所用的各种资源在质和量上产生偏差，也就是班前准备。预先控制的主要内容如下。

①人力资源的预先控制——主管人员应按服务区域自身的特点灵活安排人员班次，以保证足够的人力资源。进行班前员工仪容仪表检查，员工待立岗位，站立姿势检查。

②物质资源的预先控制（班前物品准备检查）。

③卫生质量的预先控制（上岗前半小时要最后一遍班前卫生检查）。

④事故的预先控制：班前必须核对所接到的客情预报，避免信息误传，同时了解当天产品供缺情况，让全体员工明了，避免事后引起宾客不满。

（2）服务质量的现场控制。所谓现场控制是指监督现场正在进行的服务，使其规范化、程序化并迅速妥善地处理意外事件。

①服务程序的控制：服务期间，主管人员应始终站在第一线，通过亲身观察、判断、监督、指挥服务人员按标准服务程序服务，发生偏差及时纠正。

②呈递物品的控制：掌握产品呈递时间，不要让宾客等待太久。

③意外事件的控制：服务业是面对面服务的，如引起宾客投诉，主管应及时、迅速采取弥补措施，以防事态扩大，影响其他宾客。发现有醉酒的宾客应告诫服务员停止增加酒精性饮品。同时设法让其早点离开，以保证整个环境和气氛的和谐。

④人力控制：服务期间，主管人员应根据客情变化进行第二次第三次分工。

（3）服务质量的反馈控制。所谓反馈控制就是通过质量信息的反馈找出服务工作准备阶段和执行阶段的不足，采取措施加强预先控制和现场控制，提高服务质量使宾客更加满意。信息反馈来源于：服务员、经理（内部系统）、来源于宾客（外源）。

二、质量控制

中式餐饮受原料及制作过程的影响极大，因此原料及制作过程必须进行标准化，并严格控制。对于原料而言，在采购时应将原料的重量、尺寸、外观等进行量化，并在此基础上建立起原料采购的标准化体系，以保证在任何条件下都能获得同一要求的原料。

对于生产制作过程而言，应将工序量化来实现标准化。工序量化包括数量的量化和时间的量化，指在中式快餐的制作过程中各种原辅料的添加量及蒸、煮、烤、炖等每一工序所花时间的量化。以此来保证最终提供给消费者的食物在口感和外观上始终是一致的。

第七节　中式快餐市场营销管理

一、以速度取胜策略

速度既是快餐业本身的特点，也是快餐企业竞争的焦点，即“制售快捷”。实际上，速度问题在许多行业中都是非常重要的，提供产品和服务速度的快慢，市场反应速度的高低，都是衡量企业管理水平的重要标志之一。而速度问题对于快餐企业，是其生存的第一要素，没有这个“快”字，“餐”是可能有更为宽泛选择余地的。因此快餐首先必须体现出这个“快”字，否则就不能称之为快餐。这个“快”字，对于生产者来说，生产速度是快的。对消费者来说，进店就餐无须久候，就座即食，节省时间，免除了普通餐馆从点餐后，服务员通知厨房配菜到制作、出菜、上桌所需的久候时间。因为现代快餐中很大一部分还需要手工来完成，所以在目前情况下，要任何一家中式快餐企业达到几乎完全工厂化的西式快餐的快速还不现实。但速度毕竟是本质，是现代快餐企业核心竞争力的重要因素，企业经营者应该深刻理解速度对于快餐企业的重要性，并努力向“快”的方向发展，可以肯定，在其他方面基本相同的情况下，消费者都会选择“快”的一方，比竞争对手快1分钟，是现代快餐企业需要树立并坚持的竞争意识。

二、以创新取胜策略

创新是一个民族的灵魂，也是一个企业持续发展的关键。企业创新涵盖多方面内容，大到企业发展战略创新，中到经营管理、产品品种创新，小到营销工具和方法创新等。现代快餐企业的营销创新主要是指营销组合方式和具体营销手段的创新，消费者都有求新好奇的心理，同时也都摆脱不了“审美疲劳”的特性，无论一个产品、一项服务、一个方案多么新颖，如果始终不变，都会失去对消费者原有的吸引力，这一点对企业的经营者来说至关重要。企业要取得经济效益，就要解决用什么来吸引消费者的问题。而利用人们求新的心理，不时创新出一些独特的能为大家所喜爱的产品或服务，不失为吸引消费者的良策之一。一个可以参考的例子是，在日本的麦当劳公司，拥有电脑储存的全国60万儿童的出生日期，每当他们生日的时候，总会收到生日卡片。而拿到生日卡片之后，他们通常都会来到店里，在这种情况下，一般商店的做法是，对他们说声生日快乐，然后赠送一份生日礼物，但在麦当劳却不是，而是在店的全体员工齐声说“生日快乐”后，一致鼓掌表示欢迎。这样便首先抓住了儿童的心，他们就会带父母一起来到麦当劳。麦当劳的这种做法是非常成功的，而成功的秘诀之一就是不断创新，相比之下，创新是中式快餐企业最薄弱的环节。其创新的路径是：以管理为依托，强化制度和规范，构建并稳固企业创新必需的基础平台，之后从企业与消费者接触的“界面”入手，即从形式创新入手，最终达到内容和整体的创新。

三、以质量取胜策略

质量是企业参与市场竞争的“入门级”要素，质量达标获得的是参与竞争的资格，否则企业就不具备生存的资格，所谓质量是企业的生命，是产品的生命就是这个意思。在快餐领域中，质量必须放在尤为突出重要的位置，因为消费者对快餐产品“质”的问题几乎是一票否决，不管就餐环境多么整洁优雅，也不管服务态度多么有亲和力，产品质量有问题，任何消费者都不会买单。因为质量的好坏不仅仅关系到是否好吃的问题，更关系到健康甚至生命。西式快餐在产品质量上有两个非常突出的特点：一是质量标准高；二是质量稳定性好。全世界麦当劳出售的快餐食品质量差异以普通消费者的感官根本无法辨别，其结果是，只要消费者不拒绝快餐，或者说需要快餐，就可用最低的决策成本换取一顿美味的麦当劳快餐。作为快餐的经营者，应该重视质量的同时不断提高自己产品的质量，以得到顾客的忠诚。科学性和标准化是快餐产品质量保持高标准和稳定性的前提。西式快餐工厂化的制作过程，使得制作的食品质量有十分可靠的保证。肯德基家乡鸡在制作时，同自动机床加工零部件没有什么区别，每只鸡一律被准确地分解为9块；清洗后的鸡块要甩7下，保证水分恰到好处；鸡块放入味粉中蘸料，滚7次按7下，所有表面被味粉均匀包裹；鸡块在恒定温度的油锅中炸制的时间也恒定，分秒不差；在保温箱待售的时间限定在1.5小时，逾时丢弃。在实际操作过程中，这样的质量标准和稳定性是以手工为主的中式快餐企业难以做到的。但激烈的市场竞争已经使一些中式快餐企业努力改进。有些快餐企业为了提高产品质量，制定了菜肴、米饭、面食的单个品种和组合的企业标准，包括工艺操作标准、质量标准、营养水平标准、检验规则及产品验收、标志、包装、保管、运输、配膳等项目的要求。以米饭、蒜蓉肉片、咸菜、蛋花汤的套餐为例，其营养标准为1120千卡，蛋白质35克，脂肪30克，碳水化合物168克，维生素A320毫克，维生素$B_1$0.6毫克，维生素$B_2$0.6毫克，维生素C30毫克，钙24毫克，铁4.8毫克。

四、以价廉取胜策略

成功的价格策略，其价位必定最大限度地接近目标消费群的心理预期。快餐产品是在大量快速消费下的薄利多销产品，期望消费者对一粥一饭的快速消费食品有较高的心理价位的预期是不现实的。快餐产品在“物美”的前提下，若能做到“价廉”，就会大受欢迎。因此“价格低廉”就成为绝大多数快餐产品的特点之一。在20世纪40年代由美国的麦克唐纳兄弟首创的麦当劳，初创时的每份汉堡包卖30美分。后来他们对厨具、餐具进行了改革，使每份汉堡包价格降到15美分，这才使销量大幅度上升。可见价格低廉是快餐生存的关键。中式快餐的主要对象是中国人，无论从经济方面还是从观念方面来讲，愿意每餐都花几十元、上百元消费快餐的人并不多。所以做好市场调查与预测，选择一个既让大多数人满意又可行的价格策略，是中式快餐经营者应该仔细考虑的问题。从另一个角度考虑，实施以价廉取胜策略的难点在于如何有效降低企业运营成本，任何成功的快餐企业能够以价格低廉作为有力的竞争武器，根本原因是其具有高超的企业管理水平，管理者具有强烈的成本控制意识，能够有效控制每一个费用发生的节点，从整体上而不是某个节点上大幅度降低成本。因此，以价廉取胜策略既是现代快餐企业市场竞争的重要手段，也是促使企业提高自身管理水平的重要工具。

五、以信誉取胜策略

让消费者对快餐企业产生好感并成为忠诚客户的唯一办法就是提高企业的信誉度，运用适当的市场营销策略，首先引起消费者的注意，进而使其产生记忆，在不断强化其记忆的过程中产生信任，长期信任的结果就会使消费者自我强化，最终达到对快餐企业信誉的路径依赖。因此，好信誉对于一个企业来说是一件无价之宝，它可以使企业获得消费者重复购买的概率，通常叫做回头客增加，为企业带来源源不断的财富。而好信誉的取得是多方面努力的结果，这包括产品质量好、价格合理、服务良好等。企业信誉的形成绝非一日之功，当大量中式快餐企业的硬件系统建设已经不亚于西式快餐企业的时候，当中式快餐企业在产品结构上已经占尽天时地利因素的时候，而回头客的比率却大大低于西式快餐企业，以企业信誉为核心的软件系统建设，由于其长期性和复杂性的特点，应当引起快餐经营者的足够重视。

六、以科技取胜策略

科学技术的发展变化，极大地促进了生产力的发展，对企业营销活动产生了巨大的影响。新科技的应用将使企业在竞争中处于有利的位置。特别是以计算机及网络技术为核心的现代科技的发展，不仅为企业的产品生产、质量提高提供了支持，同时也为企业的管理思想和理念的更新，管理组织结构的优化以及管理手段和工具的升级提供了支持。与现代西式快餐相比，中式快餐一个重要的薄弱环节就是科技含量过低。这种过低的科技含量对中式快餐企业的发展造成一系列负面的影响，难以形成核心竞争力。一是直接影响生产效率，降低快餐产品和服务提供的速度，失去以快为核心的生产性竞争要素；二是直接影响标准化体系建立，失去以连锁经营为核心的经营性竞争要素；三是直接影响了企业柔性机制的形成，失去以营销策略随环境快速调整为核心的适应性竞争要素。“人机互动”几乎已经是当今有竞争力企业共同的战略模式，当竞争达到极致，获胜的理由常常是比对手在速度上领先半步。因此，快餐经营者应密切注意与自身有关的科技工艺的发展，充分开发和利用具有市场导向的、无危害的新工艺、新技术为企业服务。

七、以联合取胜策略

当市场竞争达到一定层次，企业就会面临一个战略性选择，是联合共生还是对立共伤甚至共亡。在企业没有重大战略性失误，细节的处理也比较得当的情况下，势均力敌的竞争双方或者多方，想以击垮对手作为竞争的目标或追求的结果，几乎是不可能的，即使能够达到目的，其成本也是极高的。因此，现代市场竞争理念由原来的对立逐渐向联合的方向转化，竞争者之间都在寻找可能的利益共同点，从而解决做大与做强之间的矛盾，提升企业整体的竞争能力。经典的市场营销理论指出，企业的成长机会主要有三种类型，即密集型成长、一体化成长和多样化成长。从联系竞争的角度看，主要是通过一体化策略来实现。一体化可以通过前向一体化、后向一体化和水平一体化三种联合方式来实现。

企业的生存和发展需要适合的环境和条件。作为中式快餐企业来说，由于发展时间尚短，许多有利的条件还不具备，若能与其他行业联合，不但可以解决这些问题，而且还可以在资金、技术、设备、劳力或场地等方面获得帮助，变不利为优势。另外，这种联合不只局限于行业和企业之间，还包括与大专院校、科研机构的联合，使企业可以扬长避短，发挥潜力，提高科技水平。

八、以品种取胜策略

在快餐消费中，单一等同于单调，也等同于消费者选择的有限性，选择性越狭窄，就越不利于吸引更多的消费者并保持其持久的忠诚度。问题是过于宽泛的选择性又可能导致品种特色的丢失，同样难以形成稳定的客户群。因此，品种的选择对于快餐企业来说尤为重要，西式快餐企业的普遍做法是紧紧围绕一条主线，充分运用属地化（也叫本土化）原则，不断丰富其品种项目。调查显示，在各式快餐中，有21%的消费者最经常吃的是中式米饭套餐，居于首位。针对这一情况肯德基推出了香辣鸡柳饭套餐A，套餐内容：香辣鸡柳饭+芙蓉荟蔬汤+热果蛋挞。

思考题

1. 中式快餐业态的基本类型和特点有哪些？
2. 简述中式快餐业态存在的问题、现状，联系实际谈谈中式快餐将来的发展趋势。
3. 以一家中等城市连锁中式快餐店为例，试设计门店管理组织结构。
4. 中式快餐经营决策和计划的制定有何特点？
5. 简述中式快餐行业的物资采购方式及其特点。
6. 根据菜单设计原则，设计一套中式快餐菜单。
7. 制定一套某中式快餐店开业酬宾营销策划。

案例

“真功夫”的发展战略

一、高举“营养”大旗，扩大市场

1. 以营养健康为卖点

真功夫以营养健康为卖点的原盅蒸饭和蒸汤，是典型的岭南风味：口味清淡、制作精细。目前在快餐市场上像真功夫这样专注于“做饭”的快餐品牌几乎没有，而蒸以水为热媒，能保持食物原味、不上火，是非常健康的烹饪方式；真功夫的这一做法，恰好迎合消费者的消费习惯，抓住了消费者的心理。

美味是中餐的一种共性，“营养”才是真功夫的竞争力所在。真功夫的品牌口号“营养还是蒸的好”和“80秒完成点餐”顺应了中国消费者对快餐“便捷、健康”的需求趋势，并与肯德基、麦当劳等洋品牌形成鲜明的市场区隔，一举击中洋快餐“烤、炸”的不健康软肋，具有较强差异化竞争力，初步完成对快餐市场蛋糕的“切割”。以消费者认可的方式来确定自己的竞争手段，这正是真功夫能在竞争激烈的市场中取胜的主要原因。

真功夫还协助广东省营养学会举办了“第一届中国快餐营养与健康专题研讨会”，由专家来认定中式快餐的膳食结构、烹饪方式相对于西式快餐的优越性，这大大增强了国人对中西快餐的认识。

2. 不断创新的饮食文化

与洋快餐要主动适应各国消费者口味相似，真功夫做大同样需要解决“本土化”问题。为此，真功夫为全国消费者开通网站，加强与消费者沟通，以及时了解需求变化。现代文明赋予快餐的定义是工厂化、规模化、标准化、依托现代化管理的连锁体系。真功夫就是这些要求的产物。中式连锁快餐企业真功夫吸取了西式快餐标准化服务模式，结合中餐健康、营养的饮食养生理念，以特色蒸品为主，品质控制、清洁卫生、食品品种等方面与国际标准（洋快餐）全面接轨，抓住机遇以创新的饮食文化迅速成为中式快餐的领头羊。它为中式快餐品牌迅速崛起提供了一个非常有价值的参照样板。但决定中式快餐能够走多远的关键，还是其对中国传统饮食文化与现代营养科学的结合与把握，对文化与服务、产品、品牌的巧妙嫁接和持续的品牌传播。

二、品牌战略

真功夫的目标是成为中式快餐第一品牌，这一目标建立在“蒸的营养专家”这一战略性定位之上。以蒸为属性的中式快餐，容不得半点非营养西式元素，否则会大大破坏蒸的营养感，枉费了前期品牌建设花费的心血。针对当地市场特征、基于品牌核心价值，开发相对应的休闲食品，比如冰糖葫芦、绿豆蒸糕、红薯丝（条）……原来在中国传统小吃中可以挖掘改良的机会还是非常之多的。

“蒸的营养专家”明确了品牌核心价值，使他们的品牌有了中心思想，有了构建的基础。品牌的核心价值与消费者深度沟通，并能被消费者在浅尝式信息接触时就获取，这样品牌核心价值才有存在的意义。因此，品牌核心价值的认知变得尤为关键。

为了能充分演绎出真功夫其“蒸功夫”的内涵，他们对产品的生产过程进行了进一步的深入挖掘，对“功夫—蒸—营养”进行诠释：蒸的营养专家；16代祖传秘方，近千年去粗取精，苦心成就的真功夫；85道原料选材工序，近乎苛刻的精细功夫；±0.3 毫克的电脑配料误差，电子化称量掌控，无可挑剔的硬功夫；32 位国家级营养调味大师，用调料征服味觉的好功夫；103℃的标准“蒸”温控制，不温不火，恰到好处，真正留住食物精华的蒸功夫；下了真功夫，自然营养美味！

谁来代言真功夫？真功夫的他必须是一个身怀绝技的英雄；他是一个美食家，以蒸功夫享誉全球；他是全球华人的偶像；他是天人合一，健康美学的倡导者，李小龙呼之欲出。在全球华人心中，他是民族精神的象征，是中国的功夫皇帝。于是，一个酷似李小龙的英雄形象横空出世。他眉目间继承了李小龙的正气凛然，他的动作及衣服的褶皱里都充满力量，是中国功夫的化身，更是健康的代言，他就是“小龙哥”。

三、营销战略

经过激烈争论和慎重考虑，真功夫启用了新的品牌形象，来体现“征服自我，超越极限”的中国传统文化内涵。

同时，15 年来一直专注于做“蒸”品的真功夫，也把自己沿用多年的广告宣传词适时做了改动。“蒸的营养专家”摇身变成“营养还是蒸的好”，一语双关的直指洋快餐营养不如中餐；特别是在 2006 年 3 月，真功夫又公开对外界宣布，坚决不做油炸食品，直指竞争对手要害，以其健康的内涵来赢得市场份额。

此外，真功夫还先后与《功夫》《霍元甲》等大手笔电影合作，借助娱乐渠道，向全国纵深推广真功夫品牌，巧妙地将真功夫与“功夫”英雄联系起来，将品牌形象更加生动化。

2007 年 6 月，真功夫又以广东东莞为实验田，发起一场少年儿童的“武林小盟主大赛”，以弘扬“超越自我、挑战极限”的中华英雄精神为宗旨，教孩子们打“功夫操”，吸引 3000 多名小朋友参加、2 万多名市民关注。

精准的品牌营销模式，可以保证产品从生产到消费者之间的供应系统高效无损耗运作，达到节省成本，优化资源配置，提高营运效率，保障信息沟通的目的，从而实现企业的可持续发展。

案例思考题

根据上述案例，请分析真功夫经营战略中的得失之处。真功夫的品牌故事是否可以复制？

参考文献

[1] 吴金圣 . 中式快餐制作与快餐店经营全攻略 [M]. 北京：中国经济出版社，2009.

[2] 高原菊 . 风味快餐产品研发与管理 [M]. 成都：西南交大出版社，2015.
[3] 何江红 . 快餐产品设计与制作 [M]. 北京：科学出版社，2010.
[4] 肖崇俊 . 中式快餐新产品开发 [M]. 北京：化学工业出版社，2012.

第四章　西式正餐业态管理与创新

主要内容

本章包含七个部分，第一部分是西式正餐业态类型与特点，分析了西式正餐形成与发展、经营模式与主要原因；第二部分是西式正餐的组织与岗位管理，论述了西式正餐的组织结构、岗位配置和人力资源管理方面的内容；第三部分重点分析西式正餐的经营决策与计划，如何科学制定经营决策和推进计划的实施；第四部分是西式正餐产品和生产管理问题，分析了如何创新设计西餐产品和优化生产流程；第五部分是西式正餐的定价与菜单设计问题，不同正餐类型和档次如何确定价格和制定菜单；第六部分是西式正餐的服务管理与质量控制问题，如何提升西式正餐的服务质量；第七部分重点分析西式正餐的市场营销管理，结合新媒体如何开展西式正餐餐饮的创新营销。

学习目标

总体目标：能对西式正餐餐饮业态的产生背景、起源和发展情况有基本的认识和理解，掌握西式餐饮经营的模式、计划、组织以及市场营销方面的重点，加深对西式正餐餐饮经营的能力和条件的认识，做到理论与实践充分结合。

目标分解：

1. 了解西式正餐餐饮业态的起源、类型和模式。
2. 理解和领会西式正餐餐饮经营的条件与要求。
3. 理解和掌握西式正餐餐饮产品的类型与生产要求。
4. 理解和掌握西式正餐餐饮产品的定价与菜单设计要求。
5. 理解和掌握西式正餐餐饮市场营销的特定要求和条件。

重点与难点

教学重点：西式正餐类型、西式正餐经营模式、西式正餐组织结构、西式正餐门店岗位配置、西式正餐产品定价、西式正餐门店服务质量控制。

教学难点：西式正餐经营模式的选择、西式正餐连锁经营、西式正餐产品设计与优化、西式正餐市场营销。

第一节　西式正餐业态类型与特点

一、西餐市场的形成和分布特点

1. 西餐市场快速形成的主要原因

一是改革开放使人们的消费观念发生了变化。二是生活水平的提高和支付能力的增强，促进了需求的多样化。三是国家对外开放形成了大量的商务往来，同时也促进了外国人来华旅游和居住，特别是开放城市更为明显，增加了西餐的需求。四是海归人士的大量增加，其生活习惯促成了西餐市场的发展。

2. 我国目前西餐业的主要分布

一是历史上曾受外来文化和生活习惯影响的地区，如上海、大连、天津、青岛。二是沿海发达城市受海外影响较大的地区，如广州、深圳、厦门，特别是广州、深圳等地。三是经济发达、对外开放比较早的地区，如吉林、辽宁、湖南、湖北、河南、江苏、浙江等地。四是旅游发达地区。如云南、广西、海南、西藏等地。

3. 目前西餐业的业态分类

目前，国内的西餐业态主要分为五个方面。

第一种是西式正餐。西式正餐从它的服务、文化包装，直到它的菜品都有各自不同的体系，法餐、德餐、意餐等不同口味也有明显区别。

第二种是西式快餐。以麦当劳和肯德基为主，包括比萨、主菜配饭、意面、日面等。

第三种是酒吧和咖啡厅。酒吧是一种以酒为主，配有简易食物的结合体，所以归为西餐业态。目前咖啡厅分成两种形态，一种是以咖啡为主，捎带一些小点心；另外一种虽然叫咖啡厅，但实际上是一种有咖啡、茶、便餐的混合体。

第四种是茶餐厅。茶餐厅是中国的一个特色，特点是可以让顾客在很西式的环境下品尝有中式特点的食物，还有一些西式便餐。

第五种是日餐、韩餐、东南亚餐等。它们都具有非常浓厚的地域特色的文化包装和菜品口味。

4. 中国西餐业的特点

（1）西餐业是对传统的中国饮食文化的一种有益补充。中国从汉朝出现圆桌，按照从中央到外围的摆法上菜，每个菜本身的装盘方式也是按放射形装摆，表现一种传统规矩或文化。新一代消费者的观念已发生了变化，这种变化促成了西餐消费的突破，也是对传统就餐方式的补充。

（2）西餐的发展是现代人对紧张的工作压力进行释放的一种体现。现代人在离开紧张的工作环境后，其情绪需要舒缓和调整，这种释放和调整常常在有新意的氛围中才能更好地实现。

（3）对西餐的追求表现出对另类口味的追求。现在，南北菜品已发生了很多变化，清淡、少油、营养搭配受到追捧。口味的变化实际上是一种现代消费需求的变化，是国际化的潮流，不是一两个人或地区的需要。有些西餐企业做得很好，他们让消费者既能吃到变化的西餐，也能吃到变化的中餐，实际上是把一部分人从中餐的大队中吸引到中间过渡的西餐中来。

（4）一部分追求高品质生活的消费者，积极要求丰富饮食结构和方式，西餐为这部分消费者提供了多样化的消费。

二、西餐业的文化背景

西餐一词，是由其特定的地理位置所决定的。我们通常所说的西餐不仅包括西欧国家的饮食菜肴，同时还包括东欧各国，也包括南美洲、北美洲、大洋洲，中东、中亚、南亚次大陆以及非洲等国的饮食。西餐一般以刀、叉为餐具，以面包为主食，多以长形桌台为台形，其主料突出，营养丰富，形色美观，供应方便等。虽然西方各国的餐饮文化都有各自的特点，各个国家的菜式也都不尽相同，如法国菜和英国菜各有区别。但由于欧洲各国的地理位置都比较近，宗教信仰主要是基督教，因此在饮食禁忌和用餐习俗上也受宗教的影响。至于南美洲、北美洲和大洋洲，其文化也和欧洲文化一脉相承。不管西方人是否有明确的“西餐”概念，我国和其他东方民族都对这些与东方饮食迥然不同的西方饮食统称为“西餐”。随着东西方文化的相互撞击、渗透与交融，东方人已经逐渐了解了西餐。如一些高级饭店分别开设了法式餐厅、意式餐厅等。餐饮文化是一个广泛的概念，人们吃什么，怎么吃，吃的目的、吃的效果、吃的观念、吃的情趣、吃的礼仪，都属于餐饮文化范畴，它贯穿于企业经营和饮食活动的全过程，体现在各个方面、各个环节之中。一般来说，主要有以下一些内容：菜品文化、小吃文化、筵席宴会文化、餐厅文化、服务文化、营销文化等。由此可见，餐饮文化的内容极其丰富，而餐饮文化品位的提升对于提高企业知名度、增加客源、提升餐饮产品和服务的附加值都有积极的意义。

三、我国西餐业现阶段的发展特点

（1）西餐业发展迅速，灵活多样，紧跟时代。西餐业发展迅速是指近几年西餐业在全国范围内发展明显快于以前；灵活多样是指西餐业中出现多种业态，不拘泥于一种形式；紧跟时代，就是西餐企业的产生适应了所在地区消费群体的需求。

（2）文化包装创造了重要的附加值。西餐店的菜点品种并不多，不是靠品种繁多的菜点吸引客人，而更重视营造一种文化，而文化包装创造了丰厚的附加值。

（3）品牌树立完整，颇具吸引力。品牌建设的成熟度，西餐是领先于中餐的，即使是一个小小的西餐店，也有它自己的品牌形象，不少西餐品牌生成不久就在消费群中树立了良好的形象，部分品牌还延伸进入食品及其他行业。

（4）标准化、规范化的经营理念。西餐店对标准化和规范化非常讲究，特别是一些连锁店，一建店就考虑了中心厨房、配送和产品标准化，减少了厨房的占地面积，保证了各店的产品品质一致，在经营上产生了非常好的效果。标准化和规范化代表了现代餐饮的经营理念，而且西餐的用品、灶具对于规范和标准要求很高，这样可以使西餐企业一起步就在一个较高的起点上。

（5）卫生、安全吸引了高层次的消费。西餐企业从进货到厨房，从原料选择到制作，从营养搭配到产品装盘，大都遵循卫生营养原则，加之烹炸类菜少，讲求原汁原味，对原料营养保存完好。西餐突出卫生和安全原则，吸引着很多高层次消费群体。

（6）本土化成为重要的卖点。中国的西餐只有面向中国的消费者才有发展前途，才有生命力，才有卖点。纵观西餐企业，包括咖啡厅、茶餐厅等，都是以中国的消费者为主的销售，它代表了中国西餐发展的一个重要的方向，就是本土化成为重要的卖点。

四、西餐市场的发展趋势

（1）多样化仍然是业态发展的主要方式。多样化的业态发展紧扣市场，更趋向于适应企业面对的消费群体。

（2）与各地消费群体生活水平的发展速度合拍。西餐企业的发展将紧扣当地消费者生活发展水平、支付能力的提高速度和追求高品位生活群体的发展速度。

（3）品牌包装进一步严格。西餐企业的品牌化是随着西餐业在中国的兴起而诞生的，它将随着西餐业的发展而完善、丰富并成熟。

（4）文化色彩更趋于潮流化和多元化。多元的文化色彩是基于西餐企业所提供的不同地方风格的菜品而展现的，为了区别于中餐和其他同类企业，西餐业将更加注重独特的文化色彩。

（5）大量采用现代科技的西餐企业，成为餐饮业现代化、标准化的带头兵。西餐业大量采用现代科技，从制作设备到酒水设备，从餐厅光照到装饰，都成为餐饮现代化的带头兵。

（6）本土化西餐会成为相当长一个时期的主流。

（7）一批中餐企业转入到西餐行业，形成西餐业投资和经营主体的多元化。随着西餐市场的蓬勃兴起和西餐经营所带来的丰厚回报，部分中餐经营者开始转向关注和投资西餐，会有相当一批成熟的中餐企业家开始经营西餐。

（8）西餐企业的竞争促进西餐业的发展。西餐企业数量的快速增加会使原本较为平静的西餐市场出现竞争的局面，而恰恰是这种自身的竞争给西餐企业的经营、菜品、服务带来很大的推动作用。

（9）更多的、正宗的西餐企业在本土化、大众化西餐中诞生出来。

（10）国际化的文化氛围是对西餐业发展的强大推动力。中国加入 WTO（World Trade Organization，世界贸易组织）及举办奥运会、世博会，国内市场的全面对外开放，对全社会饮食文化变化将产生巨大的推动作用，西餐将被越来越多的人认可和接受。

第二节　西式正餐组织与岗位管理

一、西餐的岗位工作任务

1. 西餐炉灶组工作任务

（1）在领班领导下负责西餐零点、包餐、团体、鸡尾酒会、冷餐酒会、西餐宴会等主菜、蔬菜、汤类的烹制工作。

（2）了解每天、每餐团体宾客的人数、桌数、国籍、生活习惯、口味要求，并按西餐厨师长制定的菜单、按规定的风味特色烹制。

（3）上班后做好灶面、工作台等的卫生工作，准备好西餐调味料和香料，汤菜厨师吊好清汤，制好各种奶汤、什锦汤、蓉汤、冷汤；炉灶厨师加工好各种常用蔬菜；烧扒厨师、煎炸厨师做好煮、炸、烤等工作和开餐前一切准备工作。

（4）熟悉美、英、法、俄、德、意等国家的菜式、口味要求，严格按照西餐烹调方法操作，保持西餐中美、英、法、俄、德、意各国菜式特色；掌握各种西餐烹调设备的操作，正确掌握菜肴火候、温度，烹制出色、香、味、形俱佳的西菜。

（5）开餐完毕应做好食品存放、清洁卫生工作。

（6）炉灶厨师准备好各式沙司，数量适当。

2. 西餐切配组工作任务

（1）将初加工好的主食原料，分类进行分解、拆卸、出骨，根据点菜单的要求加工成直接可烹调的生胚料。

（2）做好案板、菜墩、货架、菜刀、半成品冷藏柜的清洁卫生工作，菜品原料分类摆放整齐。

（3）严格按西式菜肴烹调要求实施刀工，合理使用原料，防止原料浪费。

（4）加工原料必须严格按程序操作，符合卫生要求和烹调要求，保持原料的营养成分，使菜肴的色、香、味、形不受影响。

3. 西餐冷菜组工作任务

（1）在冷菜组领班领导下负责西式零点、团体、宴会、鸡尾酒会等冷菜的制作如沙司、沙拉、腌菜、胶冻、烧烤和拼盘等工作，要求色彩明快、有艺术造型。

（2）每餐开餐前根据就餐宾客预订、团体及宴会的人数和桌数、口味要求准备好冷菜，按规格拼制冷盘，保证及时供应。

（3）严格把好食品卫生关，严格按照操作规程工作，对刀具、案板等用具要按规定消毒，未经消毒的餐具决不使用。操作人员个人卫生需符合要求。

（4）冷菜制作人员必须掌握多种拼摆手法，讲究造型，要富有艺术性，达到增进食欲的目的。

4. 西餐西点组工作要求及内容

（1）在领班领导下负责各种大小冷餐酒会、宴会、鸡尾酒会及零点、包餐、酒吧等所需的各种面包、馅饼等西式点心、冷饮的制作。

（2）各式西点的制作必须严格按规定比例配料、按规定程序操作，要加工细致、大小均匀、外形美观、少出和不出废品。

（3）保持西点新鲜度，保证质量。掌握各种面粉性能和各式西点的制作技艺，并不断翻新花色品种。

（4）掌握各种西点加工机械设备的性能，及时保养清洗，保持清洁。讲究食品操作卫生和个人卫生。

（5）西餐生产管理内容。西餐生产管理与中餐生产管理相似，包括制定完善的生产管理制度并加强督促；抓好卫生管理工作；抓好设备管理；抓好生产安全工作；抓好成本核算工作。在生产管理中除了抓好以上几个方面的工作外，还需根据餐厅经营的西餐风味特色、生产规律来安排生产任务及进行生产管理。大部分西餐厅都供应套餐，有几种类型套餐供选用，其顺序大致是汤、沙拉、主菜、甜点及最后的饮料。

二、西餐上菜顺序

（1）头盘也称为开胃品，一般有冷盘和热头盘之分，常见的品种有鱼子酱、鹅肝酱、熏鲑鱼、鸡尾酒，奶油鸡酥盒、焗蜗牛等。

（2）汤大致可分为清汤、奶油汤、蔬菜汤、蓉汤和冷汤等四类。品种有牛尾清汤、各式奶油汤、海鲜汤、美式蛤蜊汤、意式蔬菜汤、俄式罗宋汤、法式葱头汤。

（3）通常水产类菜肴与蛋类、面包类、酥盒菜肴均称为副菜。西餐中鱼类菜肴讲究使用专用的调味汁，品种有鞑靼汁、荷兰汁、白奶油汁、大主教汁、美国汁和水手鱼汁等。

（4）主菜：肉、禽类菜肴是主菜。其中最有代表性的是牛肉或牛排，肉类菜肴配用的调味汁主要有西班牙汁、浓烧汁精、蘑菇汁、白尼丝汁等。禽类菜肴的原料取自鸡、鸭、鹅；禽类菜肴最多的是鸡，可煮、炸、烤、焖，主要的调味汁有咖喱汁、奶油汁等。

（5）蔬菜类菜肴可以安排在肉类菜肴之后，也可以与肉类菜肴同时上桌，蔬菜类菜肴在西餐中称为沙拉。与主菜同时搭配的沙拉，称为生蔬菜沙拉，一般用生菜、番茄、黄瓜、芦笋等制作。还有一类是用鱼、肉、蛋类制作的，一般不加调味汁。

（6）西餐的甜品是主菜后食用的，可以算作是第六道菜。从真正意义上讲，它包括所有主菜后的食物，如布丁、冰淇淋、奶酪、水果等。

（7）饮咖啡一般要加糖和淡奶油。

三、西餐经理岗位职责

（1）接受餐饮部经理督导，负责酒店西餐部餐饮产品、服务以及各项行政管理工作。

（2）制定餐饮出品的标准、规格、要求，掌握良好的毛利率，抓好成本核算。

（3）加强食品原料及物品的管理，降低费用，增加赢利，减少浪费。

（4）根据不同时期的市场行情，制定特色食品、时令菜式、饮品推广等销售计划。

（5）制定操作规程、服务规则的服务标准，检查管理人员、服务人员的工作 质量、服务态度、出品部门的食品（饮品）质量以及各项规章制度的执行情况，及时解决发现的问题。

（6）制定本部门月度、年度的营业计划，领导本部门全体员工积极完成各项经营指标和接待任务，及时分析与总结月度、年度经营情况。

（7）制定服务技能和烹饪技术培训计划、考核制度，定期与总厨研究新的样式、品种。

（8）建立物资管理制度，保管好餐厅的各种用品。

（9）不定期征求宾客的意见，听取宾客对餐厅服务、食品的评价，并及时研究、调整相应的对策，以便为宾客提供良好的就餐环境。

（10）督导各级业务管理人员，考核业务知识和工作业绩，不断提高工作力水平、业务能力。

（11）参加酒店经理例会和各种重要的业务协调会议，与酒店各部门建立良好的关系，互相协作，保证营业工作顺利进行。

（12）抓好设备、设施的维修保养，提高完好率，加强日常管理，提高效率。

（13）抓好卫生工作及安全工作，组织环境、操作方面的卫生检查，贯彻执行餐饮卫生制度，开展经常性的安全保卫、防火教育，确保安全。

（14）抓好员工队伍建设，熟悉、了解员工的思想状况、工作表现、业务水平，经常开展礼貌、礼仪教育和职业道德教育，注意培训、考核、选拔人才，通过组织员工活动，激发他们的工作积极性。

第三节　西式正餐经营决策与计划

一、西餐的市场分析

针对目前的市场情况可以看到，西餐的消费群体多数是高收入高地位的中国人，以及在中国工作学习的外国人。地域一般集中于沿海发达城市。大多数中国人选择西餐的原因是出于改变口味的心理，所以品味西餐成了他们的饮食首选。其二则是追求环境的需要。消费群体占整个中国饮食市场的份额不高，品牌较少，尚存在着生活及饮食等消费习惯之间的冲突。

优势：风味独特，其主流菜系如法系意系等，菜品质量、餐厅布置、建筑风格、自身服务方式，有别于其他菜式的情调和风味；地理位置优越，交通一般都很方便，消费群体普遍素质和自身经济实力高；国家政策的扶植。

劣势：发展时间较短，西菜的营养搭配不是很合理，虽然高热量、高糖、高脂肪的确让吃西餐的人长得壮。但同时，也正是因为这些高营养的西餐让人得了冠心病、糖尿病、便秘等许多富贵病；菜式和中餐比较变化不多；价格体系还不完善，很多西餐价格昂贵，这使得其失去很多的潜在顾客；中国很多人对西餐了解不够。

机会与竞争：中国的人口众多，正所谓民以食为天，所以潜在消费群体多；随着中国居民收入的提高，将会有越来越多的人进入西餐厅；市场还处于开发阶段，竞争较国外要小。竞争对手实力及经营手段不可小视；还会有新的同行产生；同行业间即将进入激烈的拼杀状态。

消费者：受到地域及地理条件的影响，消费态势存在着很大的“跟风”现象，一个新的事物进来，会引发一阵由“新鲜感”而产生的消费潮流。但是，我们也不能忽略一个很重要的问题，那就是在整个“潮流”的共性中所存在的个性区别，这一点，是使消费者形成稳定消费习惯的决定性因素。什么地方更适合于他们，他们就选择在什么地方消费。消费人群定位为：年龄在 25 ~ 45 岁的中高层收入人群。这当中，又分为 25 ~ 35 岁、35 ~ 45 岁两个心态不同的人群。25 ~ 35 岁：追求时尚，对新事物敏感。35 ~ 45 岁：心理较为成熟稳定，追求品位、档次等。

二、西餐的经营模式

目前西餐厅的主要经营形态有美式和欧式两种，各有其特色。欧式的以法式为正宗，但其速度缓慢，不如美式的便捷。但是由于美式传入稍早，因此美式比欧式更为普遍。美式和欧式西餐差异分陈如下。

1. 美式西餐

美式西餐是各种形式的混合体，其特点是：食物在厨房烹制、装饰后分别盛好在各食盘上，然后直接端给客人食用，好处是迅速、趁热上桌。客人在用餐时也可以要求供应咖啡，边吃边饮。除供给面包、奶油及沙拉之外，并有若干附菜。服务的基本原则是菜肴从客人左侧、饮料从客人的右侧供给，而收拾盘碟则从客人的右侧。由于美式西餐服务便捷省力，一个服务员可同时服务很多客人，容易学习，管理成本低。缺点是方式简朴。

2. 欧式西餐

（1）法式西餐。豪华的西餐厅多采用此型，其特点是：餐厅中注重宁静，布置上讲究富有高雅的气氛与情调。食物在厨房做部分准备，盛在盘中送到餐厅，由两位专业服务员搭配成一组，在顾客餐桌旁的特制服务桌的加温器上，由合格的服务员完成调制食物、切割、调味、点火焰烹调等；助理服务员将食物从托盘送到顾客的餐盘中。除了牛油面包、沙拉及一切须放在顾客左侧的东西外，其他食物与饮料皆从顾客的右侧送上，凡顾客用手捏取的菜应同时供手盅及擦手巾，显得服务周到。法式西餐昂贵，且需要较多的熟练从业人员。菜肴因需要在客人面前做最后的烹调，故需要占用餐厅较大的空间，且速度缓慢。

（2）俄式西餐。俄式西餐又称为法式的改良款，其特点是：食物在厨房里排好在盘中，连同热食盘由服务员送至服务台。空的食盘从顾客右侧放在客人面前，服务员用左手端起盘子，再用右手从客人左侧转送食物到每一客人食盘中。这种服务仅需一位服务员。但如很多客人共同享用一盘菜肴时，后面的客人将目睹取剩的菜肴，引不起食欲。如宴会的客人各点各不相同的菜时，如甲点原汁牛排、乙点炮台鸡、丙点沙皇鸡腿等，则必须端出很多大盘，虽不会像法式西餐那样古用餐厅空间，但需投下资金购置大批餐具。其优点是大盘中所剩菜肴可以端回厨房利用，减少浪费。

（3）英式西餐。英式西餐是将食物放在大浅盘和服务盘中送到主人面前，主人亲自分配食物到食盘中，服务员再将食盘送到客人面前，由服务员以左手端盘呈向客人左边，并以右手夹菜送至客人面前的食盘中。这种形式除了家庭以外是极少采用的。但宴会方式可采用。

三、西餐厨房人员配备及作业标准

1. 西餐厨房人员的配备

厨房工作人员负责处理备餐食物，工作的专业技术性较强。西餐厨房所配备的人员及分工情形如下。①切割师：负责切割一切肉类、鱼类、家禽类，使之成为符合烹调所需的大小和形状。② 蔬菜厨师：负责生菜沙拉及蔬菜烹调的工作。③点心厨师：负责制造面包甜点及冷冻食品等工作。④烤肉师：负责肉食品的烧烤及油炸等调制工作。⑤烤面包师：负责各色面包、蛋糕、派、小饼的调制烘烤工作。⑥烹调厨师：负责菜肴的烧煮调味及羹汤的烹调工作。⑦洗菜工：各种食物原料及蔬菜类的洗涤与准备工作。⑧主厨：主持西餐厅厨房一切厨务，包括调制菜单、掌理烹调、督导厨房员工制备食物等工作。

2. 西餐厨房的作业标准

西餐作业最大的特点是分食制。由于是按人份准备食物，因而在分食制下容易控制成本，预估利润；食品产量可以预先按份检定。标准食谱的产生，不是凭想象的公式，而是一种实际执行的程序，包含厨房厨师的分工，以及标准食谱的执行必须准备的食品数量及任何特殊的工作指令，并且列明标准食谱号码，根据一定质量的标准，进而计算每种菜品成分的成本；同时考虑到购进食品原料可供使用的程度，以及人工、厨房设备、烹制技术及顾客口味，以使烹制的每一道菜品，都是受欢迎的。西餐烹调依赖于食谱的标准及烹调用具的标准做有计划性的产销。

四、西餐餐厅运营

1. 西餐餐桌摆设

餐桌服务前的备餐是在客人到来之前，先将餐具摆放妥当。餐具摆设的方式是根据菜单内容进行选择。按西餐菜单有所谓的常餐也即定食，散餐也即点菜，大餐也即宴会，餐具依食品内容与时间不同而变，都有一定的规则。

现将定餐式的一套餐具的摆设说明如下：餐具放置的范围，以每一位客人使用桌面左右 24 英寸，前后 16 英寸为准。底盘在正餐采用时，预先放置在客座的中央位置，盘沿距桌边不超过 1/4 英寸。餐刀 1 把，置于底盘的右侧，刀口朝向底盘。汤匙 1 把，置于餐刀的右外侧，匙心向上。餐叉 2 把，底盘的左内侧是生菜叉 1 把，紧接着左外侧是餐叉 1 只，叉齿向上。点心叉及匙各 1 把，摆置在底盘的前上端；事实上，餐桌上并非一定要摆上点心叉与匙，它们可在供应点心前或同时带去摆上餐桌。面包牛油碟置于餐叉的左前方，碟上横置牛油小刀 1 把，与餐叉平行。饮料杯置于餐刀上端的中央位置。调味品及烟缸置于餐桌的中央位置，靠墙二人座桌子则置于近墙处的边缘。

注意事项：①所有餐具应以底盘为准排列整齐，因底盘的直径为 5 英寸，所以刀与叉中间相距为 11 英寸，距离桌沿 1/4 英寸，要在一条线上。②餐巾折叠完美置于底盘上，如无底盘时可置于刀叉的中间位置。

2. 西餐菜单内容

按惯例，西餐早餐、午餐的食品较为简单，而晚餐则为正餐，菜单所列食品内容比较丰富。菜单点菜栏有点菜式，由顾客分别点所喜好的菜；有定食式的，由餐厅事先制订流行的五道菜式，其中又分 A 餐与 B 餐。A 餐的内容丰富，称之为全餐；B 餐是以一道主要菜肴为定式。

（1）A 餐菜单内容。A 餐为全餐式，由 B 餐的五道菜式分化出七样食品。由于内容丰富，餐具依出菜顺序排列，在未上餐前全套的餐具仍以底盘为准事先摆好，刀、叉以三对为限，如超过三对，以后的餐具随同菜一同送上，以免占用太多桌面。

前菜：在我国则为冷盘，属开胃小吃，以少量美味可口的季节性材料，调制咸酸味来刺激唾液旺盛分泌，以增进食欲。常见的有芹菜心、鹅肝酱、鱼子酱、明虾盅，还有热食类的烤田螺、田鸡腿等。汤：可分为浓汤（用圆形汤匙）及清汤（用椭圆形汤匙）。次主菜鱼类：因鱼肉比其他肉类细嫩，故吃的顺序在肉之先，佐以白葡萄酒食之。中间菜：介乎鱼与肉之间的主菜，即所谓的大菜美肴，包括各种蒸烧的家禽及肉类食品，佐以红葡萄酒食之。烤肉：以最高级的菲力牛排为主；其次是火鸡，鸡或鸭等。烧制之前需先征询顾客对食物熟度要求的强弱，如半生、普通或是全熟的，并配以蔬菜如土豆。生菜：是清淡而鲜脆的凉菜。常见的有各色蔬菜沙拉或腌泡的蔬菜，以帮助多脂肪的主菜肉食消化。

（2）B 餐菜单内容。第一道前菜：小吃，开胃菜，多为汤，以引起食欲。

第二道主菜：是最丰富的一道菜肴，内容为肉类，烧烤的鸡、鸭、鱼、猪肉、牛肉任选其一，以牛排最受欢迎。

第三道生菜：较清淡的菜，大都是凉菜沙拉。

第四道尾食：为甜点心类，包括一切西式甜点。

第五道饮品：咖啡和茶。

3. 西餐的服务

（1）西餐的迎客。当顾客光临时应主动接待，将座椅稍向后移，请客人入座，停立在座椅后约一步左右的距离，和蔼微笑地表示欢迎，并招呼道安。12 点钟前问候早安，12 点钟后问候午安或晚安，客人落座后询问客人有几位、是否等人；如顾客回答否定，随即撤走多余的餐具。每客餐具的收取方法为：拿起餐巾左手托底盘或面包牛油碟，其上置所有的器具，再用右手拿起水杯及餐具垫等至服务台，将每件东西放回应放之处。随即为客人倒冰水，注意冰水一定要凉透。以右手拿冰水壶，左手握服务巾托于壶底防水滴落，自客人的右侧注满 3/4 水杯，水壶不可接触杯缘，也不要从桌上拿起水杯离桌面倒水，如不能很方便地倒水时，可移至桌前较方便的位置。西餐服务中，冰水要自始至终维持供应。

（2）西餐的点菜。在服务台拿取够用且完整的酒谱和菜单，至客人的左侧呈递谱单，递送时女士优先，但年长的男士或主客则例外。在正餐时间，可先出示酒谱，询问客人是否来杯餐前鸡尾酒，并伺机推销餐中的其他饮料。送过酒后即询问客人是否可以点菜，若客人尚未决定要点什么，依序问其他客人。若仅有一位客人时，可告知客人服务员等一会儿再来，然后到另一桌去；绝不可催促或等候时口中发声，或用铅笔敲记录单，显出不耐烦的态度。可试着建议一些菜式或为客人解释菜单，以帮助客人。

第四节　西式正餐产品与生产管理

随着我国旅游业发展，西餐需求不断增加，西餐经营管理已成为我国旅游与饭店管理重要内容之一。本章对西餐生产原理进行总结和阐述。通过本章学习，学生可了解西餐历史与发展、欧美各国餐饮习俗、著名西餐菜系和西餐生产原理等，从而为旅游与饭店管理奠定良好的基础。

一、初加工原理

1. 食品原料选择

食品原料必须新鲜卫生、没有化学和生物污染，具有营养价值，并在质地、颜色和味道方面达到菜单标准要求。

2. 食品原料初加工

食品原料初加工指食品原料的初步加工，包括整理、洗涤、初步热处理等环节，它与菜肴质量有着紧密联系。

合理的初加工可综合利用原材料，降低成本，增加效益并使原材料符合烹调要求，保持原料的清洁卫生和营养成分，增加菜肴颜色和味道，突出形状。

3. 食品原料切配

食品原料切配是将经初加工的原料切割成符合烹调要求的形状和大小，并根据菜肴原料配方，合理地将各种原料搭配在一起，成为完美的菜肴。

4. 食品原料形状

（1）末（Fine Dice）：3 毫米见方的颗粒。

（2）小丁（Small Dice）：6 毫米见方的丁。

（3）中丁（Medium Dice）：1 厘米见方的丁。

（4）大丁（Large Dice）：2 厘米见方的丁。

（5）小条（Julienne）：6 毫米 ×6 毫米 ×4 厘米条。

（6）中条（Batonnet）：3 毫米 ×3 毫米 ×8 厘米条。

（7）大条（French Fry）：（0.75 ~ 1）厘米 ×（8 ~ 10）厘米条。

（8）片（Slice）：各种长度，3 ~ 8 毫米厚的片。

（9）楔形（Wedge）：西瓜块形状。

（10）圆心角形（Daysanne）：将圆形条，顺刀切成四瓣或三瓣，然后切成片状。

（11）椭圆形（Tourne）：任何尺寸的椭圆形。

二、配菜原则

现代西餐，讲究营养搭配，以满足不同顾客的需求。配菜原则是，原料数量间的协调，突出主料数量，注重原料颜色配合，突出主料自然味道，将相同形状的原料搭配在一起，将不同质地食品原料配合在一起以达到质地互补。

三、挂糊工艺

挂糊（Coating）是将食品原料外部包上一层糊的过程。

1. 面粉糊（Dredging）

先在食品原料上面撒些细盐和胡椒粉调味，然后再沾上面粉。

2. 鸡蛋糊与牛奶糊（Batters）

将原料沾上鸡蛋液或牛奶面粉糊。挂糊前，在原料上撒些细盐和胡椒粉调味。

3. 面包糊（Breading）

先在原料上撒些细盐和胡椒粉，然后沾上面粉、鸡蛋液、再沾上面包屑。

四、热能在菜肴生产中的作用

蛋白质原料受热后会收缩和凝固。受热越多，失去的水分就越多，使菜肴变得越坚硬。

热能对碳水化合物原料的影响：含碳水化合物的原料受热后会有两种主要的变化：焦糖化和胶体化。

热能对纤维素原料的影响：纤维素指水果和蔬菜中的结构和纤维。含有纤维素的蔬菜和水果受热后会受到损伤。

五、西餐制汤工艺

基础汤又叫原汤。西餐中的各种汤菜、沙司、热菜制作一般都离不开用牛肉、鸡肉、鱼肉等调制的汤，这种汤被称为基础汤，又称原汤。

制作基础汤的原料如下。

1. 肉和骨头

制作基础汤的原料有牛肉、牛骨、小牛骨、家禽肉、鸡骨和鱼骨，偶尔也用羊骨、猪骨、火腿和山珍野味原料。

2. 调味蔬菜

蔬菜为各种西餐烹调的基本调味原料，也是基础汤鲜味成分的第二大重要来源，不仅可以用来增加基础汤的鲜味，而且也为沙司、汤类、肉类、家禽类、鱼类和蔬菜类等各种菜肴增加鲜味。

3. 调味料和香料

盐、胡椒、芹菜、香叶、丁香、百里香、香菜梗等，煮基础汤通常不加盐、酸类物质、番茄、葡萄酒等。

4. 水

水量通常是骨头量的 3 倍。

第五节　西式正餐定价与菜单设计

一、西餐菜单的设计步骤

西餐菜单结构不同，食客在选择菜肴品种方面有灵活性，现在以西餐菜单为例说明设计步骤。

1. 西餐套餐菜单设计步骤

西餐套餐，由于无选择余地或选择余地不大，所以西餐厅在设计菜单时要把菜肴品种控制在可能被消费的范围之内。西餐套餐菜单的设计，一般按以下八个步骤进行。

（1）按不同种类和制作方法分晚餐和午餐的主菜。

（2）为主菜配谷物类食品。选择配主菜的蔬菜，并考虑颜色、形状等方面的搭配。

（3）选择午餐、晚餐沙拉和甜品。

（4）选择汤类食品。

（5）选择午餐和晚餐面包。

（6）选择早餐主菜。

（7）选择早餐谷物类食品。

（8）选择水果或果汁。

2. 西餐零点菜单设计步骤

零点餐厅主要接待零星散客就餐，虽然在午餐和晚餐时段，有许多食客预订餐位，但食客是在进入西餐厅后才点菜的。所以，菜单设计人员在设计菜单时，应在销售量较高的综合性菜肴中注意营养成分。增加其他菜肴的目的，是为了满足各层次顾客的不同需要。

（1）按不同工作区划分菜单菜肴任务。不同工作区，加工肉类和蔬菜工作区、冷菜房、面包房等。

（2）检查为每天午餐和晚餐选择的主菜种类，假定提供的种类多于三种，那么种类应固定下来。

（3）从价格最高的主菜种类中选择菜肴品种，然后按成本由高到低的顺序选择另外的主菜。

（4）检查生产的可能性，包括人员和设备。

（5）为午餐和晚餐选择淀粉类食品，以便在颜色、特征、浓度和形状上为主菜肴进行补充。为午餐和晚餐选择蔬菜类菜肴，以补充主菜和淀粉类食品，检查颜色的搭配、特征、形状、种类和满意程度。为午餐和晚餐选择汤和开胃品，一般做法是上一种浓汤、一种重味汤。

（6）选择沙拉，从每类中选择一种，并应注意种类和配料上不要重复。

（7）选择甜点，并按设备种类、数量分配工作。

（8）选择午餐、晚餐的面包和米饭。

（9）选择早餐主菜。

（10）选择面包和谷物类食品。

（11）选择水果或果汁。

（12）将设计好的菜单试行几天，然后再检查食客是否喜欢、生产的可能性和成本等问题。

二、西餐菜单的分类设计

1. 西餐套菜菜单的安排

西餐套菜，是西餐特有的供应形式，其特点是成套供餐，冷菜、热菜、汤、甜食等都按照一定的比例安排，对食客来说很方便，尤其是对菜肴不熟悉的食客，可以免去自选菜肴的麻烦，非常方便。这种形式非常适宜集体用餐的食客，如各种国际会议、旅游团体和政府代表团。

套菜菜单包括早餐、午餐、晚餐。早餐又分为大陆式和英国式。大陆式早费较简便，一般供应甜面包、面包卷、新月形面包等，然后就是咖啡、牛奶等饮料。目前这种供餐形式已很少见，大都为英式早餐所取代。英式早餐一般安排果汁或水果、蛋类制品、麦片、玉米片等各类食品以及烤面包、黄油、果酱、咖啡、可可、牛奶和茶等。午餐和晚餐一般安排开胃小吃、汤菜、鱼类菜肴、肉类菜肴、咖啡、菜、面包和黄油等。

在制定具体菜单时还可根据套菜的标准选择，增减菜肴的品种和数量。标准较低的简便套菜午餐和晚餐可不安排头盘，主菜可在鱼类或肉类中选择一种。另外，安排菜单时，还要考虑到原料供应情况和库存情况，并可根据食客的喜爱安排特式套菜。

实例一

早餐：橘子汁、煎鸡蛋、烤面包、黄油、果酱、咖啡。

午餐：清汤蔬菜丝、炸鱼条、咖喱鸡、葡萄干布丁、面包、黄油、咖啡。

晚餐：冷头盘、奶油鲜蘑汤、煮鱼荷兰沙司、匈牙利烩牛肉、番茄沙拉、奶油冻、面包、黄油、红茶。

实例二

早餐：烩水果、葱头炒蛋、麦片粥、烤面包、黄油、果酱、咖啡。

午餐：大虾杯、牛尾汤、炸鱼饼、黑胡椒牛扒、蔬菜丝沙拉、炸香蕉、面包、黄油、咖啡。

晚餐：海味杯、含羞草清汤、苏夫力鱼、烤牛外脊、芦笋沙拉、栗子、布丁、面包、黄油、柠檬茶。

2. 西餐零点菜单的安排

点菜又称零点，是西餐厅的主要供餐形式，点菜是在套菜的基础上发展起来的。点菜菜单安排得是否适宜，对整个西餐厅的工作至关重要。点菜供餐的最大特点是灵活性，随意性强，极大的方便了食客。

点菜菜单的设计要考虑到多方面的因素，既要考虑到食客用餐的方便，也要考虑到原料的供应和厨房备餐的方便，还要体规出西餐厅的特点。归纳起来主要有以下三点。

（1）零点菜单要包括早餐、午餐和晚餐菜单；要包括冷菜、汤菜、热菜等各类菜点；要包括海鲜、肉类、禽类和蔬菜等多种原料的菜肴。

（2）零点菜单要包括高档的名贵菜肴和一般的大多数食客日常能接受的菜肴；要有体现西餐厅风味特点的特式菜肴；要考虑到厨房备餐的方便，菜点的数目不宜过多，并根据时令随时更换菜单。

（3）零点菜单要按类别依次排列，打印清楚，并力求装潢精美。

3. 自助餐菜单的安排

自助餐是近年来十分流行的一种供餐形式。自助餐起源于北欧，是一种由食客自己到主桌餐台上自由选择食品，然后到小餐桌上用餐的自我服务的就餐形式。自助餐菜单设计的特点主要体现在以下几个方面。

（1）自助餐不必按菜单点菜。自助餐一般没有具体的餐桌服务，但准备工作必须充分，所用的餐具和菜肴都要预先摆放在菜台上，以便食客自己取用。自助餐的菜肴自始至终要保持丰盛，如发现一个盘子的菜已用完1/2时，就要撤下整理，重新装满。

（2）自助餐的菜肴大都成本较低。安排自助餐的菜点要充分利用厨房中剩余的零碎原料，以就地取材，物尽其用为原则，在此基础上力求使菜肴的品种和口味多样化。自助餐的热菜以烩、焖、煮的菜肴为多，高档的烧烤菜所占比重要小。如自助餐的标准较高，安排高档菜肴时，也要由厨师在现场切割派菜，而且每份不应超过零点菜的1/2。

第六节　西式正餐服务与质量控制

一、西餐零点服务管理

1. 餐前准备

包括餐厅清洁，吸尘，清洁餐桌、餐椅、服务桌和吧台，擦拭餐具、酒具和用具，准备好餐具和用具，摆放好餐具，准备好调料，召开餐前会，检查个人仪表仪容。

2. 迎宾服务

当顾客进入咖啡厅或扒房时，顾客首先见到的是迎宾员的微笑，同时听到真诚亲切的问候。微笑与问候使顾客心情轻松，给顾客带来亲切感与自尊。

3. 点菜服务

为顾客点菜是服务员推销菜肴和酒水的最好时刻，顾客点菜后，服务员应复述，在保证没有笔误后，记录在菜单上或输入计算机。

4. 上菜服务

西餐服务讲究礼节礼貌，讲究上菜顺序。上菜时，先上开胃菜，再上主菜，最后上甜点。上菜前先上酒水，先女士后男士，先长者。热菜必须是热的（80℃

以上），餐盘是热的，冷菜必须是凉爽的。热菜要盖上盖子。在咖啡厅，酒水服务由餐厅服务员负责；在扒房，酒水服务由专职酒水服务员负责。美式服务在顾客左边上菜，法式服务在顾客的右边上菜。

5. 巡台服务

顾客用完每一道菜肴，服务员应及时将这道菜的餐具收拾干净。然后，才能上下一道菜并在上菜前添加酒水。顾客用餐时，餐厅经理应向顾客问好，并征求顾客对菜肴和服务的意见。

6. 结账服务

一个完美的西餐服务，不仅有良好的开端、专业化的服务规范，而且有完美的结束服务。当顾客结束用餐时，服务员应认真、迅速准确地为顾客结账。

7. 送客服务

顾客离开餐厅时，服务员应帮助顾客拉椅，感谢顾客，向顾客告别。

二、西餐宴会服务管理

1. 宴会预订

西餐宴会通常要经过预订，尤其是大型宴会更需要提前一定的时间预订。这是客户为了保证自己在理想的时间举行宴会采取的措施，而饭店则需要一定的时间做宴会准备工作。

西餐宴会预订由饭店餐饮部销售人员或宴会部负责承接。宴会预订通常通过电话、传真或计算机网络进行，然后双方通过宴会合同书将宴会确定。宴会销售人员或负责宴会的工作人员应根据客户对宴会的时间、地点、人数、费用、菜肴、酒水、设施、宴会布置及宴会的名称、预订单位名称、联系人的名称和电话号码等填写在宴会订单上。宴会确定后，销售部人员要求顾客预付10%以上的定金。所有宴会费用在宴会开始时一次付清。合同应规定客户取消宴会预订的时间和其他条件，许多饭店规定大型宴会应提前一个月通知饭店，中小型宴会通常应提前7 ~ 15天。如果超过饭店规定的时间取消预订，宴会定金不退还给顾客。

2. 宴会准备

掌握宴会的类型、名称、规模、菜单、参加人数和其他要求，制定宴会的服务程序，布置宴会厅，做好服务员的分派工作。然后摆餐台，服务员摆餐台之前应先洗手消毒。摆餐台时用托盘盛放餐具和用具，边摆边检查餐刀、餐叉、酒具、餐盘是否干净和光亮，是否符合卫生标准，如发现不清洁或破损的餐具要及时更换。手拿刀叉时，要拿其柄部；拿餐盘时手不接触盘面；手持酒杯时，手指不接触杯口部。摆好餐台后要全面检查，查看是否有漏项或错摆现象。检查花瓶、蜡烛台是否摆放端正。在装饰盘右侧从左到右依次摆放餐刀、鱼刀、汤匙，刀刃向左，刀把和匙把距餐桌 1.5 厘米。在装饰盘的左侧从右向左依次摆放餐叉、鱼叉，叉口向上，叉柄距餐桌 1.5 厘米。摆放的程序也可以根据本餐厅的程序在装饰盘上方从下至上依次摆放甜品叉和甜点匙，叉把向左，叉口朝右；匙柄向右，匙面朝上。如果摆放甜点刀，刀把朝右，刀刃向装饰盘。在沙拉叉的左侧摆上面包盘，距沙拉叉 1 厘米，距桌边 1.5 厘米，黄油刀摆于面包盘上的右侧 1/3 位置上。将水杯摆在餐刀正前方，与刀尖相距 2 厘米。红葡萄酒杯摆在水杯右下方，与水杯相距 1 厘米。白葡萄酒杯摆在红葡萄酒杯右下方，与白葡萄酒杯相距 1 厘米。将餐巾花摆在装饰盘正中。将调味架和牙签筒按四人一套标准摆放在餐桌中线位置上。长台上摆花瓶或花篮 1 ~ 4 个，1 个花篮应摆于餐桌的中心位置；摆放 4 个时，应以相等的距离摆在长台上，鲜花高度不能高过在座顾客的视平线。每个席位摆一份菜单。人数较多时，可两个席位摆一份菜单。摆面包和黄油，准备酒水。大型宴会在顾客到达餐厅 5 分钟前，把黄油、面包摆放在黄油盘和面包搁上，每个顾客的面包数量应当相同。为顾客杯中斟好饮用水。小型宴会在顾客入座后再斟倒水及上面包和黄油。对宴会前各项准备工作进行一次全面检查，包括卫生、安全、设备、器皿、餐台等，然后服务员再次整理自己的仪表和仪容，做到服装整齐、仪容大方。

3. 传统式宴会服务管理

顾客到达时，热情礼貌地向顾客问候并表示欢迎。为顾客保存衣物，向顾客递送衣物寄存卡，引领顾客入席。一些大型宴会先引领顾客到休息厅作短暂休息，为顾客送上饮品。当顾客表示可以入席时，引领顾客入席。为顾客拉椅让座，先女士、重要宾客、行动不便的顾客，再一般男士。待顾客入座后，为顾客打开餐巾，然后将各种饮料送至顾客面前（左手托盘），逐一说明，待顾客选定后为顾客斟倒饮料。以开胃菜、汤、主菜、甜点为顺序上菜。上开胃菜前，斟倒白葡萄酒，当顾客用完开胃菜时应及时撤盘，从主宾或女士位置开始。服务员在顾客右边，用右手撤下餐盘和刀叉，从顾客的左边把汤放到顾客面前，先女宾后男宾再主人。上海鲜类菜肴前，先撤下汤匙，为顾客斟倒白葡萄酒；上红色畜肉类菜肴前，先为顾客斟倒红葡萄酒。最后，上甜点。吃甜点的餐具应根据甜点品种而定，热甜点一般使用甜点匙或中叉，食用烩水果使用茶匙。上冰淇淋时放冰淇淋匙。客人用完每一道菜后，撤去用过的餐具，添加冰水，更换烟灰缸。许多西餐宴会在餐中不提供咖啡，只提供饮用水和果汁，餐后上咖啡。但有一些欧美人喜欢在餐中喝咖啡，因此咖啡服务的方法应当根据宴会订单安排。从顾客右边摆上咖啡具，询问顾客用咖啡还是茶，随时为顾客添加咖啡或茶，直至顾客表示不饮用为止。宴会结束时，服务员应立即上前为顾客拉椅，热情欢送并欢迎下次光临。顾客离开后及时收拾餐厅，检查台面及地毯有无顾客遗忘的物品。按顺序收拾餐桌，整理宴会厅，关好门窗，关掉所有电灯和空调等。

4. 自助式宴会服务管理

自助宴会是指将宴会设计的全部菜肴摆放在设计好的餐台上。宴会餐台至少包括四个餐台：冷开胃菜台、热开胃菜台、热主菜台及甜点台，顾客自己到餐台取自己喜爱的菜肴。服务员只负责服务酒水。一些自助餐宴会，还要摆放酒水台和餐具台，顾客自己去酒水台拿取酒水。首先，餐厅主管及迎宾员在宴会厅门口迎接顾客并向顾客问好。某些重要的自助式宴会，餐厅经理或更高职务的管理人员亲自带领迎宾员在餐厅门口迎接顾客。顾客进入宴会厅后，服务员用托盘送上酒水，向顾客问好并请顾客自选酒水。服务员左手托着酒水穿行于顾客中间，随时为顾客提供酒水并及时撤走顾客用过的杯子。宴会正式开始，宾主致辞讲话时，服务员用托盘托着酒水站在讲台附近，准备为发言人敬酒服务。宴会进行中，服务员随时撤走餐桌上顾客用过的餐具，送交洗碗房清洗并及时向餐厅补充需用的餐具。如果自助餐宴会设有贵宾席位，应由专职服务员为其选送餐台上各种菜品并提供服务。自助宴会结束时，餐厅经理征求主办单位的意见并带领服务员欢送顾客，请顾客再次光临。

5. 服务现场指导

根据宴会级别和规模，宴会服务的现场应有不同级别的管理人员负责协调餐厅与厨房的生产与服务，协调宴会举办单位和餐厅服务工作，指导和监督宴会服务的质量，及时处理顾客意见。

6. 服务中注意的问题

撤换餐具要等顾客把刀叉放在餐盘及汤匙放在汤盘以后方可进行，如果顾客不使用这种表示方法，服务员可有礼貌地询问一下，征得顾客同意后再撤餐具。撤餐具时应从顾客的右侧进行，不要在餐桌上刮盘或堆盘，要用右手撤盘，左手托盘，撤盘时刀叉一起撤下，不能一次撤得过多，过多会过重，可能导致意外事故。撤下的餐具应立即放到附近的服务桌上，经整理后送至洗碗间。宴会应在优雅的气氛中进行，服务员应反应灵敏，注意举止，走路要轻快，动作要敏捷，不得有声响，与顾客讲话声音适中，以顾客能听清楚为准。服务员服务时要挺胸收腹，不依靠他物，呼吸均匀。背景音乐要柔和并为宴会厅创造一种美好的气氛和高雅的情调。当今，西餐宴会菜肴道数和服务程序趋向简化，而每道菜肴内容更加丰富及宴会时增加现场音乐表演或舞蹈表演等。

三、客前烹调与切割服务管理

西餐客前烹调与切配服务是指服务员面对顾客，利用烹调车或服务桌制作有观赏价值的菜肴或运用艺术切割法切割水果、奶酪和一些熟制的菜肴及搅拌一些菜肴调味汁等表演。目的是创造餐厅的气氛，增加餐厅知名度及提高餐厅营业额的一系列服务活动。

首先，客前烹调的菜肴必须有观赏性，可以快速制熟，没有特殊气味。一些客前烹调服务在菜肴烹调至最后阶段，放入少许烈性酒，使酒液与锅边接触产生火焰，从而活跃了餐厅用餐气氛，这种服务或表演称为燃焰。当然，客前餐饮服务还包括不加热而只进行组装菜肴的表演。按照服务形式，它可以分为全部烹调服务和部分烹调服务。例如，开胃菜服务、意大利面条服务、海鲜和肉类菜肴服务及甜点服务等。全部烹调服务是将机工过而没有熟制的原料送至餐厅进行烹调和熟制表演；部分烹调服务是将厨房烹调好大半的菜肴送至餐厅做最后阶段的烹调、组装或调味表演。开胃菜服务包括冷汤服务、沙拉和鸡尾酒（Cocktail）服务，服务方法主要是切割和组装；意大利面条服务是将厨房煮熟的面条送至餐厅进行烹调，制作调味汁及组装等表演；海鲜和肉类菜肴烹调服务是将小块易熟的原料，通过在服务桌的酒精炉和烹调车烹调表演；甜点制作服务是在餐厅服务桌上或烹调车制作一些可快速成熟而又具有观赏价值的甜点，或者将已经制熟的甜点和水果原料组装在一起的表演服务。

当今，视觉效应在餐饮营销中受到重视，并收到了很好的效果。同时，休闲餐饮、旅游餐饮的市场需求不断增长。瑞士餐饮管理专家沃尔特·班士曼（Walter Bach-mann）在评论客前烹调与切割服务时说："我相信在顾客面前做一些烹调、燃焰或切割服务表演已成为高级餐厅最吸引人的服务。"当然，餐厅烹调与切割服务存在着一定的局限性和缺点。根据调查，客前烹调与切割服务只适应于某些顾客，许多顾客在用餐时不希望过多地被打扰。由于这种服务需要较大的空间、专业服务员或厨师及专业设备等，因此使餐饮价格高于一般餐厅。此外，需要周密的安全措施。综上所述，不是任何一个咖啡厅或西餐厅都能采用客前烹调与切割服务的，企业必须根据目标顾客的需求、自身条件及其他因素进行评估后才能决定是否采用客前烹调与切割服务。

四、西餐的质量内容

西餐的质量，由有形产品质量和无形产品质量组成。西餐质量，是满足顾客用餐的物质实体和非物质形态的各种需求构成的。西餐的物质实体，是菜肴、餐具和设施等，即西餐产品的有形部分；非物质形态的各种需求，是西餐菜肴的无形部分，它包括服务、效率、周到和礼节、礼貌等。

1. 西餐的有形产品质量

西餐菜肴的有形产品质量，也就是它的物质形体质量，包括菜肴的食品原料数量或重量，食品原料的规格和标准，食品原料的产地，菜肴组成的结构和各种原料的比例，菜肴颜色、造型和装饰，菜肴的包装等方面。菜肴的物质形体质量，是构成西餐菜肴质量核心的基础。西餐菜肴物质形体在菜肴质量中起着十分重要的作用，如果没有新鲜的和达到餐厅规定的标准食品原料，没有良好的菜肴造型设计，没有精致的菜肴制作工艺，顾客就不会从菜肴中获得预想的好胃口。除此之外，餐厅的设备、用具、餐具等的质量和特色也都属于有形产品的质量范围。

2. 西餐的无形产品质量

西餐的无形产品质量，常常是不能从产品外观看到的，却是顾客对西餐质量需求的重要内容，它包括菜肴的卫生、安全和营养，菜肴的气味和味道，菜肴的温度和湿度，菜肴的特色和声誉等。西餐无形产品质量与有形产品质量，在西餐整体质量中担当着同样重要的作用，人们用餐的目的主要是从餐食中得到营养，但是这必须在饮食卫生和安全的条件下进行，否则没有任何意义。菜肴的气味和味道，反映菜肴的特色，是西餐菜肴质量的重要指标。使用新鲜的食品原料和实施专业的烹调工艺，菜肴的气味和味道才能达到顾客的要求。西餐菜肴的无形产品质量标准中规定，任何热的菜肴在服务到餐桌时，一定要达到烫嘴的温度；而冷菜服务到餐桌时一定要达到凉爽的温度。菜肴的特色和声誉，是满足顾客猎奇感和享受感等需求中不可缺少的指标。同样，餐饮服务的效率、周到和礼节礼貌的质量，也都属于无形产品质量的范畴。

3. 西餐质量的核心

西餐质量的核心是菜肴的功能和效用，即西餐菜肴的可食用性。不同国家、不同地区、不同民族、不同用餐时间、不同用餐需求的顾客，对西餐菜肴的质量要求不同，西餐菜肴质量的核心是满足本餐厅目标顾客的需求。生搬硬套的西餐菜式、呆板的传统工艺、不符合目标顾客味道的西餐菜肴都是可食性差的菜肴，可食性差的菜肴都是不符合质量标准的菜肴。

4. 价格是影响产品质量的重要因素

尽管西餐本身的质量不包括它的价格，然而西餐菜肴的价格与西餐质量有着紧密的联系。所谓西餐菜肴价格，是指顾客为了取得西餐菜肴的各种功能（卫生、新鲜、有营养、加工精细、味道香醇、造型独特等）所愿支付的总费用，即菜肴制作各阶段构成的费用。在西餐菜肴的质量管理中，菜肴的价格一定要结合目标顾客的消费水平，让顾客得到实惠。如果菜肴的价格远远脱离了顾客实际消费水平，或片面地因为降低菜肴的生产费用而影响西餐菜肴质量，那么这些产品都不会受到顾客的欢迎。

五、西餐菜肴的质量特点

西餐菜肴像其他产品一样，有着自己的特点。这些特点表现为，有形产品和无形产品相结合、菜肴之间的差异性和互补性、菜肴的适应性和综合性等方面。

1. 西餐有形产品必须与无形产品相结合

优秀的西餐，必须将完美的有形产品和优秀的无形产品有机结合，只有这样才可以称得上高质量的产品。一盘高质量的西餐菜肴首先要保证其原料新鲜和卫生，保证菜肴的味道香醇，使菜肴的造型美观，菜肴的包装（餐具）有特色。在菜肴烹制后，快速递送到顾客面前，热菜要盖上盖子以保持其温度。在餐厅当着顾客的面打开盖子并为顾客介绍菜肴的名称和特点。总之，菜肴的包装、菜肴的份额（数量或重量）、菜肴的颜色、菜肴的造型、菜肴的气味和味道，服务的速度、方式和程序等都是西餐菜肴重要的质量因素。

2. 产品的差异性和互补性

饭店或餐厅中应有不同风味、不同价格和不同功能（各种开胃菜、沙拉、汤、主菜和甜品等）的西餐菜肴，以满足不同消费水平和不同需求的顾客用餐。因此，西餐厅和咖啡厅的菜单筹划和设计应各有特色，以适应各国和各地的顾客及宴会和零点客人的不同需求。西餐服务也是如此，不同的顾客对服务的方法、程序和速度等都有不同的要求。快餐需要服务速度快，风味餐厅或传统餐厅需要服务周到。当然，西餐产品的差异性和互补性，都应以本餐厅的目标顾客需求为前提。

3. 产品的适应性

所谓西餐产品的适应性，指餐厅筹划的菜单与设计的菜肴一定要适应本餐厅的目标顾客。抄袭的菜单不一定适合本餐厅，脱离目标顾客的西餐菜肴是不符合质量标准的产品。

4. 产品的综合性

优良的西餐菜肴，通过多个制作程序，由多种食品原料和调味品制成，任何不符合质量要求的制作程序和不符合质量要求的食品原料和调料，都会影响菜肴的整体质量。因此，高质量的菜肴从它的配料、初加工、切配、烹调、装饰直至包装都必须是高质量的。同样，高质量的西餐服务包括高质量的迎宾引座、斟倒冰水、点菜和点酒水、上菜和斟酒直至结账服务，西餐产品具有综合性。

第七节　西式正餐市场营销管理

一、市场定位

一家西餐厅只能适应一部分顾客的需求，所以西餐厅必须分析自身的能力条件，分析竞争对手，慎重确定本西餐厅的顾客群，然后瞄准目标市场，塑造独特的形象和个性。不同的顾客群体对西餐厅的形象和个性的要求是不同的。

以追求地位感的消费者为主的西餐厅只接待一定层次的顾客，例如律师俱乐部、医生俱乐部、总裁俱乐部、银行家俱乐部、教授俱乐部等，或者在每周特定的一天举行总经理之夜、总经理秘书之夜等特别活动。此类西餐厅在服务上主要满足消费者的地位感。以休闲消费者为主的西餐厅首先要营造一个愉快的、轻松的休闲环境和气氛。

二、营销方案

根据分析发现，对于西餐的消费群体甚至于潜在的消费群体，他们都是处于较高的社会地位并有一定的经济基础。他们的特点就是追求时尚品位，享受生活。那么，我们势必要迎合这点，制造出一个安静优雅，风格独特却又不失身份的就餐环境，然后根据各地的特点加入不同的地域元素来不断创新。这样，不用多久便会拥有一批喜欢你这里的固定顾客，而他们就是你营销成功的基础和关键。创新方案有如下特点。

1. 对菜品创新和改进

西餐素以“三高”著称。高热量、高糖、高脂肪的确让吃西餐的人长得壮。但同时，也正是因为这些高营养的西餐让人易得冠心病、糖尿病、便秘等许多富贵病。这使得西方营养学家开始重新审视自己国家的饮食结构，经过长时间多方面的调查、研究、论证，他们认为，西方饮食结构确实存在营养过剩问题。调整的原则就是三低二高，即低脂肪、低盐、低糖、高纤维、高蛋白。具体途径，对西方国家来说，在原有的基础上增加水果蔬菜的日摄入量，同时减少西点中的糖和各种添加剂的使用。如今，营养是老百姓在饮食上谈论较多的话题，随着国人营养素质的提高，西餐只有科学营养，才会被食客认同。那些传统非科学的西餐将受到冲击，而紧跟时代潮流、注重消费健康、区别于传统“三高”的“新营养西餐”，将会越来越受到青睐。所以“营养”是我们营销好西菜的基础。

2. 西餐环境的设计

西餐属于高雅文化，所以在就餐环境上有着很高的要求。什么地方更适合于顾客，他们就选择在什么地方消费。在对消费者的观察中我们将之定义为三种：去而复返、去而不返、去去返返。那么我们要做的就是将餐厅环境布置成一个能让多数顾客形成稳定消费习惯的就餐环境。首先，要定位好顾客群体。顾客群体多数是高收入高地位的白领阶层，那么环境必须要配得上顾客的身份。安静、幽雅，给人一种放松的感觉。那么顾客感觉到宁静和平和，然后就会当然的成为固定顾客。

西餐菜品营销决不是件简单的事，它包括很多元素在里面，做好其实并不容易。但只要你有心观察，那么会得到很多有用的东西。综上总结，西餐经营的长久之道，即营养是基础，风味和特色是关键，而创新是永恒的主题。

三、促销方式

首先要树立促销的观念。最重要的是要明确：保留一个老顾客比争取一个新顾客少 80%的成本。西餐厅应该千方百计地在顾客群中保留老顾客。熟悉老顾客，要尽可能掌握老顾客的信息（通过店长与顾客交换名片或聊天，掌握顾客工作单位、职务、联络方法，通过交流沟通了解顾客的家庭、婚姻、籍贯及生日等情况，了解顾客爱好的产品、喜欢的文化及习惯，听取顾客对西餐厅的意见）；要主动与老顾客经常保持联系；要给予老顾客累积奖励。

其次是西餐厅促销的组织方式应该是专业促销和全员促销相结合。这里讲的全员促销并不单指全体员工都去介绍客人来用餐，重要的是要求全体员工与经营管理者一起围着顾客转，要明确营销是全体员工的一种态度，而不是单靠一个部门。

第三还要有多种多样的促销方法。一位美国西餐厅管理专家经过调研，提出了 150 种西餐厅促销的具体方法。我们也应发动管理人员创造适合中国国情的多种促销方法，如举办主题活动之夜等。

第四还要动用现代科技手段，用电脑来建立和查询“顾客档案”，把通过各种途径收集到的顾客信息输入电脑，以便及时、方便地进行查询。

四、产品定价

在竞争对手实行“价格战”的情况下，西餐厅如何定价呢？传统的定价方式是以成本定价，但在激烈竞争的形势下，这种定价方式由于缺乏灵活性而处于劣势。因此追随竞争对手定价是更重要的方法。对在西餐厅市场上与自己档次相当的西餐厅中供应的同类产品的价格，要做到心中有数。然后再仔细分析是否可以通过改进采购等办法降低自己的成本，使西餐厅在降低销售价后仍有一定的毛利。

1. 开业策划

对于一家西餐厅而言，开业庆典是做宣传的绝佳时间，常常会给许多新顾客留下深刻的印象。

要充分发挥开业庆典的作用，需做好以下几方面的工作。

（1）宣传工作。即使开业庆典规划得再好，如果人们不知道，还是会“竹篮打水一场空”。所以，西餐厅开业前要进行广告宣传。除了常规的宣传方法外，还要注意其他一些方式。

①拜访附近的餐厅、商店等，认识他们的主管者，也使他们的员工认识西餐厅，因为这些餐厅、商店的顾客常常询问他们在哪里可以用餐。

②向附近企业或商店的员工提供打折优惠，让他们介绍更多的顾客。向目标市场区域内的企业寄送西餐厅的菜单、服务时间和设施等信息。一定要在信封的显著位置标明店名和地址，这样即使他们没有阅读信件，至少也会知道西餐厅的名称和地址。

③向西餐厅所在社区的旅游信息中心提供有关西餐厅的信息，并让他们把西餐厅的宣传资料放到架子上，供旅游者查阅；对在信息中心向旅游者介绍西餐厅的人员不妨提供一次免费午餐的机会。

④在西餐厅门前摆放一块“即将开业”的醒目大牌，上面写着开业期，这可以吸引很多顾客。

（2）具体实施。宣传工作做好后就要做好具体的实施工作了，举办一个成功的开业庆典通常要做好以下几点。

①仔细规划，做好开业前的准备工作，确保在所选的开业日能够正常开业。所有事宜没有准备妥当前，绝不能开业。

②开业前对员工进行全面的培训。

③确保所有设备安装正确，保持干净卫生，并经过测试。这些都应提前完成，并要预留一定时间，以便出现问题后维修人员能够及时修理。

④在宣布开业日期前，积极同执照办理机关联系，确保各种执照已经办理

妥当。现实生活中常常有因为执照没有办好而推迟开业的情况。

⑤定期与供应商联系，确保所订购的货物能够按时、按量、按质送到。

⑥在正式开业前应计划一次聚会，进行“实弹演习”，可以邀请亲戚朋友、生意上的伙伴及一些曾经帮助过西餐厅的人，比如新闻媒介的朋友、供应商、政府官员、工商管理部门的朋友、债权人、投资者以及合同签约人等。

由于是免费的，可能有很多人来参加。要抓住这个展示西餐厅的绝佳时机，营造一个友好的氛围。即使没有人表示不满（因为免费），如果出现了问题，也应该把他们当成正常营业时的顾客来认真处理各种问题。这种“实弹演习”的目的就是要找出毛病加以改正，以求精益求精。

（3）开展开业促销活动。西餐厅的促销活动是为了吸引更多顾客，提高经营效益，但如果没有准备好，结果可能会适得其反。而开展好开业促销活动必须做到以下几点。

①对西餐厅整体情况进行检查。

②提高西餐厅的认知度，增强对顾客的召唤力。

③创造顾客来店机会。

（4）制定促销活动的步骤如下。

①对西餐厅的现状进行分析。

②对西餐厅存在的问题点和机会点进行分析和整理。

③确立促销目的，设定促销目标。

④决定促销的战略和战术。

⑤准备促销材料。

⑥实施促销活动。

⑦对促销活动进行评价。

2. 媒体广告营销

（1）店内宣传。

①提高西餐厅的认知度。西餐厅的招牌、宣传横幅是西餐厅进行形象诉求的主要工具，也是顾客对西餐厅进行认知的重要途径。

②开展促销活动。保证服务质量，确保产品质量合格，尤其要注意原材料质量。提高西餐厅服务质量及员工技能。检视西餐厅运作指挥是否得当。要查看厨房及周边的环境是否清洁。创造顾客的来店机会。对附近西餐厅展开调查，对自身加以改进，以便与竞争对手拉开距离，吸引顾客。在百货大楼、商场、车站人流多的地方进行推销。对以往的促销活动加以反省，检查是否存在问题。

（2）店外广告。成功的广告必须能够提供清晰的信息和独特的视觉效果，此外，还需有醒目的标题和令人难忘的精辟用语。为了制作有说服力的广告，必须要清楚西餐厅要传递给顾客什么信息。下面几项将有助于制作成功的广告。

①使用简单的广告词，如果你要顾客记住的信息太多，他们可能干脆不记。解决这个问题的办法之一是收集顾客知道的有关该西餐厅的信息，并从这些信息中选择一个令人难忘的精辟用语，一个能吸引大部分顾客的用语。

②强调好处和利益，而不是突出其特性。为了使广告收到好的效果，广告必须要告诉顾客该餐厅能给他们带来什么利益。其要点是将该西餐厅最好的特点以一种能给顾客带来某种利益的口吻告知他们。例如，将“友好和风趣的环境”改为“和你的朋友及家人一起享受我们的友好、风趣的氛围”。

③优于竞争对手，超过竞争对手。个好的广告必须要表明该西餐厅比竞争对手好在哪里。寻找竞争对手的广告，从中发现竞争对手没有而本西餐厅拥有的优势。如何发现自己西餐厅拥有的优势呢？可询问本西餐厅的常客：为什么他们对本西餐厅情有独钟？凡是对顾客有吸引力的东西就是广告要展示的重点。

④使用的语言和图片要一致。读者首先看到图，继而看到标题，然后看到标识性的语言。广告画面要与广告所要表达的主题相匹配。如果广告想表现的是本西餐厅提供最好的服务，那么就可用一幅该西餐厅服务员和顾客交谈的照片来说明和强调。颜色也能使广告更有吸引力。研究显示，人们看彩色广告的频率是看黑白广告频率的10倍。

⑤注意事项。广告所用的字体应符合广告的整体思想。如果广告强调的是该西餐厅的食品价格便宜，那么其字体应给人以朴素的感觉；相反，价格昂贵的西餐厅应用精美华丽的字体书写标题。但是，由于精美华丽的字体不便于顾客阅读，最好不要用这种字体书写广告内容。字的大小也很重要。某些字应特别醒目。如果所有字的大小都一样的话，读者容易被搞糊涂。最后，为了引导顾客做出购买决定，我们要注意使用起画龙点睛效果的广告用语。

（3）多种媒体合作促销。餐饮营销是在一个不断发展着的营销环境中进行的，所以，为适应营销环境的变化，营销人员应该制订相应的营销计划。广告营销是通过宣传媒介直接向消费者推销餐饮产品和服务的营销手段。餐饮广告一般可分为以下几种。

①电视广告。其特点是声情并茂、感染力强。但此种方法成本昂贵，制作起来费工费时，同时还受时间、收视率、存储等因素的限制和影响，信息只能

被动地单向传播。这种广告适合于覆盖面广的大型连锁西餐厅。

②电台广告。它是适于对本地或者周边地区的消费群体进行宣传的一种餐饮广告形式。其特点是：成本较低、效率较高、针对性强。但是这种方式同样存在着不少缺陷，如传播覆盖面窄，不具备资料储存性，对消费者构不成直接的视觉冲击。此方法适用于新店开张。

③平面广告。这类广告适于做食品节、特别活动等餐饮广告，也可以登载一些优惠券，让读者剪下来凭券享受餐饮优惠。此种方法具有便于资料收集的优点，成本比较低，但是想象空间差、传播速度慢、范围比较小。

④西餐厅牙自制宣传品。例如，可以印制一些精美的定期餐饮活动目录单，介绍本周或本月的各种餐饮娱乐活动；印制刊有西餐厅的种类、级别、位置、电话号码、餐位数、服务方式、开餐时间、各式特色产品等内容的精美宣传册；特制一些可让顾客带走以作留念的“迷你菜单”等。

⑤邮寄广告。指将西餐厅的商业性信件、宣传小册子、新闻稿件、明信片等直接邮寄给消费者。它比较适合于一些特殊餐饮活动和新产品的推出等。

⑥其他印刷品、出版物上的广告。 如在电话号码本、旅游指南、市区地图、旅游景点门票等处登载餐饮广告。

⑦户外广告。通过户外的道路指示牌、建筑物、交通工具、灯箱等所做的餐饮广告，甚至广告衫、打火机等都可以成为广告的载体。其特点是费用低、广告持续时间长。这种方式很适合餐饮设施等做形象广告。

⑧其他广告。这里指以新闻报道、消息等形式出现的正面宣传。一般是通过电台广播、电视、报刊文章或其他媒介，为人们提供有关饮食产品以及服务的信息。与广告相比，它更容易赢得消费者的信任。餐饮业营销人员应善于把握时机，捕捉一些有新闻价值的活动，向媒体提供信息资料，凡西餐厅接待的重大宴会、新闻发布会、文娱活动等，都可邀请媒体代表参加。一般应由部门有关人员主动撰写稿件、拍摄照片等，还可以与新闻媒介联合举办“美容食谱”“节日美食”“七彩生活”“饮食与健康”等小栏目，提高本部门或西餐厅的声誉，为自己的经营特色、各种销售活动进行宣传。

思考题

1. 西式正餐业态的基本类型和特点是什么？
2. 简述西式正餐业态存在的问题、现状，联系实际谈谈西餐业将来发展趋势？
3. 以一家大城市连锁西式正餐门店为例，试设计门店管理组织结构。
4. 经营决策和计划的制定有何特点？

5. 简述西式正餐行业适合的物资采购方式及其特点。

6. 根据菜单设计原则，设计一套西式正餐菜单。

7. 制定一套某西式正餐门店开业酬宾营销策划活动。

案例

案例 1：服务员的服务技巧

一天晚上，三位客人在南方某城市一家饭店的西餐厅用餐。他们在此已坐了三个多小时，用餐时间已经很晚了，但客人仍没有去意。服务员心里很着急，到他们身边站了好几次，想催他们赶快结账，但一直没有说出口。最后，她终于忍不住对客人说："先生，能不能赶快结账，如想继续聊天请到酒吧或咖啡厅。""什么！你想赶我们走，我们现在还不想结账呢。"一位客人听了她的话非常生气，表示不愿离开。另一位客人看了看表，连忙劝同伴马上结账。那位生气的客人没好气地让服务员把账单拿过来。看过账单，他指出有一道菜没点过，但却算进了账单，请服务员去更正。这位服务员忙回答客人，账单肯定没错，菜已经上过了。几位客人却辩解说，没有要这道菜。服务员又仔细回忆了一下，觉得可能是自己错了，忙到收银员那里去改账。

当她把改过的账单交给客人时，客人对她讲："餐费我可以付，但你服务的态度却让我们不能接受。请你马上把餐厅经理叫过来。"这位服务员听了客人的话感到非常委屈。其实，她在客人点菜和进餐的服务过程中并没有什么过错，只是想催客人早一些结账。"先生，我在服务中有什么过错的话，我向你们道歉了，还是不要找我们经理了。"服务员用恳求的口气说道。"不行，我们就是要找你们经理。"客人并不妥协。

服务员见事情无可挽回，只好将餐厅经理找来。客人告诉经理他们对服务员催促他们结账的做法很生气。另外，服务员把账目多算了，这些都说明服务员的态度有问题。"这些确实是我们工作上的失误，我向大家表示歉意。几位先生愿意什么时候结账都行，结完账也欢迎你们继续在这里休息。"经理边说边让那位服务员赶快给客人倒茶。在经理和服务员的一再道歉下，客人们终于不再说什么了，他们付了钱，仍面含余怒地离去了。

案例 1 思考题

1. 餐厅的服务人员在该事件中存在什么问题？

2. 餐饮企业对不同岗位的工作人员都应制定相应的服务规范，针对此事件，企业应如何做好服务人员的培训工作？

案例 2：突发事件的应对与处理

一天，史先生一家到某西餐厅用餐。点完菜后，一家人高兴地喝着茶聊着天等待菜品的上桌。这时，史先生的手机突然响了，史先生拿出电话一看是一位重要的客户，于是和家人打了招呼，拿着手机向厅外的休息室走去，边走边接起了电话："喂，您好！"这时迎面过来一位传菜员，手里托着托盘，急匆匆地走着，由于过道比较窄，在与史先生擦身而过的一瞬间，手里的托盘划到了史先生的衣服。传菜员忙说："对不起！先生！"史先生也没太在意，向传菜员摆了摆手，继续说着电话，走了过去。

等史先生打完电话回到座位后才发现，肩上被托盘划了一个口子，马上找来经理。经理在了解情况后，找来了刚才的传菜员核实，发现这位传菜员用的托盘边缘不是很平整。最后经过经理充分沟通后，赔偿了客人的损失。

案例 2 思考题

1. 发生此类事件时，餐饮企业管理者和员工应如何处理？

2. 企业如何避免发生此类事情？

参考文献

[1] 谢军．从西餐看中国餐饮业现状与发展 [J]. 商，2015（24）：270 ~ 271.

[2] 边疆．中国西餐市场的现状与发展（二）[J]. 中国食品，2005（2）：6 ~ 7.

[3] 徐春林．中国西餐文化节为餐饮市场注入新活力 [N]. 国际商报，2007-11-16.

[4] 常微．发展开放型经济促进西餐行业发展 [N]. 天津日报，2007-11-15.

[5] 祝松．国内西餐业将实现新飞跃 [N]. 中国食品质量报，2006-1-12.

[6] 边疆．中国西餐市场的现状与发展（一）[N]. 中国食品，2005（3）：9 ~ 10.

[7] 郭亚东．西餐工艺 [M]. 中国轻工业出版社 ,2000 年．

[8] 崔红，王广胜．我国社会餐饮企业食品安全问题及对策分析 [J]. 中国商贸，2015（4）：146 ~ 148.

[9] 石巍．中餐西餐华山论剑 [N]. 中国食品质量报，2003-2-16.

[10] 刘长忠．中国西餐消费市场日渐扩大 [N]. 民营经济报，2005-4-20.

[11] 许二凤，赵霞，林静．西餐在中国的发展研究 [J]. 四川烹饪高等专科学校学报，2012（1）：48 ~ 51.

[12] 陈尘．浅谈中国饮食文化对西餐的影响 [J]. 成功：教育，2011（14）：278 ~ 279.

[13] 韩宪君．论中西餐的融合、影响与发展 [J]. 职业技术，2013（3）：

84 ~ 85.
[14] 潘桂娟 . 中、西餐菜单的差异与翻译 [J]. 商场现代化，2008（10）：47 ~ 48.
[15] 赵连成 . 西餐在中国 [J]. 文史精华，2013（8）：64 ~ 71.
[16] 陆涛 . 略谈西餐对中菜烹饪的影响 [J]. 华章，2014（2）：32 ~ 33.
[17] 金正昆 . 西餐礼仪 [J]. 新湘评论，2011（4）：46 ~ 47.

第五章 西式快餐业态管理与创新

主要内容

本章包含七个部分，第一部分介绍了西式快餐业态的类型与特点；第二部分是西式快餐的组织与岗位管理，论述了西式快餐店的组织结构、岗位配置和人力资源管理方面的内容；第三部分重点分析西式快餐店的经营决策与计划，如何科学制定经营决策和推进计划的实施；第四部分是西式快餐产品和生产管理问题，分析了如何创新设计西式快餐产品和优化生产流程；第五部分是西式快餐的定价；第六部分是西式快餐的服务管理与质量控制问题，如何提升西式快餐的服务质量；第七部分重点分析西式快餐的市场营销管理。

学习目标

总体目标：能对西式快餐业态的类型和特点有基本的认知，掌握西式快餐经营的模式、计划、组织以及市场营销方面的重点，提高西式快餐经营的能力，做到理论与实践的充分结合。

目标分解：

1. 了解西式快餐业态的类型和特点。
2. 理解和领会西式快餐经营的条件与要求。
3. 理解和掌握西式快餐产品的类型与生产要求。
4. 理解和掌握西式快餐产品的定价与菜单设计要求。
5. 理解和掌握西式快餐市场营销的要求和条件。

重点与难点

教学重点：西式快餐类型、西式快餐经营模式、西式快餐店组织结构、西式快餐店岗位配置、西式快餐店产品定价、西式快餐店服务质量控制

教学难点：西式快餐连锁经营、西式快餐产品设计与优化、西式快餐市场营销。

第一节　西式快餐业态类型与特点

美国 *Encyclopedia of Food Science and Technology*. 1992 的定义：由提供大众一日三餐的快餐店分销的可即刻食用的食品（Fast foods），其特点：节时性、方便性、定时性、品质高度一致性、清洁性、即食性、价格合理、营养均衡，不耐储存性。经营方式：可提供或不提供就餐设施；点餐和供餐之间只需很短时间或无须等候。一般指快捷就餐，连锁经营，利用工业化手段保证食品质量稳定，价格低廉，使一般人吃得起。

美国是快餐业发展比较突出和典型的国家。美国快餐业从 19 世纪末到 20 世纪 50 年代经历了半个世纪时间的起步发展，为后期新型快餐市场的形成和全面发展打下了坚实的基础。到 20 世纪 60 年代，美国经济的繁荣带动服务性消费不断增长，快餐业进入快速发展时期，以麦当劳为代表的快餐业迅速扩张，成为世界上快餐业最成功的典范。日本快餐业的发展源于美国快餐的市场冲击，由于文化和饮食习惯的差异，日本在引进和吸收美国快餐体系的基础上也有创新，逐渐形成一种“洋为和用”的日式风格快餐。在日本快餐业的竞争与发展中，价格战是主要焦点，而品种和风味战很少，连锁经营满足降低价格这一要求，所以当美国麦当劳、肯德基进入日本并以连锁经营方式推进时，也带动了日本快餐业的全面发展，并迅速向连锁化、标准化迈进。在快餐食品种类上，日本不但有西式的麦当劳、肯德基，还有中式的饺子、拉面，日式的咖喱饭、鸡肉饭、鱼肉饭，韩国的烧烤等。

一、西式快餐行业的发展趋势

（一）向中国本土化纵深发展

西式快餐巨头在中国的发展正在加速，抢占中国市场的手段也各不相同。但总体趋势是：随着对中国本土化运营的不断成熟，这些国际西式快餐品牌将更好地融入中国市场，体现出朝着中国本土化纵深化发展的趋势。

（二）中西快餐融合的步伐加快

西式快餐凭借观念、资本、人才和管理等优势在中国取得快速发展，已经占据领先地位，但是今后西式快餐的发展要更融入中国土壤，吸收新的中式品种、技术和创新发展的养分，克服根基不深和水土不服的问题。中外快餐共同构成了中国快餐市场，两者之间虽有竞争和短兵相接，但在市场定位、发展空间方面还是存在差异，各自具有相对独立的发展空间。例如，早餐粥、老北京鸡肉卷、嫩牛五方等新品的推出，表明了肯德基在中国本土化程度的进一步升级。另外，其他洋快餐也在本土化之路上不断进行积极的尝试，如星巴克结合中国传统文化，推出了中国传统的茶饮料等。

（三）渗透二、三线城市

对于要将中国变成根据地的西式快餐而言，绝不只满足于一线城市的布局。而且随着国际餐饮的不断进入，大都选择一线城市作为桥头堡，这不可避免地造成这些城市竞争密度、程度的加剧。因此，洋快餐将触角伸及国内二、三线城市将不可避免。

二、西式快餐行业竞争结构分析

（一）供应商议价能力弱

供应商在整个产业链中扮演着重要角色。供方主要通过提高投入要素价格与降低单位价值质量的能力，来影响行业中现有企业的盈利能力与产品竞争力。对西式快餐行业，供应商主要提供鸡肉、蔬菜等农产品。对于我们这样的农业大国，这些原材料来源广泛，各餐厅对供应商有很大的挑选余地，所以供应商的议价能力弱。

在与供应商的合作中，肯德基提倡“双赢理念”。一方面，与广大供应商建立长期合作关系，肯德基可以获取高质量的、数量稳定的肉鸡产品供应，对其以后在中国的长远发展有最基本的货源保证；另一方面，对供应商来说，与肯德基合作是其产品国内市场多元化发展的一个重要组成部分。使用长期合同，议价能力较弱。

（二）购买者议价能力弱

顾客的议价能力主要从个体顾客和团体顾客来区分。对于西式快餐这样的行业，主要顾客为个体顾客。购买者主要通过压价与要求提供较高的产品或服务质量，来影响行业中现有企业的盈利能力。

对于西式快餐这样的餐饮业，一般餐厅都明码标价，购买者一般无议价能力。

（三）潜在进入者威胁程度高

进入门槛低，市场需求大，导致越来越多的潜在者加入。潜在进入者的威胁状况取决行业进入门槛和原有企业的反击程度，如果进入门槛高，原有企业反击强烈，潜在进入者难以进入该行业，先进入者面临的威胁就小。反之，威胁大。决定进入门槛高低的主要因素有以下个方面：规模经济、产品差异化、资金需求、转换成本、与规模经济无关的成本优势及经验曲线。

西式快餐无非就是汉堡包、炸鸡之类的东西，产品差异化低。在中国市场上，除了肯德基、麦当劳等几家大品牌的西式快餐连锁外，有很多大大小小的个体户经营西式快餐店。如果不考虑快餐店的规模，几万元的资金就可以开一家快餐店。所以，从它的产品差异化、资金需求等方面来看，快餐行业的门槛低。另外，原有快餐行业的反击力是很小的，除非市场上出现一家类似于肯德基的快餐店，那样的话，肯德基和麦当劳才会出现反击。事实上，在现在的中国市场，几乎不可能出现这样的情况。

综上，西式快餐行业的潜在进入者威胁程度高。

（四）替代品威胁程度高

顾客对快餐的需求具有多样性的特点，从生理上说，人们不愿意长期重复消费某类食物，必须经常变换口味，导致同一快餐店的消费忠诚度较低；从经济学的角度来说，重复消费一类食物，该食物的边际效用呈现递减，最终将因效用过低而被替代。

对于西式快餐，人们通常选择中式快餐作为其替代品。并且在中国，人们还是更倾向于本土化的食物即中餐。在中国，中式快餐品牌很多，如真功夫，兰州拉面等，所以人们的选择余地很大。不管什么原因，一旦消费者对西式快餐失去兴趣，他们会立马转向别的品种的食物作为替代品。

综上，西式快餐行业替代品威胁程度高。

（五）本行业企业间竞争强度高

西式快餐行业在中国最有名，最有竞争力的就是肯德基和麦当劳。所以，该行业主要企业间竞争就是肯德基和麦当劳的竞争。

在这个行业里，市场结构基本属于双寡头垄断市场，根据豪泰林选址模型，两家企业应该相伴选址，事实上麦当劳和肯德基的大部分店址也确实是毗邻竞争经营。毗邻竞争经营是加剧竞争的一种形式。另外，虽然在进入中国市场之初，麦当劳和肯德基的产品同质性非常强，在圆筒冰淇凌、辣鸡翅、鸡腿汉堡等同类产品上进行过直接的竞争，但经过多年的比拼，它们并没有陷入同质化的死拼中，反而实现了双赢。原因就在于虽然它们都视对方为最直接和最重要的竞争对手，每一个策略、每一项产品的推出都要考虑到对方的反应，但是它们并不盲目地去模仿对手，而是利用产品差异化这一工具来进行竞争，如今肯德基和麦当劳之间的战略差异已经越来越明显。麦当劳的新战略是扩大目标客户，主动将目标客户群由传统的儿童、家庭定位，转向更有消费潜力的年轻一族，这一行为的直接战略意图就是重新强化麦当劳统一品质、快速服务的品牌特质。而肯德基则在加速本土化的步伐，把重点放在加速推出中国特色浓郁的新产品上，中国化的趋势更加明显，通过这种国际化与本土化结合的方式来扩大它们的吸引力和利润。麦当劳和肯德基不同的竞争战略是规避强有力竞争的途径。

综上，我们可以看出西式快餐行业的竞争强度高。

（六）政府的作用

首先，政府鼓励快餐行业的发展。因为西式快餐行业可以扩大内需、增加就业、促进国民经济发展，以及满足人民生活和繁荣市场。另外，政府制定了许多餐饮管理制度来管理和规范餐饮行业。

三、业态类型与特点

西式快餐经过长期发展，已在全球形成规模和市场，而且其现代化的生产方式、标准统一的产品质量及服务，均符合生活、工作节奏日益加快的现代人对快捷就餐方式的需求，给人们带来许多便利，从而奠定了自身在餐饮市场上的地位。

（一）西式快餐主要类型

炸鸡系列：脆皮炸鸡、炸鸡翅、炸鸡腿、原味鸡套餐、香辣鸡块、香辣鸡翅、香酥鸡块、香酥鸡腿。

汉堡系列：超级汉堡、鸡柳汉堡、猪柳汉堡、鸡腿汉堡、芝士汉堡、鱼柳汉堡、牛肉汉堡。

小食系列：美式炸薯条、鸡肉卷、劲爆鸡米花、香甜爆米花、水果派、炸洋葱圈、香甜玉米棒、薯饼、各式肉丸肉串。

热狗系列：欧式热狗、美式热狗、中式热狗。

热饮系列：咖啡、奶茶、热朱古力、红茶、牛奶。

冷饮系列：各式可乐、各式鲜榨果汁、果味沙冰。

牛排系列：黑胡椒牛排、白胡椒牛排、斗牛士牛排、菲利牛排、沙朗牛排、西提牛排、鸡排套餐、鱼排套餐、猪排套餐等10余种。

比萨系列：蔬菜比萨、水果比萨、海鲜比萨、火腿比萨、鸡丝比萨、加乐比比萨。

意粉意面系列：空心粉、螺丝粉、杂菜咖喱意粉、虾仁意粉、香草意粉。

沙拉系列：欧美沙拉、港式沙拉。

汤类系列：玉米汤、海鲜汤，其他各种时尚汤类。

奶昔系列：咖啡奶昔、草莓奶昔、香橙奶昔、水蜜桃奶昔、菠萝奶昔。

三明治系列：鸡肉三明治、鱼肉三明治。

沙冰系列：意式香浓咖啡沙冰、巧酥奶昔沙冰、香蕉草莓沙冰。

花式咖啡系列：维也纳咖啡、夏威夷风情咖啡、香草冰咖啡、皇室咖啡、女王咖啡、爱尔兰咖啡、卡布奇诺等。

（二）西式快餐的特点

1. 品种单一

西式快餐以肉为主，以蔬菜水果和谷类为辅。主要有配餐、汉堡、小食、甜点与饮料五大类，以及这五大类产品的组合套餐，单品数量一般控制在20～30种。

2. 高蛋白、高脂肪、高热量

西式快餐以肉类为主要能量来源，具有三高（高热量、高脂肪、高蛋白质）和三低（低矿物质、低维生素、低膳食纤维）的特点。现在人们已经把西式快餐称为“垃圾食品”。如许多西式快餐富含对心血管损伤较大的饱和脂肪酸，过多摄入会为心血管病埋下隐患。另外，西式快餐中常用的煎、烤、烘、焙食物中含有致癌物质——丙烯酰胺（简称“丙毒”）。

3. 标准化

西式快餐的“标准化”，不仅仅是指统一的外部装修、统一的经营模式、统一的工装等，它更注重企业文化、产品质量、操作规程的标准化。

第二节　西式快餐企业组织与岗位管理

市场竞争归根到底是人才的竞争，西式快餐商正是依靠优秀人才取得市场主动权。麦当劳有一套严格的培训管理人员和员工的制度，并斥巨资开展全方位培训，上至总经理，下至普通员工都要接受业务培训，规范服务程序，熏陶麦当劳的经营哲学和企业文化。在美国芝加哥西部的沃克布鲁克，设有专门的汉堡包学院，每年举办为期两周、共14期轮训班，数百位有2～5年麦当劳实践经验的各国管理人员，在这里集中学习，接受培训。麦当劳拥有的科技人员达3000多人，分布于世界各地的分店，成为当地管理骨干。正是“人才至上”的经营理念，使麦当劳在激烈的餐饮竞争中，始终充满生机，立于不败之地。肯德基快餐店内部的员工设置一般分为十级，其中服务组从低级到高级分为：见习服务员、服务员、星级训练员、全星级训练员、组长。管理组从低到高分为：见习助理、二级助理、一级助理、副理、餐厅经理等。其中，服务组的基本工作任务是准备产品、服务顾客以及通过不断的清洁工作来维护餐厅的清洁卫生，同时要按照安全的规则进行工作。餐厅管理人员以分工合作的方式轮流担任排班、培训、企划、设备维护、订货、人事等行政管理工作。肯德基强调所有人员的基本责任是确保每一位顾客有一个愉快的用餐经历。下图是一个具有代表性的快餐店人员配置示意图。

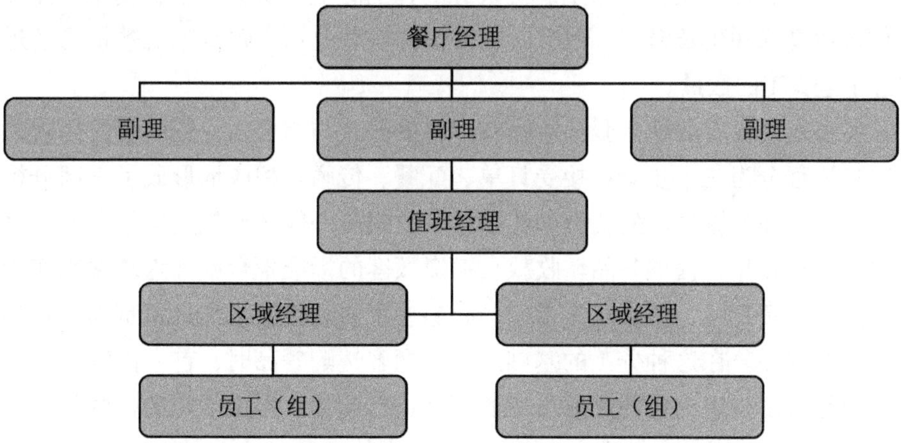

西式快餐厅管理组织结构图

按照该图对员工分类的方法，在每个工作类别中雇佣的员工数量将取决于该店经营的情况。英国的快餐研究者斯蒂芬·鲍在其著作《快餐经营与管理》(*Fast Food Operations and Their Management*)中估计："每年销售额在 20000 ~ 25000 英镑的店，需要总人数为 20 ~ 50 人。一些公司可能超过这些数字，因为他们可能占据了好的地理位置，因而销售额高；也可能因为他们具有更有效（或无效）的运作流程，通过该流程可以在效率上获得优势（或劣势）。"

因此，不同类型、不同地域的快餐企业，其人员配置是不同的。但一般而言，快餐企业都按照层次的不同来配置人员，即按照高级管理人员、初级管理人员和作业人员的层次来配置人员。

高级管理人员是那些有权力和有能力，并有较长时间运营门店经验的管理人员。包括快餐店的总经理和所有能代理总经理工作的人员，它属于快餐企业的高级领导阶层。高级管理组通常很小，除了快餐店的经理以外，还包括 2 ~ 3 名副理（或经理助理）。如果店面客流量很大，有时可以是四名甚至更多。这些经理控制和指挥快餐店的一切运营活动。他们大部分时间都在监督、检查政策的执行情况和日常的文案工作，以及人员管理。

初级管理人员在快餐企业通常就是指培训员，并且大部分时间用于做作业性工作和第一线的监督工作。他们的目标是逐步进入有一定经验和经过特定训练的高级管理人员行列。这些初级管理人员经常和作业人员一起工作，特别是在营业高峰时间。初级管理人员通过拉近高级管理人员和作业员工之间的距离，对增加快餐企业门店人员结构的亲和力和吸引力，起关键的承上启下的作用。

作业人员是指在快餐企业中直接为顾客提供服务的人员，主要包括前台的服务人员和后台的快餐产品生产工人等。在国际上，快餐业广泛使用钟点工来应付营业高峰和延长时间。而且，在许多洋快餐公司，钟点工的数量已经远远超过了全日工的数量。

在西式快餐店的柜台服务流程有严格的分工与组合。一般而言，西式快餐的服务流程分为三个步骤：接受订单、配餐、传膳。相应地形成了三部分柜台服务人员，即收银员、配餐员和传膳员。收银员一般按照规定问候顾客、接受订单、汇集餐品、提供餐品、收款、感谢顾客的标准柜台服务六步骤来实现。配餐员只负责配餐，而且只为指定的收银台配餐。传膳员也只负责为指定的收银台提供餐品。在这种分工的基础上，在顾客选购餐品时，首先由收银员接受订单，然后由指定岗位的配餐员按照订单进行配餐，再由指定的传膳员将配好的餐品递送给收银员，最后由收银员将准备齐的餐品交付给顾客。

这种模式体现了团队分工和团队合作的精神。按照柜台服务的模式来配置快餐店的员工，无论在营业的高峰时段还是低谷时段，都能很好地解决员工的低投入和服务的高效率之间的矛盾，都能灵活地解决劳动分工和劳动协作之间的关系。在这种模式下，柜台中的每一名员工都知道他们的主要职责是什么，知道下一步该做什么，知道自己配合谁和谁配合自己。

快餐企业具体采用哪种模式进行人员配置，要根据企业自身的特点进行有针对性地选择。但无论如何配置人员，无论配比的比例如何，其目标都是一致的，就是用富有弹性的人员配备来应付快餐市场需求的变化，同时稳定地向消费者提供优质的产品和服务。

如果说各种规章制度、服务守则等是规范员工行为的有形规则，企业文化则是作为一种无形规则存在于员工的意识中。企业文化可以比喻为行为的基因，它通过仪式和激励手段等方式提供了企业的核心价值观，告诉员工在企业里什么目标是最重要的，哪些是企业所提倡的和不提倡的，能够引导和塑造员工的态度和行为朝同一个方向努力。因此，公司对企业文化的投资往往能够减少巨额的人力资源管理费用。作为特许经营企业肯德基来说，其高标准的服务质量是它的生命线，也是它参与竞争的资本，为此肯德基塑造了具有服务意识导向的强有力的企业文化，员工接受了肯德基组织文化的同时，其各种规章制度也就内化在他们心中了。“餐厅经理第一”，这是肯德基树立起来的最重要的企业文化。这体现了公司重视生产率的提高，一切围绕第一线餐厅服务的思想，同时也鼓励各餐厅积极进取，展开良性竞争。

第三节　西式快餐经营决策与计划

西式快餐店投资与经营决策、计划主要包括以下几个方面。

一、店铺选址及租金

店面选址是创业投资最为关键的一个环节，很大程度上决定了投资的成败。一个好的店铺要考虑的因素有很多：地段位置（以十字路口、大超市附近、学区旁为佳）；店铺空间布局合理性；是否有通风，排水；提供的电力是否充足；租金情况（一般来说租金不宜超过预期营业额的1/5）。

快餐业是一种工业化程度比较高的餐饮服务业态，其商品销售流程与其他餐饮店有所不同，因此在选址要求上也有所差异。一般可以从以下几个方面来判别商铺是否合适。

（一）立地选择

西式快餐一般会选择在客流稠密之处，如繁华的商业街、写字楼聚集的商务区、交通枢纽以及消费水平中高档的社区。此外，在大型医院及大中学校等周边也是不错的选择。

（二）立店障碍

西式快餐和其他餐饮一样，需消防、环保、食品、卫生、治安等行政管理部门会审，离污染源10米之内不得立店，相邻居民、企业或其他单位提出立店异议而无法排除，也会形成立店障碍。2002年起我国部分省市按《大气污染防治法》规定：禁止在居住区或居住建筑内立店，因此30米范围内有住宅楼的店面也无法开店。

（三）建筑要求

西式快餐的店铺是框架结构，层高不低于3.5米；同时由于设置中央厨房的需要，面积一般不能小于200平方米；相应的电力配置不少于20千瓦/100平方米；有充足的自来水供应及污水排放、生化处理装置，有油烟气排放通道，位置在地下室或一、二、三楼均可，但一般最好不要跨层分布。

（四）租金及租期

大众化西式快餐店可承受的租金在2～4元/平方米/天，如果周边区域消费力非常充裕的也可到8元/平方米/天；而一些档次更高的消费型西式快餐店的租金可以达到6～20元/平方米/天。由于西式快餐店的装修费用较高及客单价不高等因素，其租期一般来说不少于5年。

案例：肯德基的选址安排

一般来说肯德基计划进入某个城市，就先通过有关部门或专业调查公司收集这个地区的资料。有些资料是自己搜集的，有些资料需要花钱去买。把资料收齐了，就开始估量商圈。商圈估量采取计分的方法，例如，这个地区有一个大型商场，商场营业额在1000万元算1分，5000万元算5分，有一条公交线路加多少分，有一条地铁线路加多少分。这些分值标准是多年平均下来的一个较准确的经验值。通过打分把商圈分成好几大类，以上海为例，有市级商圈（南京路、徐家汇等）、次级商圈（打浦桥、中山公园等）、定点（目标）消费型，还有社区型、旅游型等。

其次，商圈的成熟度和稳定度也非常重要。比如规划说某条路要开，在什么地方设立地址，将来这里有可能成为成熟商圈，但肯德基一定要等到商圈成熟稳定后才进入，例如，说这家店3年以后效益会很好，对现今没有帮助，这3年难道要亏损？肯德基投入一家店要花费好几百万元，当然不会冒这种险，采取的是比较稳健的原则，保证开一家成功一家。

在确定了商圈之后，还要选择主要的聚客点在哪。例如，上海的淮海路是很成熟的商圈，但不可能淮海路上任何位置都是聚客点，肯定有最主要的聚集客人的位置。肯德基开店的原则是：努力争取在最聚客的地方和其附近开店。古语说"一步差三市"。开店地址差一步就有可能差三成的买卖，这跟人流动线（人流活动的线路）有关，可能有人走到这，该拐弯，则这个地方就是客人到不了的地方，差不了几步路，但生意差很多，这些在选址时都要考虑进去。人流动线是怎么样的，在这个区域里，人从地铁出来后往哪个方向走等，这些都派人去掐表，去测量，有一套完整的数据之后才能据此确定地址。

肯德基的选址要诀，其实对个人投资者来说也有不少的借鉴意义。虽然个人不可能像他们一样做那么多繁杂的测算，但其许多有益的思路还是值得我们学习的，能够在经营商铺选址时把握得更加准确。

二、装修风格

装修风格是由目标客户群决定的，高端客户群追求奢华与舒适，大众消费者喜欢温馨与休闲，低端购买者要求简洁与明快，这些都是装修要把握的大局。在这一基础上加一些个人的小创意，做到有特色的适宜的装修就不是难事了，当然请专业的装潢设计公司来帮忙那是再好不过的。

三、经营模式

堂食加外带模式：经营者提供就餐环境和用具，客人可以在店内消费或外带消费，要求有足够的空间，设备、产品种类较多。

专业的外卖模式：适合小资金的投资者，硬件要求较少，产品简单，主要提供饮料小点等快速消费食品，地点以商业街、写字楼集中的地区为宜。

自助模式：常见于比萨店，如好伦哥比萨，消费者只需要向比萨店支付几十元，便可任意品尝店内提供的所有食品。

四、产品利润

西式快餐产品和比萨的利润是不大相同的，西式快餐的利润一般为

120% ~ 150%，即成本10元，售价22 ~ 25元；比萨利润较高，以9寸比萨为例，成本8元售价30 ~ 35元，必胜客较高为50 ~ 60元，利润可客观一些。但西式快餐产品的消费群会比比萨来的多些，所以这两者相对于其他饮食行业来说，单店的利润还是很可观的。

五、店铺运营

损益平衡点计算 ： 损益平衡点计算即保本营业额计算，经营者要知道每日保本营业额才能更好地经营。以西式快餐为例，如果每日运营开支为100元（西式快餐的利润一般为120% ~ 150%，即成本10元，售价22 ~ 25元，可以算出产品毛利是54% ~ 60% ）除以产品毛利所得的185 ~ 168元就是该西式快餐店的日保本营业额；

库存原料管理： 过多或过少的原料采购都会影响店铺的运营，一般来说在采购比较容易的情况下，肯德基式西式快餐店的库存以一星期的销售数量为宜，比萨店以一个月的销售数量为宜。

产品质量管理： 经营者应该根据店试营业的情况，在一星期内制定适合自己的产品质量管理方法，严格制定原料保存方法，定期定时检察，保证原料的新鲜；规范操作流程，保证产品品质的一贯性。

第四节　西式快餐产品与生产管理

一、西式快餐产品分类

现代西式快餐为了保证制作、销售的快捷和生产的标准化，餐饮产品品种一般少而精。西式快餐的产品一般在10多种，常见的三种西式快餐类型如下表所示。

西式快餐的类型

分类	代表食品
主餐类	炸鸡、汉堡、比萨
配餐类	薯条、沙拉、派、蛋挞
饮料	汽水、冰淇淋、咖啡、红茶、奶昔

西式快餐产品的另一个特点是“一料多用”。例如，以鸡肉为原料可以做成多种风味的炸鸡和炸鸡汉堡包；另一种面包坯和比萨饼皮可以做成多种馅料的汉堡包和比萨饼等。

此外，西式快餐的产品销售有零点（单个产品）和套餐的方式，特别是套餐一般选取主餐、配餐和饮料中的饮品组合而成。

二、西式快餐生产的操作规程

西式快餐的生产过程已经由厨师的个人操作，转变为指令控制下的机械化、自动化生产，从而使人为因素造成生产延误的可能性降到最低点。如在麦当劳汉堡包制作过程中，采用的烤面包机可以在 50 秒内完成 24 片面包的烤制，由计时器控制煎炉，可使煎制的肉饼在 1 分 45 秒后达到成熟和食用的标准，从顾客点餐到拿到食物只需 32 秒；肯德基家乡鸡在制作过程中，每只鸡都被准确地分为 9 块，清洗甩干后在可控温的油锅中准确炸制 13 分 30 秒，不仅考虑到制售快捷，同时还考虑到产品质量，炸制后的鸡腿如果在半小时之内未售出即作为废品处理掉。现代西式快餐按工业化、标准化的方式生产快餐产品，其生产过程必须针对每一种产品建立相应的操作规程和质量标准，才能体现工业化生产的规律与特点。其生产操作规程主要涉及作业程序、操作要求、工艺条件三方面。

（一）作业程序

连锁快餐企业可以按现代工业企业的生产方式将其生产过程划分为若干个操作单元，并形成一定的生产作业流水线。为了缩短店面提供食品的时间，西式快餐企业将食品制作过程进行流程重组，将许多食品预处理的环节都放在机械化大工厂生产线上（可以通过外包生产及冷藏库周转来完成），在店面内只进行迅速成熟的操作环节，这就保证了服务的高效性。

快餐店厨房中产品的一般生产工艺流程如下：

原料→预处理→熟制→成品包装

每一种快餐产品，无论是中心加工厂的生产还是快餐店厨房的制作，在确定生产工序的基础上都编制了相应的工艺流程以保证产品质量的稳定。

（二）操作要求

操作要求指生产作业流程中每一步工序中具体的操作步骤及注意事项，包括设备的操作规范、食品的制备标准。如炸鸡生产过程中，原料的重量已经确定后，其腌制工序中的重要操作要求如下：

1. 配制腌渍液

向量杯中加入 1 包已定量的腌制粉及对应量的过滤水，用搅拌器搅匀。

2. 准备好腌制滚筒

打开滚筒盖子，加入配好的腌制液。

3. 放入鸡块

从冷藏库中取出所需用量的鸡翅或鸡腿，打开袋子，倒入滚筒中。

4. 抽真空

盖好真空滚筒的盖子，把真空管接到滚筒的阀门处，打开真空泵开关，达到所要求的真空度后，关闭真空泵，取下真空管，按下定时开关，开始滚动。

5. 取出鸡块

过程结束后，蜂鸣器会自动响起，停止滚动，打开阀门，取下盖子，将鸡块取出放入盆中，标注好腌制时间和保存期限后，将腌好的鸡块放入冷藏库存放。

（三）工艺条件

工艺条件是指在某一工序的操作中，根据产品质量要求需要采用的条件。食品制备中的工艺条件多指加热温度、时间长短，也有对压力、浓度等的要求。快餐食品中工艺条件的设置不能只凭经验，而是以定量控制的方式来保证产品达到最佳品质及质量的稳定。

现代西式快餐企业对食品加工设备进行了定量化改革，设备由电脑程序完成温度控制、时间控制等过程，设备操作简单化，操作人员只需设定操作条件，快餐食品加工好后会自动通过声控、灯控等方式提醒操作人员，将食品取出。

三、常见西式快餐产品制作

（一）炸鸡的制作与生产要求

炸鸡是以鸡肉为原料（可以是新鲜鸡块，也可以用已经调味成型的半成品鸡块）制作的一类西式快餐主餐产品。快餐店一般采用流水线、批量化的制作。下面以常见的脆皮炸鸡的生产制作为例来介绍其生产管理要点。

1. 工艺流程

原料鸡块→预处理（解冻、清洗）→真空腌制→裹粉→油炸→成品炸鸡（包装）

2. 操作步骤及工艺要点

（1）解冻，将冷冻的原料鸡块放冷藏柜中（温度 0 ~ 4℃）解冻约 24 小时

（2）腌制，将解冻后的鸡块放入真空腌制机，倒入配制好的腌制液，腌制

25分钟后取出，置于冷藏柜保存约24小时。

（3）裹粉，将原料混入调好的裹粉内（面粉：淀粉：香辣炸鸡粉为2：1：1），双手用力翻滚揉压鸡块三次以上，使鸡块表面黏上裹粉；筛掉多余的裹粉后，将鸡块装入浸篮中，放在清水中浸泡5秒左右，沥干水分后抖动鸡块数次，使其表面形成裹粉糊；再次将鸡块放入干粉中重复上述裹粉压揉方法，至鸡块表面完全均匀黏上裹粉并形成鳞片即可。

（4）油炸，将裹好粉的鸡块放入炸篮中，入炸锅中炸制，油炸条件是：温度165～180℃，时间4～6分钟，将炸好的鸡块沥油5秒钟即成。

（5）成品保存，成品表面色泽金黄，有裹粉鳞片出现，成熟度可用温度计测量其中心温度达到75℃即可。成品可用保温柜保存，温度为70～78℃，时间为30分钟。

3. 快餐化要求

（1）经卫生检验合格的肉鸡，在中心加工厂完成腿、翅、胸等部位分割成块，包装后经速冻，储存期三个月。

（2）原料鸡块的储存、解冻需要一定面积的冷冻、冷藏间。

（3）腌制粉、裹粉由工厂统一加工、配送，制定相应的配比，操作起来使用简便。

（4）因煎炸油的反复使用，需要采用过滤设备对油进行处理。

（二）汉堡包生产要求

目前西式快餐店的汉堡面包由中心加工厂生产，产品实现了标准化。面包标准有：直径、切割高度、整体高度、形状、重量等。面包的储存期限为常温下五天。

汉堡肉饼也由中心加工厂生产，产品实现了标准化。标准包括肉饼直径、厚度、重量、脂肪含量等。冷冻肉饼储存期限为90天。

汉堡调味酱由中心加工厂生产，一般由统一的配方制成筒状，使用时用酱料分配器均匀分配。

其他调料一般都由中心加工厂生产，如生菜按清洗、杀菌、切割、包装等程序加工完成。多数原料的储存采用冷冻、冷藏的方式，有严格的期限标准。

（三）比萨饼生产要求

比萨饼皮可由中心加工厂统一生产、配送，也可采用分店现场制作的方式，饼皮的重量、大小要规范，以保证产品的标准化。

馅料、酱料采用罐装原料或半成品，方便储存和使用。

比萨烤制应使用专用独立烤盘，且烤盘按大小尺寸分类，保证产品规格和外观一致。

（四）薯条生产要求

炸薯条是西式快餐中常见的小食，由土豆加工后再油炸而成，食用时，一般佐以番茄酱或其他调味料。因其风味独特、生产成本低、现场制作简单快速的优点，深受快餐店和顾客的喜欢。

1. 原料加工流程

土豆→预处理（清洗、去皮）→切条→漂洗→风干→浸油→冷却→速冻→包装

2. 油炸生产操作规程

西式快餐店使用的薯条是由中心加工厂生产的半成品。在快餐店，薯条从冷库取出后，不需要解冻，直接倒入炸篮中，再放进炸炉里，按下定时按钮，炸炉自动烹炸，蜂鸣器提示时间后，取出薯条，倒进保温槽里，撒上调味盐即成。

（1）油炸温度175℃；油炸时间3分钟；保存温度65℃，时间7分钟。

（2）薯条装篮量不超过半篮，未用完的薯条需放入冷柜以免解冻。

（3）在油炸后1分钟需要摇动炸篮，以防止薯条粘连。

（4）炸好的薯条撒盐后，用铲子轻轻翻动混合均匀。

第五节　西式快餐定价

在市场经济中，价格竞争是一种重要的竞争，企业为了生存发展，战胜竞争对手必须制定正确的价格。影响企业定价的因素很多，其中最基本的因素是成本，它规定了价格的下限；市场需求或顾客对企业产品独特的特点的评价，决定价格的上限；竞争者产品的价格和替代品的价格，它确定了在最高价格和最低价格之间，企业产品的标价点；另外消费者心理因素也会给定价造成影响。如肯德基在为产品定价时，主要是通过考虑价格歧视定价法。所谓歧视定价，就是企业以不同价格把同一种物品卖给不同消费者。这是属于垄断市场上的一种行为，也只有垄断者才能如此自如地控制价格，在竞争市场上，大概没有一个企业愿意向任何一个顾客收取低价格。生活中有很多常见的歧视定价，例如，同一时刻的同样一度电，电力公司向工业用户收高价，而向民用户收取低价。

西式快餐的定价策略主要有以下两种。

一、折扣定价

快餐店选择折扣定价主要是以优惠券的形式来做出的。回扣是间接折扣的一种形式，它是指购买者在按价格目录将货款全部付给销售者以后，销售者再按一定比例将货款的一部分返还给购买者。津贴是企业因非常目的，对非常顾客以特定形式所给予的优惠补贴或其他补贴。比如，当中间商为企业产品提供了包括刊登地方性广告、设置样品陈列窗等在内的各种促销活动时，生产企业给予中间商一定数额的资助或补贴。又如，对于进入成熟期的消费者，开展以旧换新业务，将旧货折算成一定的价格，在新产品的价格中扣除，顾客只支付余额，以刺激消费需求，促进产品的更新换代，扩大新一代产品的销售。肯德基运用发放消费券的形式招揽了很多消费者，在消费者市场上增加了自己的竞争力。

二、撇脂定价

又称高价法或吸脂定价，即在产品刚刚进入市场时将价格定位在较高水平（即使价格会限制一部分人的购买），在竞争者研制出相似的产品以前，尽快地收回投资，并且取得相当的利润。然后随着时间的推移，再逐步降低价格使新产品进入市场。对于快餐店而言，这种定价方法是最常见的一种定价方法，在快餐企业每次推出一款新产品时，都会以较高的价格投放市场，而当市场上同等类型的产品出现时，价格就会随之降低来扩大销量。快餐企业的新产品销售常采用该种定价方法。例如，肯德基在华市场的价格策略是一项非常成功的价格策略。肯德基在中国的成功并不是偶然，深入了解中国市场现状和中国消费者饮食偏好，是肯德基的制胜之道。所谓“知己知彼，百战不殆”，肯德基做到了渗入中国人的生活之中，使之成为现代中国人的一个生活符号。为了在中国市场上立足，得到中国消费者的认同，肯德基经过了一个艰难的过程，但坚持不懈，做到充足准备。

第六节 西式快餐服务管理与质量控制

在体验经济时代，顾客光临快餐店，不仅是用餐，而且是来体验服务。西式快餐完美的服务，吸引了众多喜欢享受服务的顾客。

一、QSCV服务管理

麦当劳创始人罗·克洛克提出了QSCV经营理念。即质量（quality）、服务（service）、清洁（cleanliness）、价值（value）。服务看来举足轻重。此外，“CHAMPS”冠军计划高度概括了肯德基成功要素的精髓。其中S-speed，即注意快速迅捷的服务。肯德基快速迅捷的服务，包括点餐快、交易快和备餐快三个基本环节。使顾客能够在最短的时间内享用到美食。H-hospitality，即提供真诚友善的接待。肯德基的服务宗旨是101%的顾客满意。这增长的1%是什么呢?就是顾客在肯德基所得到的接待与服务要多于他原来希望得到的。这就要求员工要真诚友善地接待顾客，细致入微地服务，使顾客感到温馨和满意。A-accuracy，即确保准确无误的供应。为了确保准确无误的供应，顾客用餐后，肯德基的柜台服务员会复诵一遍顾客所选购的食品与数量，避免失误。收款时，也会将应收款、实收款、找回款等各项金额复诵一遍，表现出以顾客利益为中心的原则。还有，必胜客同样实施高质量的服务理念。每一位员工都要给顾客带来在“必胜客”用餐的愉悦经历！在竞争激烈的快餐市场中，西式快餐总能立于潮头，是因为它有着第一流的管理。

（一）产品质量（Quality）

所选产品其重量、质量、卫生状况、加工要求、包装、运输、储存等都有非常严格的标准。例如，严格按照规程调味裹粉，然后放入自动高速的压力炸锅中烹炸，时间及温度均由电脑控制。这样，鸡肉内层鲜嫩多汁，外层香脆可口，风味独特的原味鸡便呈现在顾客面前了。同时，为保证每块鸡的质量及口味绝对让顾客满意，炸好以后必须在保存时间内售出，否则炸鸡必须废弃。统一的标准、规程、时间和方法，使顾客无论在今天，还是在明天，都能品尝到品质相同的炸鸡。

（二）优质服务（Service）

西式快餐的服务要求让顾客感受到亲切、舒适、迅速，要尽量满足顾客的要求。收银员必须严格按照收银规范来操作，不得有半点马虎。西式快餐还有一套接待员制度，接待员会帮助顾客点餐，为顾客领位，在儿童游乐区照看正在玩耍的孩子，还在一定的时候组织大型儿童生日餐会，细致入微地服务，使顾客有宾至如归的用餐感受。

（三）清洁卫生（Clean）

西式快餐有一套严格的完整的清洁卫生制度，它包括随手清洁，以及每日、每周及每月的例行清洁。餐厅的每一位员工都会运用不同的清洁工具进行不同的清洁工作，随手清洁是一种传统。每一位员工都会小心、爱护、留意，给每一位顾客留下美好的用餐经验。

（四）物超所值（Value）

物超所值不仅表现在美味的产品上，还在于消费者在合理的价格之内，享受到值得信赖的品质，亲切礼貌的服务和舒适卫生的用餐环境。

二、西式快餐质量控制

西式快餐食品基本上实现了标准化、机械化、现代化、科学化，所有环节都采用统一标准，以保证食品质量。麦当劳老板自信地说："全世界麦当劳汉堡包的品质都是一样的。"麦当劳的宗旨是：让产品完美无缺。新食品的选料、操作、出炉都十分讲究，出品质量要求几乎到了苛刻的地步，汉堡包存放超过 10 分钟就不卖给顾客。肯德基也是视质量和信誉如生命。在我国举办亚运会期间，组委会想找位于前门的肯德基提供快餐盒饭，这是一笔绝好生意，但却遭到肯德基的拒绝。原因是亚运村距前门太远，运输时间超过半小时，无法保证快餐的品质。西式快餐就是这样从每一块面包，每一根薯条上竖起自己的品质和形象。西式快餐在产品标准化方面的确成绩斐然。麦当劳严格的标准化管理，是它成功的主要原因。无论消费者踏入任何一家麦当劳，都能看到同样的"M"形招牌，吃同样的汉堡，享受到同样的服务。标准化管理使麦当劳得以成功地进行工业化、连锁化运作。在第一家麦当劳餐厅诞生的第三年，麦当劳公司就编写出了第一部麦当劳营运训练手册，详细规定了麦当劳各项工作的标准，包括程序、步骤和方法等。在麦当劳企业中，汉堡包有精确的制作公式。每种食品有标准化的烹调时间、烹调步骤和保存时间，所有原材料必须向经过核准的供货商购买。餐厅建筑也是标准化设计。可以说，麦当劳不是卖它的商品，而是出售它的标准。肯德基也毫不逊色。"CHAMPS"冠军计划中 P 即 Product Quality，即坚持高质稳定的产品，产品标准化鲜明。高质稳定的产品，包括原材料、产品制作、产品储藏等方方面面。肯德基的鸡在质量、重量方面必须符合既定的标准，所有生产程序都按科学计算为标准进行。这样就造就了所有餐厅出售的鸡块都有统一的质量标准。尤其突出的是，肯德基对食品的新鲜度有严格标准。比如，制成后超过 1.5 小时的炸鸡、超过 10 分钟的汉堡包、半小时后的咖啡等都会毫不犹豫地扔掉。标准化的产品，保证了产品的高质量，从而造就了西式快餐的辉煌。

第七节　西式快餐市场营销管理

一、市场定位

随着改革开放的进一步深入，人们的各项需求会不断提升，节假日外出休闲购物、旅游度假的人数迅速增加，仅新工时制就给国内服务行业带来了数十亿元的产值。休闲度假热给快餐业带来了新的机遇，这一消费群体是快餐业的重要顾客群之一。此外，最值得注意和重视的是带孩子的家庭。城市流动人口和旅游观光人群是饮食业又一主要顾客群体。西式快餐以其物美价廉、方便快捷的优点对这一顾客群有很大的吸引力。因此，在交通枢纽和大型商业中心地带开设快餐店是很重要的。在一些写字楼、大型商业活动中心，上班族的膳食供应较为缺乏。这样一来，上班族的午餐供应将成为我国快餐业巨大的消费市场。另外，与西方国家相比，我国团体膳食供应大部分仍是开办职工福利性食堂。食堂成为企业或机关团体的一部分，一方面使企业负担加重，另一方面食堂午晚餐成了“难吃、价高”的代名词，职工并不满意。所以有些单位的后勤服务工作已交给社会来分担，这样给快餐企业带来了无限商机。

二、服务营销组合策略

（一）产品

产品策略是根据行销定位所选定的区隔市场，提供符合该区隔市场需求的商品。产品品种简单化是西式快餐成功的又一因素。产品从形态上分为有形产品——食品，无形产品——服务。西式快餐的主要食品有三明治（包括汉堡及热狗）、比萨饼、鸡肉食品、海鲜产品、沙拉食品、配餐食品六种。配餐食品与主食配套出售，起到调节口味、增加花色的作用。

（二）价格

西式快餐的价格定位受诸多因素影响。总体来讲，快餐店不同于餐馆和酒店，其主要顾客是广大工薪阶层，因此价格应定在合理范围之内。根据城镇居民的收入水平及主要顾客群。西式快餐的组合应该有一定的层次。较高档次的快餐店定价在20～35元/人比较适宜，上班族快餐价格定在10～20元，打工族定在10元以下。

目前市场快餐连锁店的价格普遍偏高，是众所皆知的事实。麦当劳依消费者对消费价值感的知觉来感受价值，加以定价。肯德基参考竞争者所定的价格加以定价，目的在于市场竞争。比萨参考竞争者所定的价格及顾客反映意见加以定价，以市场渗透与竞争优势为目的。西式快餐业则大多以竞争导向与渗透市场为定价目标。

（三）渠道

由于快餐业是定位商圈的连锁经营形态，生产、物流、配销与销售几乎同步发生，同时，商品又多无法保存太久，因此必须利用多点分布的扩散行销，来形成面的市场攻击，以达到攻占市场的目的。所以，走向连锁经营，以多店连锁各商圈向多处市场扩散，即为经营成功的要素。人口数与开店地点均以生活市场为主，着重地区分布与物流配销问题，商圈特性以商业区与学校附近及人潮集中地区为主。

（1）以连锁经营与多据点以攻占目标市场。

（2）连锁经营的形态以自营连锁与授权经营为主；授权经营为向国外购买的经营策略与商店品牌，此为西式快餐业的特色，中式快餐经营者仍以自营连锁为主。

（3）以大城市为首先切入的目标市场，站稳脚步后再向二三线推展。

（4）物流的配送路线，其通路长短为先期切入市场必须考虑的重要因素。

（5）西式快餐经营者有集中开店以占领更大市场的倾向，向郊区发展更是未来的目标。

（6）人潮即钱潮。此为快餐经营者选择开店地点之主要考虑因素，人潮的结构更是注意的焦点。

（四）促销

在零售服务业的行销策略中，企业形象的建立与知名度的传播相当重要。除了通过经营者所提供的商品带给消费者的感觉外，广告与促销活动更是经营者争取消费者认知与印象的重要策略。

因此，广告策略与促销战略的实战运用，并发出适当的广告、促销讯息与消费者心连心，建立密切关系，乃是推广策略的主要课题。

（1）西式快餐业共同的特色，即是企业代表人物为连锁店之POP（Platform Open Plan）造型，例如，麦当劳为麦当劳叔叔造型，肯德基为肯德基上校造型。

其主要目的是藉此增加企业对市场顾客的亲和力。

（2）口碑宣传及耳语运动（Whisper Campaign）是极重要的沟通方式。此外，加强服务、维持良好品质都是必须落实执行的事项。

（3）促销活动最常使用的方式是赠品与赠奖，但凡赠送小礼物、集点券、赠奖券等都非常流行与有效。

（4）与其他企业合作做联合广告也是很有效果的方式。如麦当劳与俏丽洗发精的联合广告即很成功。

（5）社会爱心回馈活动、写作比赛、亲子活动、快乐家庭等顾客参与性的宣传与促销活动，渐渐被快餐经营者所采用。

（6）连锁店整体企业形象的塑造与提升，可以通过公益性活动、体育赞助活动以及捐血活动等慈善活动达成。

（7）运用新闻性、话题性的讯息来做引发议论纷纷的宣传，可吸引大众传播媒体的注意与免费的宣传报道。

（8）由各家分店的小商圈行销策略中，可做定点行销与广告表现的模范。同时，针对各商店附近的商圈特性、人潮特性加强促销与推广的整体活动。

（五）人员

在人员招聘上，西式快餐要以小时工为主，特别是以大学生为主，在我国具有庞大的大学生群体，很多人都有课余时间兼职的愿望。同时大学生素质较高，易于管理。

对于西式快餐业的员工培训，要有自己的一套独特模式。作为劳动密集型产业，西式快餐应奉行“以人为核心”的人力资本管理机制。因此，员工是其在世界各地快速发展的关键。要不断投入资金、人力进行多方面各层次的培训。西式快餐点内部对员工的培训是分门别类的，培训体系分为职能部门专业培训、餐厅员工岗位基础培训以及餐厅管理技能培训。

西式快餐业属于食品服务行业，整洁的仪容对顾客极为重要，因此在上班时必须梳戴整齐，展现专业的服装仪容。工作时，必须穿戴整洁的深色防滑皮鞋，必须穿袜子。根据卫生要求，在生产区工作时间不可戴任何首饰及手表。手指甲应修剪整齐且不可涂抹指甲油。在工作开始前、休息后回到工作区域或任何手可能变脏的时候，必须洗手消毒。

（六）有形展示

员工着装必须统一，各个连锁店的门面、标识、装潢等也必须统一。餐厅内部播放轻松的音乐，以增加欢快的气氛。还要配备一定数量的玩具和游乐设施，以供儿童游玩。西式快餐店的陈设既要美观，又要实用，不可信手拈来，随意堆砌。各类装饰用品因就餐环境不同而不同。招牌是店面广而告之的载体，是餐厅营销中最常见和最常用的方式。不要小看一块小小的招牌，它不但包含了餐厅的定位、主题和特色等，更是经营者文化内涵和对市场、消费者心理把握的体现。一个用心设计的招牌能够在最短的时间笼络住准消费者，获得与对手竞争的特色优势的同时，还能够获得良好的市场营销效应，并在潜在消费群中留下特色印象。

（七）过程

西式快餐以标准化和定制化著称，包括品牌的标准化、服务的标准化、质量控制的标准化、运营管理的标准化、员工培训的标准化、特许经营的标准化等。用科学的手段使之定性定量、标准化，突破了限制饮食业生产能力的难关。西式快餐没有把烹饪寄托在经验技艺的个人传授上，而是用科学的手段，致力于寻找美食制作的内在规律。对用餐服务，也要定性与定量的研究。比如，不要让客人在柜台边上等候 30 秒以上，这是人与人对话时产生焦虑的临界点。柜台高度在 92 厘米时，会使绝大多数顾客在掏钱付账、取食品时感到方便。厨房工厂化和现代化形成饮食业前所未有的新能力，使现代高科技在厨房生产中大展宏图。西式快餐的制作已经由厨师个人的直接劳作变成指令控制下的机械化、半自动化生产，厨房就是工厂。西式快餐店没有厨师短缺或过剩的困惑，把难以预料的各种人为因素对质量的影响降到了最低程度。如家乡鸡在制作时，用自动机床加工，每只鸡一律准确地分成 9 块，清洗后要甩 7 下，保证水分恰到好处；鸡块在味粉中蘸料，滚 7 下按 7 下，表面被味粉均匀包裹，在恒定温度的油锅内炸制 13 分 30 秒，分秒不差；在保温箱待售的最长时间限定在半小时。这说明，只有按标准化执行，才能减少人为因素对产品质量的影响。只要按标准化培训，很快便能掌握技术。

三、西式快餐市场营销的 4P 分析

（一）产品（Product）方面

产品的宗旨是顾客至上，每一位顾客在点餐之后才会现做产品，以保证提供给顾客最新鲜的产品。产品统一模式：西式快餐所有的产品都有相同的标准，这样可以保证每位顾客吃到的产品味道几乎是一致的，西式快餐统一标准后即可方便操作，产品口味也具有一致性。

（二）价格（Price）方面

产品平均统一定价，相同的鸡块大小，优质统一的服务，保持洋快餐平均居高的定价策略，根据市场的变化调整定价策略。其中包括折扣定价——会员卡制和优惠券；产品系列定价——套餐服务。努力做到物有所值或者物超所值。比如说早餐推出的优惠套餐，超值午餐，通过低价来吸引客户，从而带来更多的新顾客。

（三）渠道（Place）方面

为顾客提供最佳的场所，清洁舒适的环境，每一个店内都有固定的洗手间，服务人员的微笑服务与热情服务，还有接待员为顾客提供的额外服务都吸引了外来顾客，同时，还可开通网上订购，外卖派送等，服务周到，渠道齐全。

（四）促销（Promotion）方面

提供赠品如快乐儿童餐赠送玩具、新年浪漫套餐赠送情侣挂饰，在圣诞节期间推出圣诞套餐，营造圣诞节的气氛，并有一位拖着大布袋的圣诞老人，发送手套等送暖礼品，塑造形象，圣诞期间的缤纷节日桶赠送圣诞礼盒、盒装蛋挞赠送雀巢咖啡或赠送优惠券、免费产品券；十一促销套餐赠送甜筒免费券、超值小食组套餐赠送当季优惠券、全虾堡套餐赠送全年每月可领的免费产品券等。同时利用生日餐会促销、节日促销、新品上市促销、庆典促销、竞争对抗促销、自主促销等促销方式迅速刺激需求，鼓励购买，增加销售额，树立企业的形象。

西式快餐为人们带来了异域文化，包括百分百顾客满意的价值观、品质、服务、清洁标准、追求速度与效率的运作、完善的小时工用工制度、成功的员工培训、良好的企业形象设计等，吸引了越来越多的中国人，为自己培育了消费市场。除了异域文化，西式快餐还带来了产业化运作、组团发展、区域经营的盈利型运作模式。这些都是西式快餐赢得优势的关键。西式快餐不但成功地拓展了中国快餐市场，在战略高度上也培育了儿童和青少年顾客，从而使西式快餐仍然会有稳定的市场份额。

思考题

1. 西式快餐业态的基本类型和特点有哪些?

2. 简述西式快餐业态存在的问题、现状，联系实际谈谈西式快餐将来的发展趋势。

3. 以一家中等城市连锁西式快餐店为例，试设计门店管理组织结构。

4. 西式快餐经营决策和计划的制定有何特点？

5. 简述西式快餐行业的物资采购方式及其特点。

6. 根据菜单设计原则，设计一套西式快餐菜单。

7. 制定一套某西式快餐店开业酬宾营销策划。

案例

德克士三大战略成就西式快餐第三大品牌

德克士于 1994 年才开始在成都开设第一个店，1996 年被台湾顶新集团收购。作为一个后起的快餐品牌，德克士是如何成长为中国西式快餐前三名的呢？通过对德克士发展历程的深入研究发现，德克士能在国际快餐连锁巨头麦当劳、肯德基的夹缝中“疯狂”成长，关键在于其制定的三大竞争战略。

一、选址战略：农村包围城市

地域的选择对连锁经营企业来说是战略性的选择，它意味着连锁经营企业进入什么样的地域市场，在什么样的地域与什么样的对手进行竞争。

德克士采取“农村包围城市”战略，面向麦当劳、肯德基无暇顾及的国内二三级城市进军，主攻西北市场。在进入城市选择上，德克士只选择那些非农业人口在 15 万人以上、居民年平均收入在 4500 元以上的地级市和那些非农业人口在 10 万人以上、年人均收入在 6000 元以上的县级市；在商圈选择上，除了秉承在“城市内最繁华地段或人流量最大的大型超市或商场”这一基本选址要求外，德克士主要选择在主商圈、社区以及学校周围等商圈进行不同规格店铺的选址。

德克士的选址战略避实就虚，避免了和肯德基、麦当劳的正面对抗，使德克士在西式快餐几乎空白的市场得到快速发展。在很多城市，由于最先进入，德克士成为该城市的西式快餐第一品牌，即便后来肯德基或麦当劳也进入了该市场，但不论是品牌影响力还是单店的营业额，德克士也都处在领先地位。

二、连锁战略：以特许加盟为主导

在连锁模式上，德克士采取了“加盟连锁为主、直营连锁为辅”的战略。其中在加盟连锁方式上，德克士以特许加盟为主、以合作加盟为辅。特许加盟是为愿意全额投资并全心经营的加盟者提供的合作模式；而合作加盟是针对投资型加盟者，由加盟者与德克士共同投资，德克士以设备资本作为投资，加盟者以场地、装修等资本作为投资，德克士负责餐厅经营并承担经营风险，加盟者提取固定利润。

正是因这两种加盟方式充分考虑到了国内中小投资者的不同处境和经营观念，再加上德克士根据不同地点、不同面积推出的不同店型并设计合理的加盟费用，使德克士很快吸引了大批加盟者。

德克士的普遍投资额仅为一二百万元，并且营运成本也被严格限定在适当的范围内，从而使每个德克士餐厅的成本远低于肯德基、麦当劳，也就大大增强了生存和竞争力。根据德克士总部对多例与麦当劳、肯德基发生直接竞争的案例进行的测算，德克士的运营成本平均比麦当劳、肯德基低10% ~ 15%，而物业租金由于品牌、进入时间先后等因素的影响更低。因而，在同一个城市，如果麦当劳、肯德基亏损的话，德克士很可能还会活得不错。德克士灵活的特许加盟模式以及低成本扩张策略使德克士迅速壮大，品牌影响力也不断增强。

三、营销战略：差异化营销

“农村包围城市”、“特许加盟战略”本身就是德克士与麦当劳、肯德基进行差异化竞争的重要策略。除此以外，德克士在产品开发、促销方式等方面相比麦当劳、肯德基等洋快餐严格执行的“千店一面”更具有个性化特色。

在产品开发上，虽然德克士的主打产品和肯德基一样都是炸鸡，但德克士在口味选择上非常注意与后者的区别。德克士炸鸡采用开口锅炸制，因而鸡块具有金黄酥脆、鲜美多汁的特点，并以此与KFC炸鸡形成鲜明差别。另外，在德克士开发的产品中，有很多是具有东方口味的美食，比如玉米浓汤、米汉堡、鲜肉芙蓉堡、咖喱鸡饭等。近年，德克士还推出照烧鸡肉饭、红烩牛肉饭等饭类产品。

在促销上，德克士有别于麦当劳、肯德基自上而下的全国性或区域性促销体系，采取自下而上与自上而下相结合的促销策略。德克士的每个加盟店都可以根据自身情况随时提出新的促销措施，经过与德克士公司讨论通过后，第二天就可以实施。而麦当劳要搞促销的话，一个签呈就可能要在内部走半年。正是凭借这种贴近市场和消费者需求的灵活而快捷的促销方式，德克士能以更低的成本和更有效的方案吸引越来越多的回头客。

德克士的差异化营销使德克士具有强大的竞争能力，加上德克士的投资额以及运营成本相对麦当劳、肯德基要低，加盟商具有更大的赢利空间，因而很多德克士的加盟商在开办了第一家加盟店后，往往又在几年内开办第二家、第三家加盟店。

请根据上述材料分析，以特许加盟为主导方式的西式快餐，其根据体现在哪些方面？西式快餐品牌建设与中式快餐有何不同？

参考文献

[1] 胡秀钟 . 西式快餐精解 [M]. 北京：化学工业出版社，2011.
[2] 何江红 . 中西式快餐 [M]. 上海：上海交通大学出版社，2011.

第六章　火锅餐饮业态管理与创新

主要内容

本章包含七个部分，第一部分是火锅业态的类型与特点，分析了火锅形成与发展、经营模式与主要类型；第二部分是火锅餐饮的组织与岗位管理，论述了火锅店的组织结构、岗位配置和人力资源管理方面的内容；第三部分重点分析火锅店的经营决策与计划，如何科学制定经营决策和推进计划的实施；第四部分是火锅餐饮产品和生产管理问题，分析了如何创新设计火锅产品和优化生产流程；第五部分是火锅餐饮的定价与菜单设计问题，不同火锅类型和档次如何确定价格和制定菜单；第六部分是火锅餐饮的服务管理与质量控制问题，如何提升火锅餐饮的服务质量；第七部分重点分析火锅餐饮的市场营销管理，结合新媒体如何开展火锅餐饮的创新营销。

学习目标

总体目标：能对火锅餐饮业态的产生背景、起源和发展情况有基本的认识和理解，掌握火锅餐饮经营的模式、计划、组织以及市场营销方面的重点，加深对火锅餐饮经营的能力和条件的认识，做到理论与实践的充分结合。

目标分解：

1. 了解火锅餐饮业态的起源、类型和模式。
2. 理解和领会火锅餐饮经营的条件与要求。
3. 理解和掌握火锅餐饮产品的类型与生产要求。
4. 理解和掌握火锅餐饮产品的定价与菜单设计要求。
5. 理解和掌握火锅餐饮市场营销的特定要求和条件。

重点与难点

教学重点：火锅类型、火锅经营模式、火锅店组织结构、火锅店岗位配置、火锅店产品定价、火锅店服务质量控制。

教学难点：火锅经营模式的选择、火锅连锁经营、火锅产品设计与优化、火锅市场营销。

第一节　火锅餐饮业态类型与特点

一、火锅的演变与发展

火锅，在众多的饮食词语中，“火锅”属于少有的一词多义之类。它既是食品名称，又是炊具名称，还是传统饮食方法，可谓身兼数职。

火锅古称“古董羹”，因食物投入沸水时发出的“咕咚”声而得名，它是中国独创的美食，历史悠久。这种烹调方法早在商周时期就已经出现，它也许就是火锅的雏形。《韩诗外传》中记载，古代祭祀或庆典，要“击钟列鼎”而食，即众人围在鼎四周，将牛羊肉等放入鼎中煮熟分食，这就是火锅的萌芽。今日火锅的容器、制法和调味等，虽然已经历了上千年的演变，但一个共同点未变：即用火烧锅，以水（汤）导热，煮（涮）食物。北齐的《魏书》中载，“铸铜为器，大口宽腹，名曰铜爨，既薄且轻，易于熟食”，可能是当时火锅一类的炊具。三国时期出现了一种类似火锅的“五熟釜”，锅中分五格，可调五种味道，类似现在的“多味火锅”。1984 年，内蒙古昭乌达盟敖汉旗出土了一幅墓葬壁画，画中绘三个契丹人席地而坐，围着一个火锅，有一人在涮羊肉，画上有桌，桌上放着两个盘子，还有酒杯、酒瓶、羊肉块等，描绘的是我国辽代人涮羊肉火锅的情景。

真正有记载的是宋代火锅。宋人林洪在其《山家清供》中提到吃火锅之事，即其所称的“拨霞供”，谈到他游武夷山，访师道，在雪地里得一兔子，无厨师烹制。“师云：山间只用薄批，酒酱、椒料活（浸油）之。以风炉安桌上，用水半铫（半吊子），候汤响一杯后（等汤开后），各分以箸，令自夹入汤摆（涮）熟，啖（吃）之，乃随意各以汁供（各人随意沾食）。”从吃法上看，它类似现在的“涮兔肉火锅”。

待到明清，火锅作为特定的烹食方式，开始真正兴盛起来，清烹饪理论家袁枚《随园食单》中有记载。当时除民间食用火锅外，从规模、设备、场面来看，以清皇室的宫廷火锅最为气派。清帝王的冬季食单上写有：野味火锅、羊肉火锅、生肉火锅、菊花火锅等。锅具形式已有双环方形火锅、蛋丸鱼圆火锅、分隔圆形火锅等。清乾隆四十八年正月初十，乾隆皇帝办了 530 桌宫廷火锅，其盛况可谓中国火锅之最，详情在《清代档案史料丛编》有载。1796 年，清嘉庆皇帝登基时，曾摆“千叟宴”，所用火锅达 1550 个，其规模堪称登峰造极，令人惊叹。

20 世纪 80 年代中期，火锅业抓住改革开放的机遇，开拓创新发展，取得了显著的成绩，尤其是近几年来，火锅业的迅猛发展引起了全社会的瞩目。火锅的制法独特、选料广泛、食用简便、风味别具，其式样和内容不断创新，火锅消费市场日益兴旺，火锅各流派之间的风味差别也逐渐淡化，适应面越来越广，火锅作为餐饮行业的一个类型，逐渐成为我国餐饮业的主要力量之一。

二、火锅的类型划分

随着火锅行业的发展壮大，经过数十年的发展，火锅行业经营分类不断细化，按照地域和风味流派来划分，传统火锅可分为南派与北派两大体系，南派以川渝麻辣火锅为代表，北派以北京、内蒙古的清汤涮肉火锅为代表，其他还有江浙的菊花火锅，火锅汤汁为鸡汤或肉汤，并辅以肉、鱼、鸡等薄生片与菊花一起涮着吃，清香爽神，风味独特；广东的打边炉、粥底火锅，云贵的酸汤火锅、菌类火锅，特点是火锅中一定要放云腿，食时配以香菇、鱼肉等生料，鲜嫩香辣，饶有风味；此外还有香港的“牛肉火锅”、上海的“什锦火锅”等，也风味别具。近年来又出现了新兴的海鲜火锅、豆捞火锅等。

按照经营模式划分，又可分为传统火锅、时尚火锅、休闲便捷火锅、高档精品火锅；按照口味划分，有麻辣火锅、清汤火锅、酸汤火锅、鸳鸯（多味）火锅；按照质地划分，有锡制火锅、铝制火锅、不锈钢火锅、搪瓷火锅等；按涮料的商品分类，有羊肉、肥牛、鱼、鸡、菌类火锅等；按照所用热源划分，有炭火锅、电火锅、燃气锅、电磁锅等之分。品种繁呈的火锅，为餐桌平添几分热闹的气氛。随着餐饮业交流借鉴的日趋广泛，火锅各流派之间的风味差别也逐渐淡化，适应面越来越广。

火锅发展到今天，已经远远超出了以往人们对火锅的概念，可以满足顾客不同的消费需求。随着火锅行业的发展，一些企业根据自身特色，不断发展壮大品牌，从千万火锅大军中脱颖而出，形成了中国乃至世界知名的餐饮品牌。

三、火锅的经营模式

火锅行业的经营模式是由火锅企业的消费者定位决定的，主要有如下模式。

（一）豪华型火锅

豪华型火锅店在某一区域均有较高的声誉，装修设施齐备，环境优美，在火锅制作方面十分讲究。除了具有一般火锅店的特点外，其独特之处为价格较高，高质量的火锅、高超的服务及就餐环境相统一、具备高级的烹调和服务人员，其服务对象以高收入者居多。

（二）大众型火锅

大众型火锅店是火锅店的主力军，其数量最大。经营品种比较单一，原材料以中低档为主，风味以当地大多数人可以接受的口味为主。这类火锅店以自身的特点规模档次服务的差别，在顾客中各有自己的地位与形象，有自身的独有特点，价格适中、火锅成本较低、风味大众化、上位率与周转率较高。大众型火锅店具有价格与大众化结合，经营方式灵活多样，服务对象面向大众消费者，经营管理方法结合自身实际等特点。

（三）风味型火锅

风味型火锅店是体现独特的饮食文化，具有浓郁的地方风味，品种比较单一但影响很大的火锅店，往往具有一定的代表性，是历史性地域性民族性的综合反映。此类火锅品种、汤卤比较固定，服务有一定特色，风味得到公认。风味型火锅店具有布局与装修有丰富主题与内涵，顾客能感受到独特的文化熏陶与情调，吃与乐结合参与性强，气氛轻松和睦等特点。

（四）自助型火锅

自助型火锅店是将火锅原料（生料和半成品等）与餐具全部放在火锅厅的某一区域，由客人自行选用，服务人员较少的火锅店。此类火锅除了有着随意性自由性的特点外，还拥有较大的选择性，感到较大的满足感。

自助型火锅店布局上实行开放式，以大厅为主，锅品上以一两个品种为主，口味大众化，价格上采取每人限定金额消费，服务上比较灵活，服务人员较少，顾客的参与性和自我满足感得到体现，讲究原料及菜肴的丰富性又避免浪费。

四、火锅业态的现状

目前我国餐饮业进入了持续快速发展时期，大众化和多元化日益成为餐饮消费的主流。火锅餐饮以其“形式随意、气氛热烈、原料丰富、口味多样”等别具一格的特色深受大众群体喜爱，加之取材多样、丰俭由人的特点，可适应各类消费者的不同需求，有广泛的消费群体。火锅企业因其集中配送、中心厨房工厂化加工、迅速扩张连锁等优势，发展速度较其他餐饮形式更快。近年来，我国火锅企业异军突起，发展势头极为迅猛，一大批火锅餐饮品牌逐渐形成。

根据中国烹饪协会发布的百强统计数据来看，火锅餐饮业年营业额已接近全国餐饮业年营业额的 1/3，成为我国餐饮业的主要力量，创造了可观的经济效益和社会效益，有力地拉动了社会就业和原料调料的产业化发展，具有较强的盈利能力。目前，我国火锅业态发展迅速，成长喜人，显示出强大的市场生命力。从整体而言，火锅业现已成为我国餐饮业中可望与洋快餐相抗衡的中坚力量。

即便受国家经济环境和政策环境影响，2013 ~ 2014 年中国餐饮行业进入新世纪以来最为低速发展期，而火锅企业仍旧能保持一贯的持续增长态势，在餐饮行业发展不利的大环境下逆势增长。2013 年餐饮百强中，火锅业态是唯一一个平均单店收入、平均每平劳效、净利润率都正增长的业态，火锅业态占据近 1/3 的席位，与 2012 年相比，火锅发展依然强劲，营业收入同比增长 11.2%，占百强总营收的比重上升 1.2 个百分点，达到 25.4%，是所有业态中上升幅度最大的。

五、火锅业态的基本特点

（一）连锁经营盛行，直营成为行业新主导

火锅业态生产加工环节少、底料和调料的统一配置，能够保证产品的稳定性和一致性，相对其他的中餐形式更易于标准化，得益于火锅业态的标准化程度较高、易于复制的特点，因此连锁经营一直是火锅行业发展的重要方法，内蒙小肥羊、小尾羊、重庆德庄、秦妈等知名企业 2005 年之前加盟店的比例均为 95% 以上。加盟经营推广方式给企业带来了品牌迅速扩张和资金积累的好处，但由于加盟店的管理水平不一，菜品质量良莠不齐，再加上总部对加盟店的控制管理跟不上，致使品牌形象大打折扣。为了维持辛苦创立的品牌形象，以小肥羊为代表的各个知名火锅企业吸取了经验和教训，为了维护品牌形象和自身利益，企业专注直营连锁店的发展，大幅减少加盟店的数量，增加直营店的数量，完成了由速度到高度的转变。

（二）经营扩张步伐放缓，海外市场逐渐开拓

中国餐饮 2014 年度百强企业数据显示，在严峻的市场形势下，餐饮百强企业扩张步伐有所放缓，有 7 家百强企业收缩了城市布局，撤出部分城市，而且还有 14 家企业关闭了部分门店，其中以餐馆酒楼、火锅企业居多。与此同时，在国内餐饮市场发展放缓的情况下，部分火锅企业纷纷走出国门，探索开拓海外市场。并且，在原有海外布局基础上，海底捞、内蒙古小尾羊、刘一手、黄记煌等火锅企业的海外门店数还有所增加。2014 年海底捞在美国洛杉矶富人区阿凯迪亚市开设的欧美第一家分店开始营业。

（三）自助火锅大行其道，新生力量异军突起

自助式火锅充分利用生产加工环节少、底料和调料统一配置的特点，打破了传统菜单点菜式火锅一统江湖的局面。自助火锅就餐形式新颖，增加了食客和菜品之间的交互，让食客能更加自主地选择菜品。不仅让顾客有更多的选择余地，而且减少了用工数量，有效地解决了餐饮企业用工难与人力成本不断增高的困扰。而且，新颖的就餐方式尤其受到年轻人的喜欢。此外，外婆家旗下的锅小二，开创了以引领“AA”制消费为特征的自助火锅模式。吉林缘生泰，以生态、环保、健康、便捷为核心理念，在全国火锅企业中第一个采用物联网技术，导入智能化智盘结算；第一个全方位传播福文化；第一个全程采用矿泉水用水。仅用七个月时间便在吉林地区开设直营连锁店48家，店店火爆，顾客盈门。广西桂景大酒店首创了获火锅专利的四季养生火锅“三宝六神锅”，以养生为核心，创新地推出“一炉三锅”吃法。正是各种新生力量的涌入，给整个火锅业态注入活力，从而促进和推动了整个行业的可持续发展。

（四）产业规模逐步形成，带动地方经济发展

随着国家物流体系的不断建立和完善，火锅市场的产业规模逐步形成，并不断带动地方经济的发展。

（1）建立供货基地，确保品质，实现统一配送。内蒙古、四川、山东、河北等地农牧业面向全国火锅餐饮市场，组建了羊肉、辣椒、花椒、香油、芝麻酱、固体酒精等火锅常用原料、调料、燃料生产、加工、销售基地，为连锁火锅企业提供统一采购配送，缩小经营成本，创造更大经济效益。而一些品牌火锅企业更是自己建立原材料基地，如东来顺、小肥羊、福成肥牛不但拥有规模较大的牛羊肉屠宰加工基地，而且肉类加工品供应企业还分销各大商超。德庄、秦妈、海底捞、武陵山珍、上鱼舫、黄记煌、田源鸡等火锅企业分别建有自己的辣椒、花椒、蔬菜生长基地，创建了底料、调味料、加工基地以及配送加工物流基地。如此完善的生产链不但保证了企业的品质，更降低了成本，创造了更多的利润。

（2）延伸产业链，打造第二市场，借助互联网优势，各火锅企业的特色核心产品不断涌入各大商超，如“小肥羊”“海底捞”等特色汤底、涮料，方便顾客在家涮制。比如东来顺的相关产品进入4000家商超，方便了消费者。

（3）火锅行业已经成为拉动内需、解决就业的重要力量。如“中国火锅之都”重庆，充分利用麻辣火锅发源地的餐饮文化优势，以火锅餐饮为龙头，抓好餐饮产业，拉动相关产业，促进劳动就业和输出烹饪技术人才等，在推动地方经

济发展方面发挥了积极作用。

六、火锅业态发展中的不足

就整体而言，火锅业态标准化程度高、易复制的先天优势，在助力火锅企业快速发展的同时，由于其门槛低，也导致了发展的盲目性与同质化的惨烈竞争。而食品安全问题更让餐饮业成为“高风险”的行业，火锅业态在重重光环之下也存在着一些不足。

（一）“一窝蜂”式的盲目发展

许多企业太习惯于跟风，凡事都是一窝蜂，几年前高端餐饮火爆，便一拥而上，终导致产业泡沫，如今相同的局面即将或已经出现在火锅领域。众多投资者“一窝蜂”涌向既好做又有广泛消费者基础的火锅产业，一时间，火锅成了高端餐饮转型以及创业者的重要选项，殊不知，百强企业中，发展强劲唯一呈正增长业态的是火锅，但撤出部分城市关店的火锅企业也居多，一定程度上反映出发展的盲目性已导致市场竞争的无序化。

（二）同质化现象普遍

火锅业态相较于百菜百味的酒楼餐饮而言，本就是极易同质化的业态，如何创新商业模式、塑造品牌，提升核心竞争力成为关键。“海底捞”作为近些年的新兴火锅企业，另辟蹊径，主打以服务创造价值，到海底捞吃的不是火锅，而是令人称道的贴心与关怀备至的体验，值得众多火锅企业借鉴。

（三）食品安全隐忧

食品安全问题对于连锁化餐饮企业来说，可谓“牵一发而动全身”，更是企业生存与发展的根本。上海福喜过期肉事件，串起了麦当劳、肯德基、必胜客、星巴克乃至宜家等众多洋品牌，成为近年来洋餐饮遭遇的最大危机。火锅业态的产品特点，无论是底汤还是涮食用的原材料，都容易有各种食品安全问题，常常让火锅企业中招。2013 年的“假羊肉”风波就曾让小肥羊、傣妹、谭火锅、品尚豆捞、澳门豆捞等知名火锅店牵涉其中。

食品安全同时也是连锁化管理的一个难点，其涉及的内容包括餐厅管理的整个链条，从工作人员的规范化管理和培训，到食材的采购和加工，以及后厨环境卫生和设备的配备、清洁，餐厅经营的每一个环节都会影响到出品的食品安全，需要引起企业的高度重视。

（四）经营能力缺乏

加盟经营是火锅业态的首选方式，直营加盟比为 2 ∶ 5，远高于其他业态，得益于火锅业态的标准化程度高、易复制的特点，但加盟店的经营好坏，固然与连锁总部的品牌影响力、管理体系、配送体系等紧密相关，但在充满竞争的市场，加盟商的经营能力往往成为制胜的关键，而连锁总部对加盟商市场策略、营销组织的支持却普遍不足。

目前中国餐饮市场上超半数企业在投资餐饮时都没有进行过科学系统的前期市场调研，大都以感性认知为投资决策，以致开业后的营销推广规划更是一团乱麻，对推广时段、推广形式、推广内容没有清晰的认识和准备。宣传媒体上出现的中国餐饮广告不外乎三种：一是菜品所谓美味；二是环境所谓好；三是打折优惠。表现出对市场定位的缺失以及目标顾客选择的茫然。

七、火锅业态的发展趋势

火锅行业的健康发展，与全餐饮行业一样，需要破解三大层面的问题：一是赢利模式的创新；二是突破利润的瓶颈；三是食品安全的策略。

（一）赢利模式的创新成为赢得竞争的关键

一个好的赢利模式需要以目标市场的顾客价值创造为依据，构筑从环境到产品以及服务体系，并不断升级与强化，从而形成可持续性发展的核心竞争力。

1. 市场细分

中国的市场特征已经从商品经济转向了产品经济，产品经济意味着小众化消费阶段。步入中产阶层的消费者不再满足于大路货，他们开始追求有个性、有特色、有品位的产品。到了这个阶段，企业要从服务大众转向服务小众，也就是说过去是“为人民服务”，而将来是“为部分人服务”。到了小众化消费阶段，企业与企业之间的竞争就是看谁能够把握小众化市场的独特需求，并根据这种独特的需求来制定企业战略，并开发出相应的产品和服务。

2. 小企业时代来临

随着小众化市场的出现，中小企业时代就正式开启了。在温饱型和小康型消费者为主的大众化消费阶段，明星企业是大企业，人们很自然地将“大”跟“强”划上等号。而在小众化时代，成功的企业往往是一些中等规模的企业。因为既然是小众化市场，它的需求量肯定是有限的，规模经济效益在小众化市场上会被削弱，而满足不同小众化市场的需求，更多的靠差异化的产品，这就给中等规模的企业创造了机会。

3. 顾客为王的思维

对于企业来说，规模已经不是最主要的概念，最主要的概念在于稳定持续盈利，而这则取决于企业是否有能力与顾客走在一起，这是今天商业的逻辑。在5年前、10年前，企业追求规模、追求增长速度还是一个明智的选择，毕竟在那个时代，没有规模企业就无法获得有利的竞争环境；在一个速度的时代，没有增长速度肯定不行。所以才有“快鱼吃慢鱼，大鱼吃小鱼”的观念。但是，随着技术创新、顾客能力的提升、商业模式的改变、市场与产业的发展、企业竞争的关键已经不再是大和小的关系，也不再是快与慢的关系，而是创新、创造与变革的关系。

（二）突破利润瓶颈的途径

在行业“四高一低”现象不断恶化的经营环境下，如何突破利润的瓶颈成为火锅企业乃至全行业不得不面对的挑战。

1. 标准化

标准化体现着严格的组织纪律性，它是克服管理随意性、无序性、粗放性的有效手段，是由人治管理走向法治管理的必然过程。标准化、规范化发展成为主要发展潮流，《火锅店分等定级规定》的实施将助力企业经营管理行为的规范。未来的餐饮业没有稳定一贯的待客品质就没有常常光临的老顾客。尽快让餐厅管理步入标准化，是业者不能忽视的课题。

2. 专卖化

餐厅贩卖的餐饮种类应该愈多愈好还是简单为宜？过去一直没有定论。现在随着人工费用不断上涨，从业者逐渐认识到“卖的东西越精越少越有利润”，中心厨房和物流配送站将发挥越来越重要的作用。

目前中、西餐厅所卖的餐饮种类均力求简化，以缩小厨房的人工支出，并让制作材料的采购、库存单纯化，减少损耗。为了提供更多的选择，餐厅会运用套餐、特餐、简餐做变化，这些都是合乎时代潮流的做法。未来餐厅贩卖餐饮的种类将进一步简化，而且需突显所谓的专卖化。如此借着诉求明确，口味突出，才能在市场上别树一帜，找到有利的生存空间。

3. 精细化

餐饮企业要实现高速良性发展，增强赢利能力的重要着力点，就必须实行精细化管理。实行精细化管理的前提是：量化的标准、工作的程序、可执行的管理工具。精细化管理要求管理人员关注每一个细节，只要建立流程导向的管理思维，运用流程管理的方法就能够管理好每一个细节。

4. 智能化

通过餐饮O2O、手机App（Application）客户端、美食速递网、微信等现代信息化手段，实现在线点餐、预订桌位、在线支付等，成为餐饮消费的新形势。据中国烹饪协会相关统计，目前国内已有27%的餐饮企业推出了App服务。现代信息化手段可精准统计用餐时间、备菜量，既提高了翻台率，又节约了原材料。电子商务营销模式的创新，将给传统餐饮业向现代服务业的转变带来巨大推动力。

5. 专业化

许多较先进的行业，目前投资者与经营者均已分开。投资者只负责出资，经营则聘请专业人才来做。这样做的好处是成功几率较大，可以避免走许多冤枉路，减少投资的浪费。通过聘请经验丰富、懂得行业经营管理的餐饮职业经理人，帮助企业快速成功。当前由于缺少餐饮经营高级人才的培养，职业经理人群体也良莠不齐，所以目前可用的人才不多。但未来的潮流，仍然是趋向由专业的经理人担任餐厅的经营者。

（三）食品安全仍是重中之重

民以食为天，食以安为先。无疑，在激烈的市场竞争中，餐饮企业在注重规模化发展的同时，更要加强企业规范化的管理。特别是与消费者健康息息相关的食品安全，因为其不仅是餐饮企业生存的立身之本，也将成为行业可持续发展的基石。食品安全问题对于餐饮企业来说，可谓“牵一发而动全身”，更是企业生存与发展的根本。

1. 消费安全将有章可循

《火锅店安全管理规范》已着手启动制定，未来火锅消费安全将有章可循。据介绍，新标准将从食品、消防、经营和操作安全等角度，对火锅食材以及火锅门店设施安全、后厨管理、组织机构设置等进行全面严格管控。在服务方面，对员工行为标准和突发事件处理办法等做明确说明。

2. 中央厨房模式保障食品安全促进餐企发展

集中采购、集中生产、集中配送，通过中央厨房的方式管控整个生产过程，是现代连锁餐饮企业稳健、安全发展的必由之路，这已经成为业内人士的共识。通过中央生产，可以有效控制质量、食品安全性及提高效率；同时可保持餐厅出品的一致性及稳定性。大力发展连锁餐饮企业的中央厨房发展模式，将有效提高餐饮企业的资源综合利用水平和环境保护水平，并从根本上保障食品安全。

目前很多连锁火锅企业都建立了中央厨房和物流配送站，但往往只进行底料和调配料的加工包装，加工品种不多，许多还要在门店单独完成。随着房租和人工等成本的提高，只有最大的营业面积才能获得最多的利润。而让中央厨房承担更多的食品加工工作，如净菜的加工、肉类加工、丸滑类的加工，既便于控制产品质量，又节约了门店场地，使人员解放出来更多地投入经营，这是火锅企业将来发展的必然趋势。因此科学化、现代化的加工基地和物流配送中心是未来火锅企业不可缺少的心脏部分。

3. 全产业链发展引领行业新格局

针对各种食品安全问题，企业承担着最重要的责任，小尾羊凭借着全产业链模式从“牧场”到“餐桌”的精耕细作，给食品安全找到了一席稳妥之地。以羊肉行业为例，羊肉经过养殖、加工、销售才会送上餐桌，这就要求企业从源头到终端都要有严格的安全标准。从2006年起，小尾羊就建立起“小尾羊肉羊养殖基地”，推广“公司＋政府＋基地＋农户”的模式，通过给农户提供杜泊羊、苏尼特羔羊等优质羊种，普及科学合理的饲养方式，从而有效地保证了肉羊的品质。未来从源头到终端的全产业链模式将是整个食品行业的趋势。

第二节　火锅餐饮组织与岗位管理

火锅门店的组织机构是整个火锅企业组织机构中的重要组成部分，它既是企业运行的重要条件，又是企业管理的载体，其设置对企业经营管理有着极其重要的影响，对建立良好的服务与管理体系，达到餐饮经营目标，实现餐饮服务和管理的程序化、标准化和规范化等起着重要的作用。

一、组织结构

根据行业特点，火锅企业大多以连锁店形式为主，其经营网点多，管辖范围广，分工细，人数多，员工文化程度和年龄层次差异大。要将这样一个复杂的部门管理好，必须建立合理有效的组织网络，并进行科学分工，明确职责，使各部门人员各司其职，以保证餐饮部的正常运转。

火锅企业的组织机构（图6–1），是确定该部门各成员之间、所属部门之间相互关系的结构。其目的是增强实现本部门经营口标的能力，更好地组织和控制所属职工和群体的活动。

管理组织机能——计划、营销、督导、协调、核算、控制。

作业组织机能——采购、验收、仓储、领发、生产、销售、服务等。

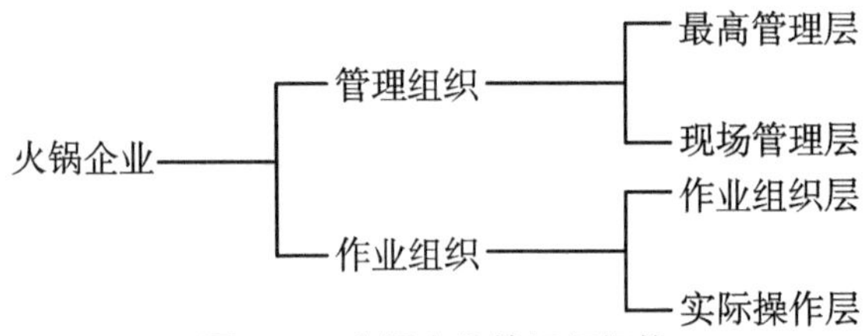

图 6-1　火锅企业的组织机构

二、组织结构设计

火锅企业的内部组织机构，因企业的规模、接待能力、餐厅类型及餐饮企业本身职能的不同而形式各异，但必须建立起合理高效的组织网络，科学分工。一般企业多采取“直线—职能制”管理体制，内部关系采用垂直领导、横向协调的方法，形成有机的整体（参见图 6-2 某火锅企业的组织架构图）。为达到组织设计的理想效果，餐饮组织设计的主要内容包括如下方面。

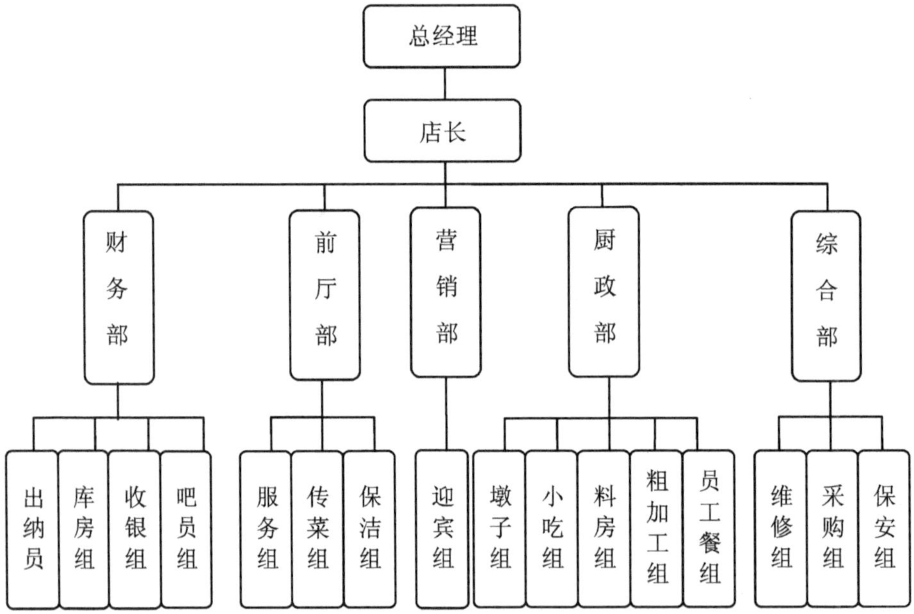

图 6-2　某火锅企业的组织架构图

（一）职能与职务的分析与设计

火锅企业经营者要对总的经营目标进行层层分解，分析并确定完成总目标任务究竟需要哪些基本的职能与职务，然后设计和确定从事具体管理工作所需的各级职能部门以及各项管理职务的类别和数量，分析每位职务人员应具备的资格条件、应享有的权利范围和应负的职责。

在创构组织结构时，可以根据经营的宗旨、任务目标以及内外环境的变化，自上而下地确定经营所需要的部门、职位及相应的职责，自上而下绘制组织系统图。另外，组织设计工作也可以根据内部的资源条件，在经营总目标层层分解的基础上从基层开始自下而上地进行。

（二）部门设计

根据每位职务人员所从事的工作性质以及职务间的区别和联系，依照组织职能相似、活动相似或关系紧密的原则，将各个职务人员聚集在“部门”这一基本管理单位内。由于组织内部活动的特点、环境和条件不同，划分部门所依据的标准也不一样。对同一经营主体来说，在不同时期不同战略目标指导下，划分部门的标准可以根据需要进行动态调整。

（三）层级设计

在职能与职务设计以及部门划分的基础上，必须根据餐饮经营主体内外能够获取的现有人力资源情况，对初步设计的职能和职务进行调整和平衡，同时要根据每项工作的性质和内容，确定管理层级并规定相应的职责、权限，通过规范化的制度安排使各个职能部门和各项职务形成一个严密、有序的活动网络。

三、组织构建的基本形态

构建火锅企业组织的基本形态就是餐饮企业的管理方式。组织建构的基本形态主要有以下三种：直线式、职能式、混合式。

（一）直线式

这是一种最早使用也最简单的组织形式，是指企业指挥管理系统采用传统式的由上而下的指挥方式，实现垂直领导和集权领导。其优点是：结构简单、权责分明、命令统一、组织程序与业务运行程序相一致，上、下级间均按照规章或者指令执行；各级管理者执行统一指挥和管理职能，不设置专门的职能机构。不足之处是：高层管理者管理责任较大、负担较重。这需具备较高的管理水平，并能适应全面管理的人才来担当。直线式形态的最大特点是权责分明。对于火锅行业这种经营业务单纯、规模较小的单体餐饮企业，连锁直营式火锅企业各门店，以及大型火锅企业的基层或业务部门均适合用此组织形式。

（二）职能式

它又称“U 型”组织，是指在企业总经理的统一领导下，企业各职能部门在本部门的职权范围内，分别领导业务部门的有关人员的组织形式，职能式组织形式的最大特点是通过将专业技能紧密联系的业务活动归类组合到一个单位内部，可以更有效地开发和使用技能，提高工作效率。职能式组织形式的最大优点是管理职能分工化，可以充分发挥专业人员的作用。采用职能式的组织形式能提高各个部门的工作效率，培养团队意识，并能有效协调各个部门的关系。此种形式比较适用于大型、跨行业、多种经营的餐饮企业，在火锅行业内相对应用较少。

（三）混合式

这是一种结合直线式与职能式的优点所形成的组织形式。它在各级领导之下设置相应的职能部门或职能人员，分别从事专业管理，作为该级领导者的参谋和实施专业管理的助手，各级业务管理实行层级制，上一级职能机构或人员只能对下一级的职能机构或人员进行业务指导，而不是对下一层的机构或人员发布命令。这种组织形式既吸收了“直线式”集中统一指挥的优点，又吸取了“职能式”中发挥专业管理部门或专业人员职能作用的长处，符合组织设计中统一指挥和建立严格责任制的要求。混合式的组织结构形式多为现代火锅企业所采用，对于一些跨地区的、拥有大型中央加工配送部门的火锅企业比较适用。是一种民主化、人本化的组织管理模式。

四、岗位职责设计

（一）岗位职责设计的原则

岗位职责就是明确员工的岗位职责范围，确定岗位工作内容，并说明员工在其岗位内“做什么”“什么时候做”，以及“在什么地方做”。岗位职责的编制应遵循以下原则。

（1）以组织机构为基础的原则。组织机构图详细描绘了各部门岗位的职能关系，岗位职责必须符合组织管理系统的权责设置。

（2）应有清晰合理的编写规则。

（3）既博采众长，又切合企业实际的原则。餐饮企业岗位职责规范、详尽，不同的企业既有区别又有相通之处。

（二）餐饮岗位职责的结构

餐饮岗位职责的结构即餐饮岗位职责的内容框架和项目，主要包括以下的内容。

（1）岗位名称。岗位名称即岗位的具体称呼，也称工作职位，同一行业的称呼基本一致，如餐饮总监。

（2）岗位级别。岗位级别即指岗位在餐饮组织层级中的位置，不同岗位级别是有效调控员工积极性的利益杠杆。岗位级别一般由企业自行定制。

（3）直接上司。直接上司即本岗位的直接领导者（管理者）。设置直接上司旨在使每个相应岗位的员工知道自己应听从谁的直接指令，向谁负责，向谁汇报工作，如服务员的直接上司应是领班。

（4）管理对象。管理对象主要针对不同管理岗位而设立，旨在使每个管理者明确自己的管理权限、管理范围，避免越级管理。它是组织秩序的基础和保障之一。

（5）职责提要。职责提要即为岗位要领，主要职责是对工作职责的小结，通常自成一段，进行岗位职责提要描述时，应简明扼要并将最重要的职责简述清楚。

（6）具体职责。具体职责又称职责内容或工作内容，即为相关岗位的详细工作任务书。进行岗位职责的具体描述时，必须清晰地提出相应岗位的各项具体任务。有关工作标准、工作要求和工作步骤等内容，属工作程序和工作规范的范畴，一般不在具体职责中体现。

（7）任职条件。任职条件即指职务要求或岗位要求，是对该岗位任职人员的基本素质要求。一般包括品格要求、基本知识要求、技能要求和学历、职业经历以及身体状况要求等。

（8）岗位权限。岗位权限是针对不同管理岗位而设置的。此项内容一般要体现责、权、利相一致的组织层级原则；同时，要充分考虑授权幅度的大小，体现适度授权和授权明确的原则。此项内容各餐饮企业对同层级的管理人员授权幅度不尽相同，而各有侧重点。向一线员工授权，是现代餐饮企业体现人本管理思想的重要手段。

餐饮企业在具体制定岗位职责时，也可按工作名称、负责人、工作时间、职责及工作要求等项目进行。

（三）岗位职责的制定

岗位职责的制定，即企业或餐饮机构制定本企业相关人员承担某项工作的具体要求。不同类型、不同规模和不同经营定位的餐饮企业，均有着各自不同层级的岗位职责。

以下是国内某火锅连锁企业区域经理管理岗位职责。

【岗位名称】区域经理

【岗位级别】一级 B 类

【直接上司】区域总监

【管理对象】所属区域各门店经理、领班、一线员工

【职责提要】在区域总监的直接领导下，负责在各门店员工中贯彻执行国家有关法规和酒店的方针目标；负责组织、制订各门店、各级人员的职责与权限、工作与服务规范；对各门店行政工作全面负责，并对工作质量、服务质量全面负责，对门店的工作有指挥、考核权；全面组织、制定、修订、落实门店内各门店的工作计划和经营预算；督导、检查各门店的正常运作，确保为客人提供优质、高效的餐饮服务；通过完善成本控制与指标考核，完成区域的各项经营指标。

【具体职责】

（1）贯彻、落实区域总监的各项指示、指令，全面负责餐饮部的组织领导工作，有效实施各项管理职能，其工作直接向区域总监负责。

（2）根据公司年度经营管理总体目标，制订、修订、落实各门店的年度、季度、月度经营管理目标及各项工作计划。

（3）做好市场预测，分析经营动向，定期与区域总厨、各门店厨师长研究新菜式，保证菜点质量和花色品种不断更新；适时举办各种风味特色食品节活动，不断提高餐饮营销工作，严格控制菜点、饮品的各项生产规格、质量标准和综合毛利率；加强食品原料的采购、验收、贮存和发放管理，降低成本，增加赢利。保证完成本部门所负责的工作任务和下达的各项基础指标。

（4）督促区域总厨对各门店生产进行科学管理，健全组织，合理布局。保证菜点质量，加强生产环节的各项成本控制，创造良好的工作氛围，调动厨师积极性。

（5）负责在本区域各门店贯彻、执行公司质量方针和目标，带领、指导兼职训导员建立、完善、落实部门的规章制度及工作程序与标准，并按《奖惩标准》加强督导、检查、考核，进行绩效评估，不断提高本部门服务的标准化、规范化、程序化、艺术化水平，激发员工工作的积极性。

（6）负责本区域全体员工的素质教育和业务技术培训工作，不断提高员工的综合素质。

（7）按时参加区域总监办公例会，定期召开、主持各门店主管、领班会议，协调各项工作关系，布置和总结各项工作。

（8）经常督导、检查各门店、厨房的清洁卫生和设施设备的维修保养工作，

以及防火、防盗和食品卫生法的执行情况，杜绝各种事故的发生。

（9）保证完成区域总监临时交办的其他工作任务。

【任职资格】

（1）有较强的事业心和责任感，工作认真踏实，为人处世公正严明。

（2）熟练掌握门店管理与服务的专业知识和技能。

（3）具有较强的组织管理能力，能制订各种餐饮服务规范和服务程序，组织员工认真贯彻执行，具有妥善处理客人投诉及其他突发事件的能力。

（4）具有大专以上学历，受过系统餐饮管理专业培训，有十年以上的门店管理经历。

（5）身体健康，精力充沛。

第三节　火锅餐饮经营决策与计划

决策是指管理者识别并解决问题的过程，有时也指管理者利用机会的过程，经营决策作为一个管理活动过程，通常包含以下步骤：诊断问题（识别机会）、明确目标、拟订方案、筛选方案、执行方案、评估效果。

一、经营决策与计划的特点

从管理基本原理的角度看，计划包含将来行动的目标和方式。面向未来和面向行动是计划的两大显著特征。广义上，根据哈罗德·孔茨和海因·韦里克从抽象到具体的划分，计划具有不同的表现形式，包括目的或使命、目标、战略、政策、程序、规则、方案和预算。

经营决策与计划是根据市场供求关系，在分析内外客观环境的基础上，对企业管理的任务和目标及其实现措施所做出的行动安排。其特点如下：

（一）目标性

从本质上说，计划管理就是确定目标，组织业务活动的开展，保证计划指标的实现。因此，经营计划必须以经营战略为指导，分析客观环境，掌握市场供求关系的变化。在收集信息的基础上，做好预测。然后通过各种形式的计划，对餐饮人力资源管理、组织设计、成本控制、利润目标等做出全面安排。这些指标一经确定和分解，就成为基层管理的具体目标，指导餐饮管理各项业务活动的开展。因此，餐饮经营计划实质上是目标管理的具体运用。

（二）层次性

餐饮经营计划从管理层次上看，包括公司计划、门店计划、部门计划、基层作业计划；从内部管理流程来看，经营计划包括食品原材料采购计划、厨房生产计划、餐厅销售计划、成本计划等。各级、各部门、各餐厅的计划都是互相联系、互相依存的。下级的计划指标既是上级计划指标的分解，又是更下一级计划指标的基础。

（三）综合性

计划是一项综合性较强的工作，它涉及各部门与各环节、各项业务活动的开展。广义的计划包括使命陈述、远景规划、战略制定、计划选择等内容。具体经营计划涉及采购、储藏、生产、销售、服务等内容。计划的贯彻执行涉及餐饮业务管理的全过程，体现在供、产、销活动的各个方面。因此，餐饮经营计划是以经济效益为中心、以销售预测为起点、以业务经营活动为主体、以经营措施为保证的复杂的行动方案，具有较强的综合性。

（四）专业性

餐饮经营计划是一项专业性、技术性较强的工作。在编制计划以前，要做好餐饮环境调查研究，分析经营环境，掌握市场供求关系的变化，在编制计划过程中，要做好销售预测和财政预算，合理安排各种指标。执行过程中又要利用信息反馈，掌握计划进展和可能出现的偏差，及时纠偏，发挥控制职能。因此、餐饮管理人员只有掌握这些专业技术，并善于灵活运用，才能做好计划管理工作。

二、经营决策与计划的编制过程

经营决策与计划工作是通过计划编制和计划执行来完成的，它体现在餐饮业务管理过程的始终。为保证编制的计划合理，计划编制要采取科学的方法。计划编制的步骤包括：确定计划目标、分析现在情况、研究过去经验、预测和确定计划前提条件、拟定和选择行动计划、制订计划、制订派生计划、制订预算等。在餐饮经营目标确定的基础上，其计划的编制过程主要包括如下方面。

（一）分析市场环境，收集计划信息

分析市场环境、收集计划信息是餐饮计划编制的前提和基础。分析市场环境要求在认真做好市场调查的基础上，掌握市场动向、特点、发展趋势和市场

竞争状况，然后结合本餐饮经营的实际情况，分析顾客类型、档次结构、需求变化、产品风味、花色品种、价格水平、服务质量等同市场需求的适应程度，找出优势和水准，为确定餐饮经营方向和计划目标提供客观依据。

（二）预测计划前提，编制计划方案

餐饮市场营销计划和经营利润计划的实现要具备一定的前提条件，对计划实施的细节做出预测，以明确计划实施的重要条件。

一是根据市场动向、特点和发展趋势，以调查资料为基础，预测各门店的上座率、接待人次、人均消费和营业收入。

二是分析食品原材料消耗，制订各门店标准成本，预测成本额、成本率，确定成本降低率指标。

三是根据业务需要和计划收入，分析流通费用构成及其比例关系，预测各项费用消耗，确定费用降低率指标。

四是分析营业收入、营业成本、营业费用和营业利润的相互关系，预测餐饮利润目标。

五是在上述预测分析的基础上，编制餐饮计划方案，初步确定各项计划指标。

（三）分析计划可行性，选择行动计划

分析计划可行性是计划管理的基本原则。餐饮计划方案选择应尽可能多，计划方案的提出可以采用集体决策方法，方案计划的数量是计划满意的保证。

对行动计划的选样还要进行评估，要审查收入、成本、货用和利润的相互关系；审查采购资金、储备资金、周转资金的比例关系，使之保持衔接和协调；审查收入、成本、费用和利润在各部门之间的相互关系，使资源分配和计划任务在各部门之间保持协调发展。评价行动计划要考察计划的制约因素、总体效益、有形与无形因素、静态与动态因素。在此基础上，经过分析讨论，做出计划选择决策。

（四）制订具体计划，将计划数字化

将所选定的计划用文字表述出来，作为管理文件。拟写计划的要素必须包含“5W1H”，即做什么（What）、为何做（Why）、由谁做（Who）、何地做（Where）、何时做（When）、怎样做（How）。基本计划还要有派生计划作为辅助文件。计划编制的最后一步是将计划数字化，即编制预算，一方面使计划指标体系更加明确，另一方面便于对计划进行控制。

第四节　火锅餐饮产品与生产管理

火锅产品与生产管理，主要包含伙食原料管理、生产过程管理、加工设施管理三个方面，分别对应了生产过程中的源头、加工、辅助三个重要过程。

一、伙食原料采购管理

火锅产品作为餐饮产品的一类，其生产过程的源头就是伙食原料的采购，该项工作直接关系到餐饮产品的品种、风味和质量。因此，食品原材料采购管理是火锅产品生产管理的首要环节。

（一）食品原材料采购的组织形式

食品原材料采购管理组织形式是经营管理体制决定的。伙食原材料采购管理的组织形式主要有两种。

（1）集中采购组织形式：集中采购组织形式是企业设立采购部。各部门所需的伙食物资、食品原材料，统一由采购部采购，在采购部内部再分设不同的采购小组，通过内部流转的方式，配送到各网点或分部。

（2）单独采购组织形式。单独采购组织形式是一种分部采购管理方式。食品原材料的采购、储藏均由分部负责。其组织形式规模较小。

（二）食品原料采购的具体方法

就火锅行业而言，根据企业自身规模，所采用的原料采购方法有以下几种。

（1）市场采购：市场采购也称竞争价格采购，适用于采购次数频繁、需要每天进货的食品原料。采购部门通过电话联系或商函，或通过直接接触，取得所需原料的报价。然后选择其中原料质量最适宜、价格最优的供货单位。

（2）成本加价采购。当某种原料的价格涨落变化较大，或很难确定其合适价格时，采用此方法。这里的成本指批发商、零售商等供应单位的原料成本。在某些情况下，供货单位和采购单位双方都把握不住市场价格的动向，于是使采用这种方法成交，即在供货单位购入原料时所花的成本上酌加一个百分比，作为供货单位的赢利部分。

（3）招标采购。招标采购是一种比较正规的采购方法，一般只有大型企业才使用。采购单位把所需采购的原料物品名称及其规格标准，以投标邀请的形式联络各有关供货单位，供货单位接到邀请后进行投标。报出价格，也以密封的文件形式寄回采购单位。一般来说，凡其原料能符合规格标准，而出价又最低者中标。这种方法有利于采购单位选择最低的价格，但另一方面由于这种方法要求双方签订采购合同，因而又不利于采购单位在合同期间另行采购价格可能更低廉、质量更合适的原料。

（4）定点采购。有些大型餐饮企业所需的原料品种名目繁多，必须向众多的供货单位采购，为减少采购、验收工作的成本费用，有的企业开始尝试新的采购方法，即凡属于同一类的各种原料、物资，企业都向同一个供货单位购买。

（5）集中采购。大型餐饮企业或饭店集团往往建立地区性的采购办公室，为本公司该地区的各餐饮企业或饭店采购各种食品原料。具体办法是各企业将各自所需的原料及数量定期上报公司采购办公室，办公室汇总以后便实行集中采购。订货以后，可根据具体情况由供货单位分别运送到各个企业，也可由采购办公室统一验收，随后再行分送。集中采购的优点是由于大批量购买，往往可以享受优惠价格；集中采购便于与更多的供应单位联系，因此原料质量有更大的挑选余地；集中采购有利于某些原料的大量储存，因此能保证各餐饮企业的原料供应；同时，集中采购能减少各餐饮企业采购者营私舞弊的机会。

（三）食品原料采购控制

（1）计划控制：采购计划以书面（其中多为表格）形式规定原料采购的项目、规格、单位、数量质量要求等，是采购活动的“工作说明书”。一份全面的采购计划书应包括：原料的确切名称，采购原料的基本用途，所需原料的品牌，原料的质量等级，所需原料的大小、单位、重量、形状，可取净料的最低限，包装要求，原料来源或产地等内容。

（2）数量控制：为了防止原料的积压和变质浪费，必须对餐饮原料进行数量控制。同时对餐饮原料的采购，不仅要保证质量，而且还要做到数量适中。

（3）价格控制：有效的采购工作目标之一是用理想的价格获得满意的原料和服务。原料的价格受各种因素的影响，诸如市场的供求状况、餐饮的需求程度、采购的数量、食品本身的质量、供应单位的货源渠道和经营成本、供应单位支配市场的程度、其他供应者对其影响等。针对这些影响价格的因素，可以采取以规定价格范围、限定供货渠道、减少中间环节等方法降低价格，保证原料的质量，以实施对采购价格的控制。

二、生产过程管理

生产过程直接关系到产品质量和风味特点，影响客源数量、成本控制和经济效益。因此产品生产管理具有很强的特殊性，随着餐饮业管理水平的不断提升，“标准化管理”不断被提上台面，对火锅行业而言，标准化管理更易于实现和推广。

生产标准化是指在做好生产任务确定和安排的基础上，对同种风味、同一品种的菜点要在原料加工、单菜用量、烹调方法、质量要求等方面采用同一标准来组织生产，以保证产品用料、用量准确，口味质量均达到统一标准的一种生产管理方法。生产标准化管理方法的工作内容主要包括四个方面。

（一）产品配方标准化

产品不管其风味和花色品种如何，就同一规格的产品而言，其单菜配方中的主料、配料、调味料的原料品种和使用数量都应该是相同的。为此，厨房生产管理应根据每种产品的主料、配料、调味料不同，分别制订产品配方，使之形成配方标准化。

（二）原料加工标准化

在产品配方标准相同的基础上，原料加工的质量、规格是保证烹调质量的基础。为此，厨房生产管理要推行原料加工标准化。即生产同一品种、同种规格的产品时，其原料加工的方式、方法、规格、出料率的高低基本相同，以保证同一产品的原料加工具有质量的一致性，从而为烹调制作标准化创造条件。

（三）烹调制作标准化

烹调制作标准化是指在制订生产配方，做好原料加工的基础上，根据不同风味，不同花色品种的烹制要求，分别制定烹制方法，将同一品种的烹调步骤、烹制方法规定下来，以减少员工操作的随意性。

（四）成品质量标准化

成品质量标准化是指在采用标准配方、标准原料、标准烹调方法的基础上，所烹制出来的同一花色品种的产品，在色、香、味、形、分量、风味特色等方面应达到同一标准。

总之，餐饮产品生产标准化管理最终是将上述四个方面的要求结合起来，通过加工测试，形成每一种产品的标准化烹调说明书，以此作为餐饮产品生产标准化管理的依据和操作控制标准。

三、设备设施管理

随着餐饮机械化生产所占比例不断提高，餐饮产品的生产流程及生产效率很大程度上受设施设备的影响。厨房设施布局是否科学、设备配置是否合理、设备运转是否正常，直接关系到厨房生产用工方式及产品质量。

（一）厨房规划的合理性原则

（1）保证生产畅通和连续。厨房生产通常从领料开始，经初加工、切配和烹调，将食物原料制成菜品。因此菜肴生产要经多个生产程序才能完成，每个加工点都应按生产程序合理地进行规划，以减少生产中的流动距离和加工时间等，提高工作效率，保证生产畅通和连续。

（2）保证各生产部门运行方便。厨房各部门应在同一层楼，以方便生产和管理，提高生产效率，保证菜肴质量。如果厨房确实受到地点限制，生产部门无法在同一层楼时，可将初加工厨房、面点厨房和烹调厨房分开。但是应尽量在各楼层的同一方向，这样可节省管道的安装费用，便于电梯运送食品原料。

（3）空间布局与工作点应紧凑。厨房各部门及部门内的工作点应紧凑，每个工作点内的设备和设施的排列以方便厨师工作、安全及提高工作效率为原则。

（4）人行道和货物通道分开。厨师在工作中常接触炉灶和滚烫的液体、生产设备和用具等，如果发生碰撞，后果不堪设想。因此为了工作安全，保证生产，厨房必须设有分开的人行道和货物通道。

（5）保证安全和卫生的环境。创造良好的工作环境是厨房规划的目的。因此厨房应关注通风、温度和照明，降低噪声，保持干净的墙壁、地面和天花板。此外，厨房应购买带防护装置的生产设备，有充足的冷热水和方便的卫生设施，并有灭火装置。

（二）厨房设备设施配置的要求

现代餐饮厨房设备和各种炊具种类很多，功能、用途各不相同。备好厨房生产设备配置，重点要注意三个问题。

（1）因需配置，提高设备利用率。各种炉灶、机械设备和制冷设备要根据厨房产品风味，菜单设计和冷荤、面点厨房需要配置，如明火炉灶要以餐厅接待能力为基础，机械设备和制冷设备要充分考虑食品原材料加工和储藏需要。

（2）合理布局，有利于厨房生产业务正常开展。一个厨房需要配备哪些炉灶、机械设备、制冷设备和案板、炊具，配备多少，选择哪些种类和型号，应根据厨房主要功能、面积大小和空间几何图形等，事先做好总体设计，使各种设备和炊具的配置为粗加工、精加工、配菜服务、炉灶烹制和出菜等要求结合起来。要在充分考虑厨师活动空间和菜肴生产流程及人员通道的基础上，保持各种设备的连续配置，做到布局合理。讲求空间构图形象，防止和减少各道工序之间的逆行和穿行，有利于提高厨房工作效率和生产、销售业务的正常开展。

（3）维修保养方便，防止事故发生。厨房各种炉灶、机械设备和制冷设备有时发生故障是难以避免的。在设备配置和安装上应尽可能事先考虑到维修保养的方便性，平时易于保养，一旦发生故障，又便于维修，有利于节省能源。

第五节　火锅定价与菜单设计

一、产品定价方法与策略

（一）产品定价方法

火锅餐厅应结合自身优势与特色，同时结合现实市场经营环境，尤其是竞争对手的做法，将顾客需求与喜好作为定价的重要考虑因素。适宜的定价方法有五种，同时需要火锅餐厅经营者根据当时情况来决定，也可以把这些方法进行有效融合，综合运用并加以创新。

1. 随行就市法

这是一种最简单的方法，即把竞争同行的菜单价格为己所用，为此应充分了解当地同行的价格情况。需注意的是只有同品种同档次的店才有可比性。若可比性不强，在参考同店情况后，自己的定价也不要相差过大。同时应注意，使用这种方法要以成功的菜单为依据，避免把别人不成功的定价搬为己用。

2. 系数定价法

以食品原材料成本乘以定价系数，即为食品销售价格。这里的定价系数是计划食品成本率的倒数，如果经营者计划自己的食品成本率是 40%，那么定价系数即为 140，即 2.50。例如，已知一盘土豆片成本为 2 元，计划食品成本率为 40%，则售价 2×2.5=5 元。这种方法是以成本为出发点的定价法，使用比较简单，问题是定价者要避免过于信赖自己的经验，计划时要全面、充分，并留有余地。

3. 毛利率法

食品销售价格：食品成本 ×（1+ 毛利率），其中成本毛利率是毛利占食品成本的百分比（故也称成本毛利率）。毛利率是根据经验或要求决定的，故也称计划毛利率。这种方法计算十分简单，由于餐厅为每份菜都加同样量的毛利，使成本高的菜价会偏低，而成本低的菜价反而偏高。

另外还有一种外加毛利率计算法，其公式为：菜点售价 = 菜点成本 ×（1+外加毛利率），不过这种方式实践中很少使用。

4. 主要成本率法

把食品原材料成本和直接人工成本作为定价的依据，并从“损益表”中查得其他成本费用和利润率，则可计算出食品销售价格。

主要成本率法也是以成本为中心定价的，但它考虑到了火锅店加盟餐厅较高的人工成本率，这样如能适当降低人工成本，则定价可更趋于合理。

5. 本、量、利综合分析定价法

本、量、利综合分析定价法是根据菜肴的成本、销售情况和盈利要求综合定价的，餐厅的方法是把菜单上所有的菜点根据销售量及其成本分类。

每种菜点总能被列入下面四类中的一类。

高销售量、高成本。

高销售量、低成本。

低销售量、高成本。

低销售量、低成本。

虽然第二类菜点（即高销售量、低成本的菜点）最容易使餐厅受益，但实际出售的菜点餐厅中四类都有，这样在考虑毛利的时候，把第一和第四类的菜点加适中的毛利，而把第三类加较高的毛利，第二类加较低的毛利，然后根据毛利率法计算菜单上菜点的价格。

这种方法是综合考虑了客人的需求（表现为销售量）和餐厅成本、利润之间的关系，并根据成本越大，毛利量应该越大；销售量越大，毛利量越小这一原理定价的。菜单价格还取决于市场均衡价格，价格高于市场价格，会把客人推给别人；低于市场价格，餐厅就会吸引客人，但比市场价格低太多，餐厅会亏损。因此，在定价时要综合考虑各因素，把菜单上的菜点分类，加上适当毛利率。有的取低毛利率，比如 20%；有的取高毛利率，比如 55%，还有的取适中毛利率，如 35%。这种高、低毛利率也不是固定不变的，在经营中可以随机适时调整。本、量、利综合分析定价法看上去比较复杂，有一定难度，但小火锅加盟餐厅经营者做一些调查分析，经多种因素的综合考虑后给菜单定的价必定是比较合理的。

（二）产品定价策略

1. 成本导向定价策略

多数火锅餐厅采取的是围绕成本来确定菜品定价策略，即按成本再加上一定的百分比定价，不同餐厅会采用不同的百分比，这是最简单的方法。

2. 目标收益率定价策略

即先定一个目标收益率，作为核定价格的标准，根据目标收益率计算出目标利润率，得出目标利润额。在达到预计的销售量时，能实现预定的收益目标。

3. 需求导向定价策略

火锅餐厅以需求为中心进行产品定价，餐厅品牌、餐厅氛围以及所提供的服务和广告促销等本质上属于“非价格因素”，但容易使客人对该餐厅的产品产生一种好感，根据这种好感制订相应的、符合消费者价值观的价格。为此，火锅餐厅应善于分析顾客需求，按照不同的客人，不同的地点、时间，不同的消费水平、方式等进行区别定价。这种定价策略容易赢得客人的信任，但不容易掌握好。

4. 竞争导向定价策略

以竞争为中心的定价策略由于不以成本为出发点，也不考虑消费者的意见，这种策略往往是临时性的或在特殊场合下使用的。为此，必须深入研究市场，充分分析竞争对手，否则，很可能定出不合理的菜单价格。

（三）产品定价技巧

根据市场发展的趋势，火锅餐厅可以采取如下定价技巧。

1. 大众化定价

以大众火锅品种、大众化的价格进行低价供应，讲究薄利多销，是最实诚的定价方法，以诚恳和低于同行的价格来吸引顾客，是否采用这个方法一般受火锅的类型、规模和地理位置和投资者的经营风格影响。

2. 低价高价相结合定价

在开业初期，以高质量火锅、高水平服务、较低廉的价格迎接顾客，配合开业低价迎宾的宣传，用最高质量的火锅口味、服务和比较低的价格来吸引顾客用餐，加深顾客对店铺的印象，主要是为了以后的回头客，以后再抬高价格，这个定价策略适合味道真正独特好吃的火锅店使用，这样才能抓住顾客的味蕾，而且要注意以后质量不能降太多，否则顾客会感觉上当，在感情上受伤而疏远这家店。这种技巧可以很快赢得顾客、树立形象、打开局面，实现正常经营。

3. 高价位定价

以高质量火锅、高档次的环境、高品位的装修、高水平的服务吸引高层次的顾客。很明显，就是刚一开始就固定在比较高的价位上面，塑造高档次高品位的形象，这个技巧只适合真正的非常高档的火锅店使用，而且要做到从门面和内部都比同行火锅店档次更高。这种定价法利润很大，但同时风险也很大，容易失败而没有客源，但是如果能真正把握住一些高端顾客，进入良性循环之后收益很大。

4. 品牌垄断定价

火锅餐厅拥有独特的锅品、配方，专利火锅产品，可用较高的价格经营火锅，但品种的风味特色要保持恒定不变。这种技巧适用于市场上已经形成良好口碑、好评度高的火锅品牌。

5. 不同分量定价

即例份、大份、小份标价。许多餐厅的菜单上，一个菜品只标一个价，这是不合理的做法。一些菜品很有必要标明例份价、大份价、小份价，这样标注会使客人对菜量有一个相当精确的认识，不至于上菜后或是对菜量少而产生不满，或是因为菜量大吃不完而感到吃亏。

6. 特别价格标注

菜品的定价上经常搞一些特价菜，有利于吸引客人前来消费，也对其他菜品的销售有拉动作用。做餐饮生意就要有暂时性的价格策略，使用时一定要标明“开业特价”“假日特价”“限时特价”等，这样既可以促进特价经营，恢复正常价格时，也有个说法。

二、菜单策划与设计

菜单是火锅餐厅向顾客展示菜品、酒水等各类火锅店产品信息的“名片”，一份制作精美的菜单不仅能够勾起消费者的“食欲”，增加火锅餐厅的经营收入，还能为火锅餐厅树立独特的店面形象，增加消费者对火锅餐厅的印象。火锅菜单策划与设计要系统考虑自身目标市场的需求状况、购买力与动机、餐饮企业规模档次、企业市场定位、市场竞争等因素，对菜单类目选择、价格等方面进行决策。

（一）菜单策划与设计的原则

1. 体现火锅特色

区别于其他类别菜单，火锅菜单尤其强调自身特色，包括特色的底锅、调味以及新鲜的各类涮料等。顾客进入火锅餐厅，火锅产品与服务的信息主要来自菜单与服务人员的介绍。因此餐厅应充分利用菜单这一工具，设法在顾客心目树立起有别于其他火锅企业的鲜明独特的形象，突出火锅餐饮风格特色。

2. 体现季节变化

“不时不食”的特点在火锅餐饮上的要求更高，季节时令的变化带来了应景的食材原料，这些原材料尤其强调季节性和产地性，火锅餐饮企业应有意识地收集、整理、统计有关食材资料和数据，充分掌握各种原材料供应状况，如市场供求关系、采购及运输条件、季节、餐厅地理位置等。对于连锁火锅餐饮来说，应设法建立自己的食材种植与养殖基地，以保证产品的有序供应。

3. 注重文化传承

我国南北火锅差异很大，在火锅菜单设计上应体现这种差异，如北方炭火火锅，应着重体现这一特色。对于川渝等地的火锅，应强调麻辣为主、多味并存的特色。总体上应突出火锅讲究调味、注重用汤、选料广泛、饮餐合一、崇尚自然、随心所欲的特点，将火锅与其他餐饮业态区分开来。

（二）菜单内容编排

不同的餐饮业态，餐饮菜单差异很大，但其中的分类与定价却有相似之处。对于火锅餐饮来说，菜单内容相对固定。菜单多为根据类别编排，包括特色食材、蔬菜类、荤菜类、海鲜类、菌菇山珍类、锅底类、各式味碟、酒水饮料等，菜名信息、成分信息、价格信息、图片信息、优惠和收费信息以及企业信息等要全面完整，要求编排清晰明朗，便于客人查阅和选择。此外，还要求菜单要能照顾到特色菜品的品名、顺序和价格，注重特色风味菜点的宣传，对名厨和特色菜的展示要具体丰富。同时附上火锅店的订餐电话、具体地址和营业时间。

（三）菜单形式设计

1. 菜单观感

火锅菜单在设计上应符合火锅餐厅所塑造出来的形象，外观要与餐厅的主题相互辉映，字体、颜色、用纸等应与火锅餐厅的装饰气氛相协调，还要通过菜单内容的配置反映服务方式。设计精美的菜单本身就对顾客有非常大的吸引力。菜单的大小、色彩、重量、纸张质感、清洁度等都能给顾客强烈的印象，因此要注重菜单格式、封面、分区、字体、文案、图片、材质等方面内容的设计。

2. 菜单规格

目前火锅店的菜单其规格大小不一，大的形似报纸，小的犹如小型笔记本，这样制作的菜单很难达到顾客所需要的视觉效果。有关菜单的规格，经过反复实践和对常客的了解，菜单应以顾客翻阅方便为原则，一般较为理想的尺寸为 23 厘米 ×30 厘米为宜，一次性使用的菜单应以 A3 纸大小为宜。

3. 菜单式样

菜单的式样目前五花八门，没有统一的规定。主要应以制作的样式、颜色与火锅店的档次和气氛相适应为宜。当今餐饮业较为常见的菜单有：目录式、折叠式、桌式、活页式、壁挂式等，形状以长方形为多，也有方形、圆形或其他形状的，火锅菜单应以方形为主。

4. 菜单材料

制作菜单一般选用美观耐用、成本合理的材料，如长期使用，可选择重磅的涂膜纸、铜版纸、哑粉纸等。由于纸的质地各地差异大，在选择纸张时要具体情况具体分析，必要时也可请求纸张销售商给予帮助。

5. 菜单的文字

菜单上的文字是直接向顾客传递信息的，要求字体清晰、端正，以楷书为宜，文字书写时菜名之间安排一点合理的空隙，切勿过稀、过密，否则会影响顾客的阅读舒适度，如有需要也可附中英文对照。

第六节　火锅店服务管理与质量控制

一、服务质量的预先控制

所谓预先控制，就是为使服务结果达到预定的目标。在经营前所做的一切管理上的努力。它也叫事前控制。预先控制的目的是防止开餐服务中所使用的各种资源在质量上发生偏差；其指导思想是贯彻预防为主的方针，为优质服务创造物质技术条件，做好思想准备。预先控制的主要内容是人力、物力资源，卫生质量、餐饮品种、价格、等方面。

二、服务质量的现场控制

现场质量管理是服务工作全面管理的重要一环。餐饮服务工作的质量是通过现场服务才体现出来，服务现场是服务工作的基本活动场所，也是服务工作全面质量管理的重要活动领域。

（1）现场控制的主要形式：层级控制、巡视控制。

（2）现场控制的主要内容：服务程序控制、上菜时机控制、意外事件控制、人力配置控制。

三、服务质量的反馈控制

所谓反馈控制，就是通过质量信息的反馈，找出服务工作在准备阶段和执行阶段的不足，采取措施加强预先控制和现场控制，提高服务质量，使宾客更加满意。信息反馈系统由内部系统和外部系统构成。内部系统的信息来自服务员和经理等有关人员。外部系统，是指信息来自宾客。宾客反馈回来的投诉，属于强反馈，应予高度重视，保证以后不再发生类似的质量偏差。

（1）餐桌上可放置宾客意见表，并负责收集。

（2）在宾客用餐后主动征求客人意见。

（3）充分发挥所有员工在收集信息方面的作用。

（4）原始记录和凭证要准确、及时、完整地统一上交。

（5）内部发现问题，要主动记录反馈。

（6）每餐结束后，应召开简短的总结会，以不断改进服务质量。

四、餐饮质量管理控制

餐饮全面质量管理一方面体现为内部管理活动，包括制定产品质量政策，确定产品质量水平，制定产品质量保证措施并实施产品质量控制等。另一方还要关注餐饮产品质量的外部影响因素，包括购买餐饮产品的外部顾客和上下游价值活动间的员工，即内部顾客以及主管部门对餐饮产品质量的要求及政策。

（一）餐饮产品市场调查是质量管理的基础

餐饮经营者通过市场调查了解顾客对产品的原料、工艺、口味、营养、服务及用餐环境的要求和期望。在市场调查的基础上，认真分析、选择合适的产品类型和质量标准。高质量的市场调查是高质量的产品开发与设计的基础。

（二）餐饮产品开发设计是质量管理的前提

产品设计是餐饮产品质量形成的起点，顾客对产品质量的需求首先是通过产品设计来满足的。在餐饮产品设计阶段，技术人员要根据市场调查的信息，针对顾客的要求，确定适宜的产品质量标准，严格按照科学程序进行设计和研制，这样才能确保产品质量水平。

（三）餐饮产品原料采购是质量流程管理的第一环节

新鲜和符合质量标准的原材料是保证餐饮产品质量的基础，所有餐饮产品的味道和安全性首先取决于原料的新鲜度，然后来自调味品的质量。根据质量标准选择原材料是餐饮产品全面质量管理流程的第一环节。

（四）餐饮产品生产管理是质量管理的关键环节

生产过程是餐饮产品形成的关键过程，也是保证产品质量的具体过程。在餐饮生产过程中，针对每一道工序制定和执行生产质量标准，运用统计方法精确测量每一个工作步骤，与质量标准进行比较，从而有效地控制影响产品质量的各种因素。

（五）餐饮产品检验制度是质量管理的保障

产品检验是保证餐饮产品质量的必要手段，是对产品质量进行有效控制的重要措施，可以防止不合格的餐饮产品流入下一道工序或传递给顾客。餐饮产品的质检首先是工作人员上一道工序质量的检查，然后是对本职工作质量进行检查。同时由本部门管理人员负责本部门所有工作质量的检查，最后由质检部对餐饮产品进行质量检查。

（六）餐饮产品销售管理是质量管理的最终环节

餐饮销售也可称为餐饮服务，是餐饮产品质量形成的最后一个程序。作为餐饮销售人员，尽管不与餐饮产品质量直接相联系，然而顾客对餐饮质量的需求和满意度等信息都是通过销售人员来反馈的，这对于改进质量管理是至关重要的。此外，餐饮服务质量主要受餐饮销售人员的影响，这也是餐饮产品整体质量的组成部分。

第七节　火锅餐饮市场营销管理

企业营销是现代餐饮经营管理活动中的重要环节和内容，是企业餐饮产品销售的重要形式和有力手段。餐饮企业其自身所具有的综合特点，使得其产品在功能上满足餐饮消费者生理需求的同时，还必须充分满足消费者的心理需求。有效的营销活动运行及其管理，促使潜在的顾客了解餐饮产品，引起其注意和兴趣、激发其购买欲望和购买行为，从而达到扩大销售的目的。餐饮企业的营销活动有广告、人员推销、营业推广、直邮推销及公共关系活动等。

一、市场营销的分类

（1）按营销方法分类：折扣营销、价格营销、赠品营销、接触产品、氛围服务、增值服务等。

（2）按营销期间分类：周、月、季、年、特定节日、特定时段营销。

（3）按营销对象分类：企业内部营销、目标消费者营销。

（4）按营销内容分类：通过举办不同主题的美食节，参加餐饮风味食品展示展销活动，参加不同等级、不同规模的趣味比赛，以及名点、名菜、名店等评比采取的营销活动。

二、市场营销的方式

现代餐饮营销方式多种多样，依据不同的标准进行划分，可以有很多种。现代餐饮企业综合自身经营定位、综合资源状况等，一般选择店内营销、店外目标顾客营销、企业员工团队营销、联合营销、广告营销、美食节营销等方式。

三、市场营销策划

餐饮营销策划管理是现代餐饮企业营销管理的关键。制定有效的餐饮营销策划管理方案，必须充分明确并把握营销的形式、营销的时机、客源需求、企业资源状况以及营销主题并拟定营销计划书。

（1）明确优惠营销的目的 明确实施优惠策略的目标客源是普通消费者，还是经常在餐厅举办特殊活动的常见消费者；明确优惠策略实施的时机和持续的时间，明确优惠策略应达到的目标是什么。如在某销售时段上提高座位周转率、人均消费和销售总额的具体指标。

（2）进行优惠营销活动的可行性分析。分析优惠营销活动所产生的直接费用，如广告费、宣传册成本费、人力成本、赠品费用及赠品邮寄费等。而间接费用则为给予消费者优惠部分成本，如赠送的菜点、饮品成本，给予的价格折扣等；分析优惠营销活动所获得的直接经济效益，如销售额增加幅度和额度等。而间接经济效益则为在社会公众中所产生的影响力、美誉度等。

（3）进行优惠营销的具体内容拟定。确定优惠营销是采取价格折扣、优惠券，还是采用赠品或综合采用。此外，制定餐饮优惠营销实施方案时，企业还须决策优惠营销活动是在店内直接进行，还是在店外进行信息传递，或直邮优惠赠品给目标餐饮消费者。

（4）进行客源需求分析。进行客源需求分析，主要是收取并把握餐饮消费者的消费习惯和嗜好、消费动机、对餐饮的依赖程度和满意程度、餐饮口味特征、饮食潮流以及客源需求的多样性且动态变化的需求情息。同时，还需要有效把握与餐饮营销有关的餐饮市场行情信息、竞争对手信息、餐饮经营环境信息等。

（5）有效评估企业综合资源。有影响力和能快速获取经营效益的餐饮营销活动，都与企业自身的人力资源、资本资源、物资资源和信息资源以及企业其他独有或特定资源的现有状况、配置利用情况等有密切联系。餐饮企业策划大型营销项目或活动，必须理性评估自身综合资源。否则，极易产生经营负面影响。

（6）拟定营销主题。无论年度营销策划，还是单项营销策划，其营销主题至关重要，它决定了整个餐饮营销活动对市场、对行业以及对社会的吸引力和影响力。同时，也是餐饮广告宣传、餐饮营销环境布局设计、服务形式和销售方式的轴心和中心内容。在进行营销策划时，选定何种主题，必须根据企业经营短期、中期、长期的目标，必须有效考虑目标市场定位和承受能力。同时，还要充分考目标市场的“口味”和特点，考虑企业自身类型，考虑诉求于餐饮消费市场的表达方式，要最大程度的将营销内容及“买点”“亮点”和消费者关注点突显出来。拟定营销主题必须讲究创意，需考虑找专业营销策划人员或策划工作室完成。

（7）编制营销计划。编制餐饮营销计划的基本原则是具体明确，内容详细和切实可行。其考虑要素如下。

①营销目标和主题（总主题和各分主题）。

②营销推广日期。

③营销地点和时间。

④营销品种设计和助餐服务设计。

⑤广告宣传策划。

⑥营销环境装饰要求。

⑦营销培训要求。

⑧营销预算。

⑨营销效益评估。

⑩其他注意事项等。

编制营销计划书可采用文案或表格编制。待餐饮营销计划书确定后，一般将若干份分送相关营销、生产、服务和后勤保障部门，以开展实施。

思考题

1. 火锅业态的基本类型和特点是什么？

2. 简述火锅业态存在的问题、现状，联系实际谈谈火锅业将来发展趋势。

3. 以一家中等城市连锁火锅店为例，试设计门店管理组织结构。

4. 经营决策和计划的制定有何特点？

5. 简述火锅行业适合的物资采购方式及其特点。

6. 根据菜单设计原则，设计一套火锅菜单。

7. 制定一套某火锅店开业酬宾营销策划。

案例

案例 1：重庆小天鹅当年所遭遇的连锁经营之困

1982 年，廖长光和何永智夫妇开了一家名为“小天鹅”的火锅店。1988 年，重庆小天鹅饮食文化公司正式成立。1990 年，何永智投资 180 万元在成都衣冠庙二环路旁的荒郊野外开了首家小天鹅火锅并大获成功；开始了小天鹅火锅在异地发展直营店的历程；1995 年，“小天鹅”飞越重洋，在美国西雅图、谢尔顿、奥林匹亚等城市落户，小天鹅一飞冲天。

1994 年，天津商人景文汉主动与小天鹅合作开办小天鹅天津加盟店，双方共同开创了一种新的合作模式：加盟连锁。加盟者出资金、一名副总和一名财务主管；小天鹅出人员、技术、品牌，双方共同经营，8 个月后，天津加盟店收回全部投资。合作加盟可以不需要小天鹅直接投资，经营成功还能分红。一时间，合作加盟仿佛成为小天鹅于无意间找到的一棵快速扩张、快速赚钱的摇钱树，这棵树在公司飞快成长——在高峰期，小天鹅平均每月签出一家新店。短短 3 年间，“小天鹅”旗下的加盟连锁店已扩张到 50 多家，何永智被誉为“中国连锁加盟第一人”。加盟店借助品牌效应和加盟商的精心经营，其创造的价值远远大于直营店的收益，因此小天鹅直营店的发展从 1995 后就几乎停滞。

危机随之而来，根源恰恰就是给小天鹅带来辉煌的“中国特色的连锁加盟模式”。

首先是人力资源问题。小天鹅除了给加盟店品牌和技术支撑之外，还要给所有加盟店统一派人：从经理到厨师、服务员，甚至清洁工……在高峰期，小天鹅平均每月签出一家新店，这样的模式对公司的人力资源带来巨大的挑战性，管理压力大，培训压力大，外派压力大，派出后融入当地的难度大。人力一旦吃紧，素质就变得低下，种种问题开始日积月累。

另一方面，企业不断扩张，成为一部高速运转的机器，疯狂发展，最终造就了一个巨型的连锁公司。小天鹅总部机构繁杂，人员增多，部门细分，责任分解，公司沟通管道变得复杂，加盟者再也不能随便和公司经理通电话，越来越多的加盟者开始厌恶这种繁杂的程序。

最为重要的是，直营店的萎缩导致了小天鹅成为一个“大品牌、小企业”。加盟商与品牌输出方的信任问题遇到前所未有的挑战，公司总部对加盟商进行管控的技术手段和制度手段缺乏，重合同守信用的加盟商逐渐减少，而集团却只能用友情纽带解决信任问题。

回忆起当初的境况，何永智至今仍然心有余悸。

案例 1 思考题

研读案例，讨论火锅店的直营与加盟，各有何优势与缺点。

案例 2：火锅外送，开启销售 O2O 新模式

2010 年，海底捞在北京试水“Hi 捞送”为代表的火锅外送，伴随着餐饮 O2O 的热潮和互联网技术的革新，火锅外送正在发生着新的变化。

从用户角度来看，免除排队等候或采购菜品及准备火锅的时间，方便快捷自然是大众化的需求，对于经济实力较强且拥有子女的年轻家庭用户来说，他们不太喜欢带小孩去嘈杂的火锅店，火锅外送恰好同时满足“品质 + 方便 + 安静”的需求。

从商家角度来看，外送平台独特的优势是品类、量级、专业度，平台覆盖足够多的火锅品牌，这就意味着满足更广泛的人群；有了用户和商家基础后就能带来相当数量的订单，虽然总体可能亏本，但以量级和规模降低平均亏损成本，同时在配送和物流上有实力的平台会更专业，通过技术手段的革新不断提高配送效率、降低管理成本。

从业务模式来看，尽管它单价高但更容易被用户接受，也方便推广普及；除海底捞以外，火锅店的环境和服务附加值不大，对比中高端餐厅，不难发现用户到店体验的是店面装修风格、服务员的推荐帮助等附加因素，真正的菜品价值占比较小，因而很少有用户会去点外卖；但火锅这种偏自助式的品类就很适合外卖。

从用餐特性来看，因为人群和菜品的做法导致火锅的就餐时间较长，一般都会超过一个小时，火锅店的翻台率也是比较低的，高峰期需要等位，表面上看是用户体验不好，但背后是前厅桌位流动跟不上厨房的产能，而闲暇时这两项又被浪费，那提前预订火锅外送对于资源的高效利用就是有力的措施，对餐厅提升业绩也是有必要的。

火锅外卖平台的价值是满足了用户和商家的双向需求，并帮助火锅商家提高营业额，拓展配送范围，把火锅服务从餐厅搬到消费者家里。对企业来说，值得尝试和推广。

案例 2 思考题

在火锅外送这一销售方式逐渐兴起的形式下，作为一家火锅企业管理者，应从哪些方面入手来顺应市场业态需求？

参考文献

[1] 陈俞，李克家 . 火锅 [M]. 重庆：重庆出版社，1988.

[2] 李乐清 . 四川火锅 [M]. 北京：金盾出版社，2011.

[3] 邓开荣 . 重庆风味火锅 [M]. 重庆：重庆出版社，2000.

[4] 嵇步峰，侯兵 . 餐饮管理 [M]. 北京：中国纺织出版社，2008.

[5] 黄文刚 . 餐饮管理 [M]. 成都：四川大学出版社，2012.
[6] 徐文燕 . 餐饮管理 [M]. 上海：格致出版社，2011.
[7] 唐文 . 中国火锅 [M]. 长春：吉林科学技术出版社，1989.
[8] 夏连悦 . 为豆捞下定义——火锅产业的连锁帝国 [M]. 北京：企业管理出版社，2009.
[9] 夏连悦 . 为肥牛火锅下定义——二线城市的领袖品牌 [M]. 北京：企业管理出版社，2010.
[10] 蔡艳鹏 . 海底捞的经营哲学 [M]. 沈阳：沈阳出版社，2012.
[11] 戴桂宝 . 现代餐饮管理 [M]. 北京：北京大学出版社，2012.
[12] 周洁如 . 客户关系管理经典案例及精解 [M]. 上海：上海交通大学出版社，2011.
[13] 徐重九 . 餐饮特许经营实务 [M]. 北京：机械工业出版社，2005.
[14] 梁干华，尹强 . 打造一流餐饮店 [M]. 深圳：海天出版社，2004.
[15] 侯兵，马健鹰 . 餐饮连锁经营与管理 [M]. 北京：高等教育出版社，2010.
[16] 杨柳 .2015 年中国餐饮产业运行报告 [M]. 北京：社会科学文献出版社，2015.
[17] 李永春 . 浅谈火锅店的环境设计 [J]. 美术大观，2009（9）：126 ~ 127.
[18] 陈宏志 . 餐饮连锁火锅行业如何实现成本精细化管理 [J]. 经营管理者 ,2010（2）：147 ~ 148.
[19] 李永春 . 火锅餐饮环境设计的科学定位 [J]. 美术大观，2011（2）：140 ~ 141.
[20] 曾翔云，卢永良 . 我国火锅业发展的现状及趋势 [J]. 中国食品，2006（20）：6 ~ 7.
[21] 周秒炼，李苏豫 . 火锅企业呼唤模式创新 [J]. 餐饮世界，2012（1）：72 ~ 75.
[22] 中国烹饪协会 . 火锅行业的现状与展望 [J]. 中国烹饪，2010（6）：40 ~ 41.
[23] 中国烹饪协会 . 沸腾的事业：火锅行业现状及未来发展趋势分析 [J]. 餐饮世界，2010（6）：8 ~ 10.
[24] 王瑜，赵劲帆 . 重庆火锅业发展的必由之路：体验营销 [J]. 科学咨询：科技·管理，2011（16）：34 ~ 35.
[25] 刘文婷 . 火锅逆势飞扬营养成关注重点 [J]. 川菜，2015（1）：30 ~ 31.

第七章　外卖外送业态管理与创新

主要内容

本章包含七个部分，第一部分是外卖外送业态的类型与发展，分析了外卖外送业的形成与发展及主要类型；第二部分是外卖外送业餐饮的组织与岗位管理，论述了外卖外送餐饮店的组织结构、岗位配置和人力资源管理方面的内容；第三部分重点分析外卖外送餐饮店的经营决策与计划，如何科学制定经营决策和推进计划的实施；第四部分是外卖外送餐饮产品和生产管理问题，分析了如何创新设计外卖外送产品和优化生产流程；第五部分是外卖外送餐饮的定价与菜单设计问题，不同外卖外送类型和档次如何确定价格和制定菜单；第六部分是外卖外送餐饮的服务管理与质量控制问题，如何提升外卖外送餐饮的服务质量；第七部分重点分析外卖外送餐饮的市场营销管理，如何结合新媒体开展外卖外送餐饮的创新营销。

学习目标

总体目标：能对外卖外送餐饮业态的产生背景、起源和发展情况有基本的认识和理解，掌握外卖外送餐饮经营的模式、计划、组织以及市场营销方面的重点，加深对外卖外送餐饮经营的能力和条件的认识，做到理论与实践充分结合。

目标分解：

1．了解外卖外送餐饮业态的起源、类型和模式。

2．理解和领会外卖外送餐饮经营的条件与要求。

3．理解和掌握外卖外送餐饮产品的类型与生产要求。

4．理解和掌握外卖外送餐饮产品的定价与菜单设计要求。

5．理解和掌握外卖外送餐饮市场营销的特定要求和条件。

重点与难点

教学重点：外卖外送类型、外卖外送经营模式、外卖外送店组织结构、外卖外送店岗位配置、外卖外送店产品定价、外卖外送店服务质量控制。

教学难点：外卖外送经营模式的选择、外卖外送连锁经营、外卖外送产品设计与优化、外卖外送市场营销。

第一节 外卖外送餐饮业态类型与发展

中国餐饮行业规模扩大与市场供给的增加，也带来了不同业态之间的激烈竞争。而且，白领群体的增加和采用新型生活或者工作方式人群的出现（如“宅”群体），也给行业提供了一种蓬勃兴起的餐饮销售渠道——外卖渠道。随着人们生活节奏的加快，越来越多的餐饮企业开始提供外送服务，尤其是以经营快餐为主的餐饮店，能提供更方便快捷的外送服务，已经成为顾客选择餐饮店的重要标准。大量第三方企业或网站也开始搭建订餐平台，加入外送服务行业。餐饮外送俨然成为当下最炙手可热的餐饮模式。

据悉，2014 年和 2015 年，餐饮行业 O2O 的概念非常火，几乎所有的餐饮行业都在做 O2O，在餐饮 O2O 疯狂的补贴下，大量餐饮行业进入，一时间，外卖撑起了餐饮行业的繁荣。据悉，2014 年在线外卖行业呈现爆炸式增长，市场发展初期出现的大量烧钱、同质化等问题曾被外界诟病，但随着竞争格局明朗、用户群体扩大和细分市场形成，外卖行业竞争进入新阶段，各平台纷纷从外卖品类、配送体系等方面着手提升用户和商户体验，构建核心竞争力。《2015 年中国外卖 O2O 行业发展报告》显示，2014 年我国餐饮外卖市场范围已超越 1600 亿元，外卖 O2O 营业额 95.1 亿元，同比增加 125%。报告预计到 2017 年，外卖 O2O 体量将超越 400 亿元。

一、业态类型

“外卖外送”这个词是舶来品，意思是离店销售。很多人以为餐饮外卖是新兴的用餐方式，其实，餐饮外卖是传统餐饮文化，可以追溯到清代。我们经常从电视里看到一些店小二拎着食匣子，往达官显贵家里跑。从早上起来送烧饼油条，到送下午茶；从送白水羊头，到送北京老字号大菜，像东来顺，连锅带汤加服务，送往大宅门。这就是现在“必胜宅急送”“肯德基宅急送”们的雏形。

外卖外送是个很外卖食品广泛的词汇。大家一般的理解就是快餐的外送服务，说的就是像一荤一素的中餐那种，还有就是西式的，像麦当劳和肯德基那种。这个就是大家普遍理解的外卖的含义。其实从广义来说，切卖家通过提供出外服务和商品的都可以说是外卖。像送水的、送花的、送气的、送商品的、上门修理东西的，其实这些都属于外卖。

外卖外送分为客人到店点餐付款并打包带走和店内人员送餐两种。

（一）打包

客人到店点餐付款并打包带走的，尽量推荐易于打包的菜品，汤汁较多，量较大的菜品原则上不打包，如汤菜类，因为用于打包的仅限于打包盒和打包桶，容积有限。

（1）客人告之需打包外带的，需在菜单上注明打包，点单进厨房后，告之厨房此单为打包，并及时将相应的打包工具配备至厨房出餐口。

（2）客人打包菜品，不需额外收费，无汤汁的菜品或饭类原则上应用打包盒盛装，带汤汁的菜品用打包桶盛装，汤汁较多的，可用两个打包桶重叠盛装，以防止客人在路途中打包桶破损。

（二）送餐：客人电话订餐或到店点餐

（1）客人电话订餐的：原则上不接待电话订餐，除个别常客或订餐地点较近的可以接待，另外，在营业高峰期不接待。但是，即便不接待此类订餐也应委婉的告之客人，不可生硬的对待客人。

（2）客人到店点餐并付款要求送餐的按以下流程操作：

①在餐厅 500 米范围内的可送餐。

②客人点餐付款时，告之客人点餐的费用是多少，并收取 20~50 元的餐具押金（押金多少根据客人点餐量灵活收取，但最多不超过 50 元），并由收银员开具押金条，交由客人保管。

③开单进厨房，由厨房制作，凡是此类送餐，所有菜品必须用保鲜膜封盖，以确保菜品质量。

④送餐时，统计送餐所用餐具，并填写外卖餐具统计表，菜品全部准备好之后，检查餐具、用具是否齐备，并及时送餐。

⑤送达后，请客人在外卖餐具统计表上签字确认，并与客人协调收餐时间。

⑥根据与客人协调的收餐时间，到收银处领取客人押金，并及时收回餐具，退客人押金的同时，核对外卖餐具统计表，并收回客人手中的押金单。

⑦将餐具送回厨房，押金单交回收银处。

二、外卖外送发展

（一）餐厅打包

打包形式是最早出现的外卖形式，虽然古老，却延续至今。

（二）电话订购

随着电话和手机的普及，电话订购逐渐成为外卖行业的主要手段，也使外卖行业得到迅速的发展。相对于餐厅打包，电话订购以其无须上门的优势，很大的刺激了外卖行业的发展。

（三）网站订购

20世纪90年代互联网的普及，使外卖行业得到了迅猛的发展。学生和白领成为网站订购的主力。随之还发展起来很多互联网订餐企业。

（四）微信订餐

2012年，随着智能手机的迅猛发展，微信以不可遏制的势头迅速发展壮大。以此为基础，衍生出围绕微信的二次开发。其中最引人注目的、必不可少的包括了微信外卖开发。在APP当道的手机应用时代，微信二次开发，以其不需下载和不占用桌面空间的绝对优势，占领了很多APP的市场，成为商家的首选开拓领域。如北京中政通汇文化发展中心旗下的微开发团队，他们开发的公众平台模版——微味道，迅速占领了外卖行业的很多份额，我们期待外卖行业的进一步变革，以带来更好的体验和服务。

三、外卖外送新技术

如今的互联网+智能手机时代，无论是白领上班族还是学生族，几乎每个人的手机都会装外卖软件。说起在线订餐模式，要从欧美国家说起，在线订餐模式最早在美国兴起，有它独特的文化优势，比如国外的人更喜欢提前预订用餐。目前国内的在线订餐还处于诸侯混战状态，各大网站各自占据着自己的一方水土，但是随着马太效应越来越明显，在线订餐市场也在进行一轮新的洗牌，拥有充足资金的订餐网站正在迅速扩大各大城市分站，占领市场份额。

自从“饿了么”“美团外卖”和“百度外卖”上线后，手机订餐服务便刷出餐饮O2O狂潮。各大小餐厅也纷纷在自己的店门里贴出网上外卖软件的合作广告。基于网上订餐的衍生物，半小时微信订餐从网上订餐中脱颖而出。作为腾讯出品的微信手机应用获得外卖信息的一种服务，通过半小时微信开放平台接口嫁接的各种微信功能类服务，让微信公众号的价值大大发挥和提升。很多订餐网站都已经开通了微信服务平台，牢牢地抓住微信用户这一庞大的资源，为自己的业务开拓出一片更加广阔的市场。使用该服务，不仅可以得到任一服务地区周边的外卖商家信息、菜品信息以及商家的优惠券，还可以直接订餐、网上付款。这是一种突破传统的全新的外卖订购方式与理念。

第二节　外卖外送餐饮组织与岗位管理

组织机构是企业管理的前提和基础，它要解决的中心问题是组织管理体制的建立。这一问题直接影响和决定现代企业管理的成败和经济效益的高低。组织机构是为完成经营管理任务而结成集体力量，在人群分工和职能分化的基础上，运用不同职位的权力和职责来协调人们的行动，发挥集体优势的一种组织形式。餐饮组织机构就是这种组织原理的具体运用。餐饮组织机构是针对企业餐饮经营管理目标，为筹划和组织餐饮产品的供、产、销活动而设立的专业性业务管理机构。

一、外卖外送餐饮组织机构

餐饮企业的组织结构设计，因企业的规模、接待能力、餐厅类型和餐饮企业本身职能的不同而形式各异，但都必须建立起合理有效的组织结构、科学分工。一般而言，餐饮企业完整的组织形式都表现为直线—职能式（在餐饮企业中又称“业务区域制”），管理体制内部关系采用垂直领导、横向协调的办法，使餐饮企业成为一个有机的整体。

外卖外送餐饮企业餐厅数量少、类型单一，其一般的组织形式如下图。

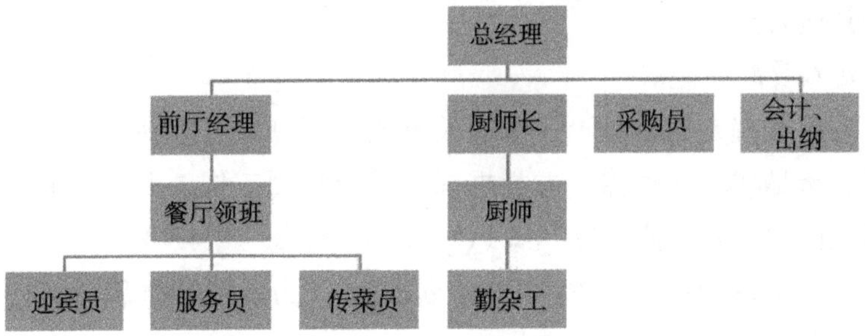

外卖餐饮企业的组织形式

二、外卖外送餐饮岗位管理

外卖外送餐饮岗位管理主要集中在厨房人员配备上，厨房人员的配备方法非常重要。为了能够保证菜肴生产的顺利进行，同时不加大劳动力成本，通常可以采用如下方法来大致配置。

（一）按岗位比例来确定

为了使厨房人数的配置相对准确，这种确定法一般要核定两个比例数，一是通过确定外卖外送的销售量来确定厨房炉灶岗位生产人员的人数。二是通过确定炉灶人员数来确定其他岗位人数。众所周知，餐饮运作是烹调、销售、服务三位一体的，厨房炉灶的多少表明了厨房生产能力的大小，而餐厅餐位数量的多少表明了餐厅接待能力的大小，只有将厨房炉灶生产能力和餐厅服务的接待能力相协调，才能保证正常的经营运作。由于任何新开张的饭店无法预测未来餐位的翻台率，所以每一个炉灶（一个炉灶一个烹调师）可以对应一次生产任务所能承担的餐位数。

（二）按工作量确定

厨房用人包括厨师、加工人员和勤杂人员三种。其人员的配置方法主要以劳动定额为基础，重点考虑炉灶厨师。其他加工人员可以作为炉灶厨师的助手。其人员确定的方法如下。

1. 核定劳动定额

即选择厨师和加工人员，确定在正常生产情况下，平均一个上灶厨师需要几名加工人员，才能满足生产业务的需要。由此核定劳动定额，其计算公式如下：

$Q=Q_x/(A+B)$

式中：Q 为劳动定额；Q_x 为测定炉灶台数；A 为测定炉灶厨师；B 为炉灶厨师服务的其他人员。

2. 核定人员配备

在劳动定额确定的基础上，影响人员数的还有厨房劳动班次、计划出勤率和每周工作天数等三个因素，并根据国家规定每周工作 5 天的要求来核定人员编制，其人员编制的计算式为：$n=(Q_n\cdot F/Q\cdot f)\times(7\div5)$

式中：Q_n 为厨师炉灶台数；F 为计划班次；f 为计划出勤率；n 为定员人数；Q 为劳动定额。

工作量确定实例：某饭店餐厅有座位 350 个，旺季座位利用率为 95%，每 80 个座位配 1 名炉灶厨师，每位炉灶厨师管理 1 台炉灶，并配有加工勤杂人员 4 人，厨房一班制，计划出勤率 98%。核定厨房的平均劳动定额及厨房的定员人数。

计算：预测炉灶台数为 4 台，其厨师的劳动定额为 $Q=4/[4+(4\times4)]=0.2$（台

/人）。

以厨房的平均劳动定额为参数，其厨房的人员编制数为 $n=(350\times 0.95\div 80\times 1/0.2\times 0.98)\times(7\div 5)=29.7\approx 30$ 人

第三节 外卖外送餐饮经营决策与计划

民以食为天，餐饮市场古已有之，只不过伴随着社会的发展，餐饮市场也呈现出不同社会发展阶段特有的业态结构与消费特征。它除能满足人们的基本饮食需求之外，也逐渐被赋予了休闲、社交等社会功能。因此，在行业规模扩大的过程中，行业内涌现出了形态各异的餐饮终端和新型的经营模式。

中国餐饮行业规模扩大与市场供给的增加，也带来了不同业态之间的激烈竞争。而且，白领群体的增加和采用新型生活或者工作方式人群的出现（例如“宅”群体），也给行业提供了一种蓬勃兴起的餐饮销售渠道——外卖渠道。传统上，顾客对于饭品或者菜品的消费主要通过堂食的方式来完成，所谓的外卖主要以零星的顾客打包或者店堂取餐为表现形式。但是，顾客对在家订餐的需求促使众多餐饮企业纷纷将触角伸到外卖业务领域中来（如避风塘、茶风暴、一茶一座），从而形成了堂食业务之外的一种新兴的餐饮模式。此外，民众与企业对于移动通讯技术和互联网络的普遍采用与深入应用，也为外卖业务的有利拓展提供了技术保证。此外，高速扩张的行业并没有带来同等规模的利润回报，在餐饮七大子行业中，以星巴克、仙踪林为代表的休闲餐饮以平均利润率 16.37% 高居榜首；排名第二和第三位的分别为火锅和西式正餐；既可以举办宴会又可以吃到自助餐的餐馆酒楼利润率为 3.57%，排名第四；而肯德基、永和大王等快餐送餐仅比宾馆餐饮略高，为 2.93%，位居平均利润榜倒数第二位；宾馆餐饮利润率为最低，为 2.24%。这一现实也要求餐饮企业在渠道设计上“另辟蹊径”，对外卖业务模式的关注能够为餐饮企业提升业绩提供一条有效、有益的路径。

外卖外送餐饮经营决策是指管理者识别并解决问题的过程，有时也指管理者利用机会的过程，经营决策作为一个管理活动过程，通常包含以下步骤：诊断问题（识别机会）、明确目标、拟定方案、筛选方案、执行方案、评估效果。

一、经营决策与计划的特点

从管理基本原理的角度看，计划包含将来行动的目标和方式。面向未来和面向行动是计划的两大显著特征。广义上，根据哈罗德·孔茨和海因·韦里克

从抽象到具体的划分，计划具有不同的表现形式，包括目的或使命、目标、战略、政策、程序、规则、方案和预算。

经营决策与计划是根据市场供求关系，在分析内外客观环境的基础上，对企业管理的任务和目标及其实现措施所做出的行动安排。其特点如下。

（一）目标性

从本质上说，计划管理就是确定目标，组织业务活动的开展，保证计划指标的实现。因此，经营计划必须以经营战略为指导，分析客观环境，掌握市场供求关系的变化。在收集信息的基础上，做好预测。然后通过各种形式的计划，对餐饮人力资源管理、组织设计、成本控制、利润目标等作出全面安排。这些指标一经确定和分解，就成为基层管理的具体目标，指导餐饮管理各项业务活动的开展。因此，餐饮经营计划实质上是目标管理的具体运用。

（二）层次性

餐饮经营计划从管理层次上看，包括公司计划、门店计划、部门计划、基层作业计划；从内部管理流程来看，经营计划包括食品原材料采购计划、厨房生产计划、餐厅销售计划、成本计划等。各级、各部门、各餐厅的计划都是互相联系、互相依存的。下级的计划指标既是上级计划指标的分解，又是更下一级计划指标的基础。

（三）综合性

计划是一项综合性较强的工作，它涉及各部门与各环节、各项业务活动的开展。广义的计划包括使命陈述、远景规划、战略制定、计划选择等内容。具体经营计划涉及采购、储藏、生产、销售、服务等内容。计划的贯彻执行涉及餐饮业务管理的全过程，体现在供、产、销活动的各个方面。因此，餐饮经营计划是以经济效益为中心、以销售预测为起点、以业务经营活动为主体、以经营措施为保证的复杂的行动方案，具有较强的综合性。

（四）专业性

餐饮经营计划是一项专业件、技术件较强的工作。在编制计划以前，要做好餐饮环境调查研究，分析经营环境，掌握市场供求关系的变化，在编制计划过程中，要做好销售预测和财政预算，合理安排各种指标。执行过程小又要利用信息反馈，掌握计划进展和可能出现的偏差，及时纠偏，发挥控制职能。因此、餐饮管理人员只有掌握这些专业技术，并善于灵活运用，才能做好计划管理工作。

二、经营决策与计划的编制过程

经营决策与计划工作是通过计划编制和计划执行来完成的，它体现在餐饮业务管理过程的始终。为保证编制的计划合理，计划编制要采取科学的方法。计划编制的步骤包括：确定计划目标、分析现在情况、研究过去经验、预测和确定计划前提条件、拟定和选择行动计划、制订计划、制订派生计划、制订预算等。在餐饮经营目标确定的基上，其计划的编制过程主要包括如下方面。

（一）分析市场环境，收集计划信息

分析市场环境、收集计划信息是餐饮计划编制的前提和基础。分析市场环境要求在认真做好市场调查的基础上，掌握市场动向、特点、发展趋势和市场竞争状况，然后结合本餐饮经营的实际情况，分析顾客类型、档次结构、需求变化、产品风味、花色品种、价格水平、服务质量等同市场需求的适应程度，找出优势和水足，为确定餐饮经营方向和计划目标提供客观依据。

（二）预测计划前提，编制计划方案

餐饮市场营销计划和经营利润计划的实现要具备一定的前提条件，对计划实施的细节做出预测，以明确计划实施的重要条件。

一是根据市场动向、特点和发展趋势，以调查资料为基础，预测各门店的上座率、接待人次、人均消费和营业收入。

二是分析食品原材料消耗，制定各门店标准成本，预测成本额、成本率，确定成本降低率指标。

三是根据业务需要和计划收入，分析流通费用构成及其比例关系，预测各项费用消耗，确定费用降低率指标。

四是分析营业收入、营业成本、营业费用和营业利润的相互关系，预测餐饮利润目标。

五是在上述预测分析的基础上，编制餐饮计划方案，初步确定各项计划指标。

（三）分析计划可行性，选择行动计划

分析计划可行性是计划管理的基本原则。餐饮计划方案选择应尽可能多，计划方案的提出可以采用集体决策方法，方案计划的数量是计划满意的保证。

对行动计划的选样还要进行评估，要审查收入、成本、费用和利润的相互关系；审查采购资金、储备资金、周转资金的比例关系，使之保持衔接和协调；审查收入、成本、费用和利润在各部门之间的相互关系，使资源分配和计划任务在各部门之间保持协调发展。评价行动计划要考察计划的制约因素、总体效益、有形与无形因素、静态与动态因素。在此基础上，经过分析讨论，做出计划选择决策。

（四）制订具体计划，将计划数字化

将所选定的计划用文字表述出来，作为管理文件。拟写计划的要素必须包含“5W1H”，即做什么、为何做、由谁做、何地做、何时做、怎样做。基本计划还要有派生计划作为辅助文件。计划编制的最后一步是将计划数字化，即编制预算，一方面使计划指标体系更加明确，另一方面便于对计划进行控制。

第四节　外卖外送餐饮产品与生产管理

一、外送外卖餐饮产品

从概念上来讲，餐饮产品有两个层次的理解。

（一）狭义的餐饮产品

主要指菜点、酒水饮料等实物形式的产品。

（二）广义的餐饮产品

即现代餐饮产品，是由餐饮实物和餐饮服务以及餐饮环境、气氛、餐饮产品的销售价格等多种因素组成的有机整体。综合看来，餐饮产品的组合要素主要包括餐饮服务、环境气氛、实物产品和产品定价四个方面。

1. 环境气氛

从产品的销售角度来讲，就餐的环境和气氛是一种助销产品，影响消费者的就餐情趣和满意程度。餐厅的环境气氛，虽然不是餐饮实物，但其作用和地位越来越重要，因为这部分产品满足了宾客更高层次的心理、精神和情感上的需求。例如，宾客希望通过餐厅的环境、气氛来体现自己的身份地位，更希望借助餐厅的风格情调体现和抒发自己的思想情感等。因此，非餐饮实体的服务环境、设备是餐饮产品的重要组成部分，它满足了宾客的受尊重、受礼遇、安全、

便利以及自我满足等多种精神和心理需求。而这些因素往往在餐饮消费中占主导地位。

2. 餐饮服务

服务是餐饮经营的基本商品之一，同样是一种助销商品。不论是哪种餐饮经营形式，进入餐厅的宾客都希望自己自始至终受到礼貌、友好、热情、快捷的接待和服务。在餐饮经营中，尽管优良的餐厅服务并不能掩盖或完全弥补餐饮实物所造成的不足，但粗劣的服务态度必然会使一顿本来十分称心的餐饮索然无味。

餐厅的服务水平是服务质量的集中反映。其构成要素如下。

（1）服务形象，具体体现在员工的形象、着装、仪容仪表、礼貌礼节等细节方面；

（2）服务效率，要提高员工对餐饮服务过程中出现的突发事件的应对能力和处理能力。例如，突然间的停电、菜肴出现的质量问题等情况，企业要形成一整套的应急机制，并让每一位服务人员准确掌握。

（3）服务规范，企业要制定一套完整的服务标准，在大多数服务环节上尽可能保证标准化的服务模式，克服服务的随意性。

（4）服务意识，在保证标准的服务规范的同时，强化员工的服务意识，要在主动服务、亲情化服务、个性化服务等三方面体现出自身的特色与细致。

3. 实物产品

餐饮实物是餐饮产品的基础，它满足了宾客对营养、风味的物质性、生理性需求，由于它们是有形的实物，也容易被人们认识和接收。诸如色、香、味、形、器、质等菜点的固有属性，是宾客餐饮消费过程中尤为在意的重点要素。现今，实物产品的属性还包括菜点的营养功效、菜点风味和满足生理需求的能力等高层次的需求。

4. 产品定价

销售价格是产品的外在表现形式，是企业向市场推出产品的第一印象，价格同样是餐饮产品构成要素中不可忽视的一个方面。在激烈的餐饮市场竞争中，价格形象已成为餐饮企业形象的重要构成要素。

首先，产品定价要能准确反映产品的价值，一般来说，餐饮产品价格结构主要由原料成本费用、税金和利润三部分构成，其中原料成本较大，高档餐饮要占到产品售价的30%~35%，中低档企业能要达到40%~50%，一味地低于这个比例，显然是暴利经营，企业也难以在市场中立足。

其次，产品定价时要考虑消费者对价格敏感度的几个因素。

（1）产品特色，特色越明显，顾客对价格敏感度越低，因而对价格承受能力相对较强。

（2）餐厅的无可替代性，如本地区只有一家麦当劳餐厅，顾客往往对这种情况下的产品定价不太敏感。

（3）声望高、形象好的企业，如北京的全聚德、顺峰等企业，一向以声望和名气著称于市场。

（4）消费水平，餐饮消费占消费者收入的比例越小，显然对价格承受能力越高。

综合看来，餐饮产品是由环境气氛、餐饮服务、实物产品、销售价格等要素构成的有机组合，是一个系统性的概念。

二、餐饮产品的特性

从餐饮产品的含义分析中，我们可以看出，餐饮产品与工农业及其它行业的产品比较，在生产、经营和消费等方面有着显著的不同，即有它自己的特性。

（一）餐饮产品质量性状的不稳定性和脆弱性

餐饮产品的生产原料大多为鲜活原料，容易腐败变质，各类干货原料的保质期也比较短。而菜点成品的色、香、味、形等属性只能在特定的环境下，短时间存放，质量性状非常脆弱。很多菜品，当温度变化时，其风味和质感都会发生变化，即便再次加热都不能恢复原来的风味。餐饮产品质量性状的不稳定性和脆弱性给餐饮企业的生产、经营带来了诸多困难。

（二）餐饮产品在生产、销售与消费三方面的同时性

由于餐饮产品在质量性状上存在着不稳定性和脆弱性，除去少量外卖食品（快餐之类），餐饮产品都是在生产、销售和消费的环节上保持高度的一致性和同步性。这一特点决定了餐饮产品的生产和经营方式，即大多数餐饮实物产品只能在宾客购买、消费前很短的时间内进行生产，也就是“现做现吃”，或“边做边吃”。这一点显然不像工农业产品，在生产出来之后，要经过多个流通环节才能到达消费者手中。不仅如此，无形的餐饮服务与实物产品的生产、销售与消费则完全是同时进行的。由于同时性特点，使餐饮产品的销售量往往会受到场地的制约。一般说来，餐厅营业面积大，其销售量就大。同时，还受就餐时间的限制，即只有在就餐时间宾客才会光顾餐厅购买餐饮产品。

（三）餐饮产品的差异性和产品系列的同质化

餐饮产品的差异性体现在其生产的大部分过程由人工劳动操作完成，尤其是

中式正餐，产品的质量极易受到厨师、服务人员的技术水平、工作态度、精神状态等多种因素的影响，从而使产品产生差异。即使是同一个人在不同的时间生产同一种产品也会出现质量偏差。特别是在餐厅服务过程中，服务员的仪表仪容、年龄性格、文化水平、心理素质和交际能力的差异有时会使服务效果截然不同。因此，为缩小产品的差异性，要制订生产、服务质量标准和操作规程，加强对员工的职业道德教育和业务技术培训，使餐饮产品的生产规范化、标准化和程序化。

产品系列的同质化主要表现在餐饮市场中，越来越多的企业产品趋于雷同，产品特色在同质化现象中难以体现。即便对同一道菜点，也难以找到一套标准来比较各家的水平高低。餐饮产品不像工业化产品，有一套标准和制度保证自身产品各项指标的独特性，一系列新的菜肴流行后，会有一批企业制作相似甚至完全相同的产品。当然，这一特点要求企业要善于创新，要走在市场前面，同时要能形成自身难以模仿的核心技术。

（四）餐饮产品的复杂多样性

餐饮产品的复杂多样性，首先表现为企业所提供的餐饮产品种类繁多，形式与内容丰富。在一定的目标市场条件下，餐厅为了满足宾客对营养、风味等不同需求，菜单上必须提供的菜点多达几十种，甚至上百种，而每种菜品的实际需求量难以预料，且大多数菜品不能批量生产。而餐饮服务内容则更加复杂多样。

其次，表现在餐饮服务工作难度大。企业每天所接待的宾客来自四面八方，由于年龄、性别、民族、地域、职业、文化背景、性格不同，因而餐饮习俗和爱好形形色色，千差万别，即便是同一种餐饮产品服务，不同的宾客感受和评价可能会大相径庭。

再次，餐饮产品的生产环节多，管理难度大。餐饮产品的生产从菜单设计、原材料采购、烹饪制作、餐厅服务到结账送客等环节众多，各个环节的连贯性较强，必须相互协调，才能保证产品质量。另外，餐饮生产环节的成本泄漏点多，管理控制复杂，这些都体现了餐饮产品生产经营的复杂性。

第五节　外卖外送餐饮定价与菜单设计

一、外送外卖产品定价方法与策略

外送外卖产品定价是企业营销的重要环节，影响到市场需求的变化，也影响到餐饮经营的营利水平。餐饮产品定价既要考虑多方面的因素，也要运用适宜的定价策略。

（一）定价的构成

外送外卖产品的价格以其价值为基础，由成本、费用、税金和利润四部分构成。其中，成本包括主料、辅料和调料构成的原料成本和燃料成本两部分；费用包括人工成本、管理费用、经营费用、财务费用等；税金包括营业税、城建税、教育费等；利润是指一定时期内营业收入额扣减去成本、费用和税金后的余额；毛利是指餐饮产品价格中费用、税金和利润构成的部分，是餐饮产品价格减去成本后的差额。用公式表示为：产品价格＝产品成本＋毛利。其中，毛利率是指毛利在价格中所占的比重（毛利率＝毛利／销售价格 ×100%）。

（二）定价的影响因素

1. 餐厅档次

餐厅的档次会直接影响餐饮产品的定价。同样的一份毛肚，在以平价为主打的傣妹火锅，在以休闲餐饮为主的重庆小天鹅，和是在以优质服务为主的海底捞出售，其价格可能有着天壤之别。

2. 市场定位

餐饮经营者根据餐饮市场的竞争态势，在消费者的心目中为自己的产品寻求和确定一个最为恰当的位置。火锅行业市场定位以产品为出发点，其定位目标是引导餐饮经营的潜在顾客，从各方面创造特定的市场形象，使之与竞争对手的产品相区别，以求在目标市场顾客的心目中形成特殊的偏好。

3. 定价目标

餐饮产品定价目标主要是为了实现经营利润最大化，以及实现餐饮经营预计的市场份额。

4. 市场需求

对于普通商品而言，需求与价格之间的关系非常密切，价格的微小变动都可能带来需求的变动，从而改变销售情况，并对销售目标产生影响；通常情况下，价格和需求呈反比关系，价格越低，需求越多，价格越高则需求越少。火锅长期以来一直都打着“物美价廉”的标签，在没有其他附加值的基础上，其定价就必须向顾客的“低价”预期靠拢。

5. 竞争对手

餐饮产品定价时还要了解竞争对手所提供的产品质量与价格，这有助于餐饮经营者最终确定自己的价格。

除此之外，还必须考虑国家的政策法规，以遵守法律法规为前提，综合考虑地理环境、风俗习惯、计价传统等定价因素。

（三）定价方法

1. 成本加成定价法

成本加成定价法是一种最基本、最简单的定价方法，即以成本为基础，再加一定的加成来确定产品定价。成本加成法的使用十分普遍。

2. 价格系数法

首先计算出产品的成本，然后，根据过去的经验和判断，估计产品成本占价格的百分比。价格系数就是这一百分比的倒数，最后用成本乘以价格系数，算出价格。餐饮经营者一般都规定食品和饮料的标准成本率。可用成本比标准成本率确定餐饮产品价格。

需要注意的是，成本加成定价法只考虑了成本因素，而没考虑市场需求方的因素。

（四）定价策略

为了实现定价目标，餐饮经营者还必须使用一定的菜单定价策略和技巧，在选定的价格幅度范围内，充分考虑价格变动可能带来的各种影响，最终确定餐饮产品价格。

1. 心理定价策略

经营者在制订产品价格时，不仅要考虑产品的成本、利润等问题，还应充分把握顾客的消费心理。主要的心理定价策略有：声望定价法、位数定价法、整数定价法、诱饵定价法、分档定价法等。

2. 折扣定价策略

折扣定价策略是火锅行业经营者经常采用的定价策略，主要包括数量折扣、季节折扣等。

3. 差别定价策略

差别定价也称区分需求定价。餐饮经营者为了突出与竞争对手的差异，可以用差别定价策略。主要有产品差别定价、服务差别定价、时间差别定价。

4. 营销定价策略

为了营销，经营者通常会采用低价方式，以扩大客源。主要的营销定价策略有：亏损先导招徕策略和特殊事件定价策略，如开业酬宾、周年庆、特殊节日等。

二、菜单策划与设计

菜单策划就是综合考虑企业目标市场的需求状况、购买力与动机、餐饮企业规模档次、企业市场定位、市场竞争等因素，并结合菜单分析等方法，对菜单菜品选择、价格、菜单档次等方面进行决策。菜单一经确定，就必须按照菜单的要求去购置设备用具、招聘人员、组织生产、安排销售与服务，因此，菜单策划对于餐饮企业的生产和经营管理有着至关重要的作用。

（一）菜单内容设计的原则

1. 突出餐饮特色

菜单是沟通生产与消费的桥梁。顾客进入餐厅在见到餐饮产品前，有关餐饮企业产品与服务的信息主要来自菜单与服务人员的介绍。因此企业应充分利用菜单这一工具，设法在顾客心目中树立起有别于其他餐饮企业的鲜明独特的形象，突出企业餐饮风格特色。

2. 把握市场变化

由于目标市场的需求容易受到诸多因素的影响而发生变化和波动，因此餐饮管理人员在进行菜单策划时，要及时把握市场需求的变化状况，对菜单进行调整；即使是同一目标市场，人们的饮食习惯和喜好，受职业、年龄、教育程度、文化背景等因素影响，仍然存在许多细微差异。餐饮企业应有意识地收集、整理、统计有关资料和数据，深人研究目标顾客的饮食习惯与爱好，为菜单策划提供依据和参考。

3. 掌握原材料状况

凡列入菜单的菜式品种，餐饮企业应无条件地保证供应，餐饮管理者应清楚地认识到这一基本餐饮管理原则的重要性。在进行菜单策划时，应充分掌握各种原材料供应状况，如市场供求关系、采购及运输条件、季节、餐厅地理位置等，以确保原材料供应充足。

4. 考虑生产能力

菜单上的品种都必须从厨房生产出来，因此企业的生产能力限制了菜单菜品的种类和规格。影响餐饮企业生产能力的因素主要是厨房的设备条件和员工技术水平。如果不考虑企业的现有生产能力，而盲目设计菜单，即使设计得完美无缺，企业无法生产出来，对于餐饮企业来说，这样的菜单是毫无意义的。同时，菜单上各类菜品的数量搭配要合理，以免造成某些设备过度使用，而另一些设备使用率过低甚至闲置，或者一些岗位厨师工作量过大，而另一些厨师却空闲无事的现象。

（二）菜单内容编排

菜单内容千差万别，各具特色，但对于外卖外送餐饮来说，菜单内容却是相对固定的。一份完整的菜单应向顾客传递以下几部分信息：主体内容、菜名信息、成分信息、价格信息、图片信息、优惠和收费信息，以及企业信息等。

（三）菜单美化制作

菜单是餐饮业无言的推销员，在设计上要符合餐厅所塑造出来的形象，所以菜单的外形要与餐厅的主题相互辉映，字体、颜色、用纸等更要和餐厅的装饰气氛相协调，还要通过菜单内容的配置反映服务方式，这样才算是一份完整的菜单设计。一份设计精美的菜单本身对顾客就有非常大的吸引力。菜单的大小、色彩、重量、纸张质感、清洁度等都能给顾客强烈的印象。因此在设计制作菜单时，餐饮经营管理者应注意格式、封面、分区、字体、文案、图片、材质等方面的内容。

第六节　外卖外送餐饮服务管理与质量控制

对于餐饮外卖企业的监管应从三方面入手：首先要有营业资质，小作坊通过外卖网站进行送餐服务违反相关管理，质量安全很难有所保障；其次要有冷链，冷藏、保温温控需有保障，有良好的卫生条件，确保运输过程中不发生过期、污染、变质；再次运输距离有一定限制，如果食品运送范围过大，会影响商品口味、消费者体验。

餐饮外卖市场的核心竞争力在于产品的服务管理与质量控制。一个餐饮企业做好外卖工作，它的核心竞争力主要通过两点来体现。一是怎么提供方便快捷的优质服务。这是前提，也是必须，如果过不了这一关，没有先进的管理和技术做支撑，不但不能做大做强，连生存都是问题。二是必须倾力做好产品的质量控制。

目前，国内市场上切入外卖业务领域的餐饮品牌既包括麦当劳、肯德基和必胜客等国际快餐巨头，也包括真功夫等中式快餐品牌，还包括海底捞等传统中餐，甚至还出现了一批将传统餐饮行业与新时期电子商务相结合的专业性外卖网站。可以说，在餐饮外卖领域，顾客拥有相对充分的消费选择。那么，餐饮企业如何构建一个具有竞争力的外卖销售模式就迫在眉睫。

餐饮外卖业务实际上是对饭品堂食服务在场所物理空间层面的延伸。其实，不论是堂食还是外卖，顾客的餐饮消费诉求都不会脱离“卫生可口、快捷便利、营养配餐”三条主线。只不过，外卖业务由于在店堂物理空间氛围、餐品递送速度和人员服务时长等方面具有其特殊的要求而对餐饮企业提出了更高的要求。接下来，我们将围绕“卫生可口、快捷便利、营养配餐”三大餐饮诉求，并结合外卖业务的独特属性来探讨立体式的销售模式。

一、外卖餐饮服务模式

（一）注重“卫生可口”，提供标准化产品

不同的行业对产品都有起码的质量要求。对于餐饮行业来说，保证菜品的卫生与可口是企业立足市场的生存之本，而要维持一贯的顾客满意，就需要为市场提供一致的产品质量承诺。在这一点上，西餐与中餐又具有迥然不同的特性。由于原料选择、做菜工序、火候掌握与刀工要求等因素，中餐在标准化方面存在一些劣势。尤其是在脱离店堂消费气氛和其他辅助性物理载体的情况之下，向顾客提供类似或者等同于堂食餐品的质量保证自然就成为吸引和保持购买餐饮外卖服务顾客的重中之重。因此，中餐产品要为顾客提供持续稳定的质量承诺，需要做出更大的运营上的努力。

目前，餐饮服务以正餐（以商务、政务和民众群体聚会消费为主）和快餐（工作群体的日常饮食、恶劣天气或者特殊情况之下的个人及家庭偶然性或者常规性消费）为主，两者能够占到餐饮市场80%的份额。以上数据表明，起码从目前来看，构成外卖业务主流销售的餐饮业态还是以快餐类饭品为主。麦当劳和肯德基等国外快餐在标准化生产与管理方面的先进经验在此毋庸赘述。而近年来，以包天下、德克士、东方既白、真功夫、狗不理、全聚德、大娘水饺及永和大王等为代表的中式连锁快餐企业，在标准化管理方面也存在很多可以圈点之处，这也是它们在餐饮市场异军突起的成功秘诀之一。

（二）着眼“快捷便利”，加强信息化建设

信息化建设可以为企业在有效成本控制、增强决策依据的科学性和改善顾客服务水平等方面起到积极的作用，已经被企业广泛应用到订单处理、财务分析、人事管理、物流分拨和合同管理等诸多领域。在餐饮行业，信息化建设虽然已经渗透到了物料采购、点餐程序（例如从手写菜单到触摸屏自助点餐的变化）、人员考核与顾客管理等多个方面，但是不少企业的信息化建设还基本停留在电子点菜和结算系统层面。然而，对于进入餐饮外卖业务领域的企业来讲，要实现餐品的顺利投递，并保证递送服务的快捷便利，还要加强在“订单接收＋餐品处理＋递送取餐＋终端送餐”等诸多订单处理环节的信息系统建设。

当然，要自建一套强大的订单处理信息系统，将对外卖餐饮企业在资金、人力和物力方面形成很大的挑战，更是对企业运营模式的直接考验。在这方面，采用连锁化经营的大中型餐饮企业，可以将标准化运营方面的经验复制到顾客在终端的外卖订单处理过程中来，例如肯德基与同属百盛集团旗下的必胜客分享集团内部自建的呼叫中心系统，外卖送餐员也是肯德基自己的员工。还可以采用外卖订单处理服务外包的方式，例如麦当劳在中国市场的“麦乐送”外卖业务，将呼叫中心外包给电讯盈科，将外卖送餐员服务外包给硕亚、安宇两家公司来管理。

现今，互联网在人们生活与工作过程中所起的作用日益重要，很多传统行业通过电子商务的方式来切入新的市场，或者为现有市场提供深度服务。而对于区域性单店餐饮经营企业来讲，建立一套庞大的复杂呼叫系统也不现实。这类餐饮企业将外卖作为堂食业务的有益补充，可以借助专业性餐饮电子商务类网站（如大众点评、美团外卖等）来转移自身在信息化建设方面的投资压力与经营成本。这类餐饮外卖电子商务类网站凭借其专业的顾客服务能力和广泛的餐馆终端合作覆盖，为区域性单店外卖业务提供了切实可行的合作可能。

在外卖企业的核心竞争能力方面，一家典型的外卖模式企业丽华快餐认为：他们不仅是卖盒饭，更是在卖信息化订单处理系统。顾客通过网络浏览到快餐内容；然后直接向电话中心提交订餐信息；之后系统将对送餐的数量、地点，配送点的货、辐射半径进行分析后发出相应的分配指令，也正是基于信息化系统的深度应用，丽华快餐逐渐成就了自己的市场地位。

（三）致力“营养配餐”，关注客户满意度

在实体店铺中的堂食消费形式，顾客得到的是包括饭菜质量、服务水平与就餐环境等因素在内的综合消费体验，三者之间可以达到一种相互平衡的效果。相比店堂服务，外卖业务具有服务强度降低、服务时长缩短和脱离实体就餐环境的劣势。而在这种特殊情境之下开展的外卖业务，其顺利运营将会给餐饮企业带来更多的要求。

在产品同质化和需求多样化的双重压力之下，对于任何行业的竞争者来讲，价值创新将是未来赢得竞争优势的唯一路径。如果外卖业务能够保证餐品的“卫生可口 + 快捷便利”（满足顾客在生理与便利方面的浅层次需求），那么“营养配餐”的实现程度（满足顾客在健康生活方面的高层次需求）就会成为餐饮外卖业务的下一个竞争焦点。因此，实现“营养配餐”的外卖业务将会超越普通外卖餐品仅仅满足顾客在物质层面的消费诉求，而深入到顾客文化体验与价值体验的心理消费诉求层面。

依托店铺经营外卖业务为餐饮企业提供了一张虚拟的销售网络，它扩大了企业的网点覆盖范围，也是企业利润增值的一种有效方式。而在餐饮消费文化中，顾客不仅仅在消费质量、价格与便利，更是在消费一种生活方式或者践行一种生活理念。尤其是在健康与时尚意识急剧增强的新时期，更多的餐饮顾客将会在“卫生、便利与健康”之间做出新的权衡。可见，外卖业务的长久稳健拓展离不开餐饮企业对“健康配餐”的深入研究与市场实践，这也是餐饮行业立足市场、获得消费者认可的终极目标。外卖业务要做到“营养配餐”，需要企业不仅成为消费者餐品便利服务的提供者，更应该是他们的健康顾问。只有这样，消费者才能获得最大化的餐饮服务价值与满意度，餐饮企业才能真正赢得市场的尊重与认可。

二、外卖餐饮服务模式优化

为了提升外卖配送速度，外卖公司将制订三个阶段处理方式。

第一个阶段是异常订单处理，即超时、配送员态度恶劣、餐品问题等用户投诉订单。外卖企业通过建立客服中心。同时，建立规则，如餐厅被频繁投诉，将被扣分甚至下线。

第二阶段是给用户可预期的服务。用户订餐后，用户会关心订单在哪、什么时候送到等问题。如今外卖企业上线了为配送开发的 APP 端口，通过该 APP 可以跟踪所有订单状态，这样可以最大限度地获得全部状态。

第三个阶段即众包，社会化的物流。外卖餐饮服务模式需要以一种开放的心态和不同公司进行非常深入的合作。除了外卖公司自有物流外，还需要与其他的物流公司或企业建立长期稳固的合作伙伴，建立各地代理服务网点。

（一）订餐电话接听注意事项

收银员应在电话铃响时立即接电话。如错过来电，应记下号码并回拨。当收银员繁忙时，服务员应当立即接电话。

礼貌用语：××× 饭店，您好！

如对方需要外送服务，需首先确认对方外送信息。首先确认对方地址，明确路名、门牌号以及具体房间号。参照外送范围表首先确认是否在外送范围内，如果不在外送范围内需向对方道歉并取得客人体谅。

繁忙时段需对外送到达时间作预估，对方确认等候时间后方可继续点餐。

点餐方式与堂吃一样，确认所点菜品，份数及其他要求；必须与客人再次确认外送所有内容。

点餐完毕后确认对方联系方式及联系人姓名及电话号码。

询问对方是否要开具发票，确认发票抬头，发票必须盖章。

礼貌用语：感谢您的来电。

信息记录完毕后自行点餐或者由收银员点餐。

（二）外送准备及外送流程

点餐完毕后应及时通知领班或当班负责人，确认外送人员。

收银员可对外送结账并给予外送员找零。

外送人员应将对方所有信息记录在挂单上。查询地图或电子地图，确认外送地点，并选择使用外送车或步行。

外送人员需携带手机，并保证话费充足，电力及通讯状况良好。

当客人需要时外送人员应开具发票。

外送人员需检查服装是否整洁。

外送人员需对外送所有菜品饮料进行包装；切勿遗漏筷子、纸巾、汤、饭、吸管、酱油以及其他调料等。如店内有活动宣传单也放入，需每份主食给一双筷子、两张纸巾。每份饮料给一根相应吸管、两张纸巾。每三个寿司给一双筷子、一包酱油、一包芥末、两张纸巾。反卷给一双筷子、两包酱油、两包芥末、两张纸巾。

外送人员需确保外送物品包装整齐、稳固，冷热分开。

外送途中必须严格遵守交通法规，注意人身安全。

外送途中需保证外送物品不被颠覆。

到达后将车锁好。

如不能找到地址可询问附近路人或保安，或者与客人联系，请对方指导到达方法。

到达地址后需向对方确认所点外送菜品并出具挂单，找零及给发票。

与客人交流需用礼貌用语。

【案例分析】

永和豆浆餐饮店外卖送餐管理制度

为进一步扩充公司业务，为广大客户提供更好的服务，我公司特决定整合订餐资源，规范订餐流程，将订餐业务作为我公司重要业务之一。

1. 订餐范围

以各家分店为中心，2.5 公里以内免费送餐，超出 2.5 公里的范围不送。

2. 订餐人群

电话订餐的客户。

3. 相关标准及要求

（1）店经理或领班负责接待上门预订和电话预订的餐位预约工作。

（2）了解订餐客人的身份（单位、姓名等）、联系电话、具体地址、订餐明细等详细信息，唱票后告诉客人订餐价格，查阅公司统一配发的送餐范围图确定是否属于送餐范围。咨询是否自带找零，告知客人大约需等待的时间（2.5公里以内30分钟之内送到，中午及晚间高峰客忙时提醒客人送餐时间可能会相应延长）。在了解完相关信息后，填写公司统一配发的送餐表。在了解如上信息完毕后，告知客人本店非清真餐厅。

（3）菜品及零钱准备完备后，用公司统一的送餐车前往目的地送餐，来回不得耽搁。上楼送餐过程当中配送车需要停车落锁。

（4）送餐到达目的地后的标准流程是：①报永和豆浆品牌及分店名；②核对客户信息；③重复订餐内容及金额；④请客户验货，核对收货内容；⑤请客户在公司统一配发的送餐单上签字确认。

（5）送餐完毕至店后，第一时间将餐费交由收银员。

4. 店经理的职责

店经理为订餐业务第一负责人，负责安排订餐业务，按月统计订餐金额及外送次数等相关数据，及时与财务室及办公室沟通相关数据。店经理也是订餐车的第一负责人，总部一次性向店面配发电瓶车一辆、头盔一副、打气筒一支、保温配送箱及底托一套、豆浆杯架一个。以上物品作为店内固定资产，有使用及爱护的责任。订餐车出现故障，及时报修。若是人为损坏，由大区经理认定责任人，根据“维修换件参考价目表”照价赔偿公司损失。

5. 订餐车的使用

原则上使用寿命为三年，两年后可申请报废。在使用期间，出现丢失、重大损坏等情况需要更换时，由大区经理出具相关申请或说明，责任问责及处罚之后，总部予以配置。

6. 配送路上的注意事项

在骑行过程中须遵守中华人民共和国相关法律法规，骑行速度应控制在安全范围以内，由店经理安排熟悉当地路况并有送餐经验的员工进行送餐。

7. 送餐范围

接到客户致电的门店负责核对送餐范围，如发现不在自己分店的送餐范围而在其他连锁店送餐范围内的，门店不得告知另家门店的电话，而应详细记录客户需求，由我方完成转单工作。分店送餐范围有重叠的，原则上以接单门店送餐为准。

8. 严禁擅自收费

公司严禁送餐员在送餐过程中向客户收取任何其他费用，如有相关客诉将严惩责任人。

9. 其他

如上规定最终解释权以管理公司办公室方案为准，所需相关表格将随本文件一同下发。

附：送餐流程

（1）店经理或领班接听电话并记录餐单。

（2）将餐单转至收银台打小票，如客户提出，准备适量零钱。

（3）小票转至打包台，向打包台负责人申明。

（4）必要时催单。

（5）餐备齐后转送餐员。

（6）送餐员领单并签字，按照记录地址送餐。

（7）送餐员送餐完毕后回店，将单据和钱款交收银台。

第七节　外卖外送餐饮市场营销管理

企业的市场营销活动是在特定的营销观念指导下进行的。营销观念是企业营销思想的反映，企业营销思想是企业决策者在组织和谋划企业的整体实践活动时所依据的指导思想和行为准则，是企业在如何处理企业、顾客和社会三者利益方面所持的态度、思想和意识，即企业以什么为中心来开展营销活动。营销观念是一切经营活动的出发点，它对企业的经营管理活动产生积极或消极的能动作用。餐饮营销观念则是市场营销观念在餐饮业经营活动中的表现和拓展。

一、传统餐饮市场营销管理

餐饮业是通过即时加工制作、商业销售和服务性劳动于一体，向消费者专门提供各种酒水、食品、消费场所和设施的食品生产经营行业。然而在这十年里，餐饮行业的竞争格局与消费者的消费行为都在发生巨大变化。

从竞争格局来看，第一，由单纯的价格竞争、产品质量的竞争，发展到产品与企业品牌的竞争；文化品位的竞争；第二，由单店竞争、单一业态竞争，发展到多业态、连锁化、集团化、大规模的竞争；第三，开始突破地域限制，由在本地发展走向外地发展，由小城市向大中城市发展，由东部沿海向中西部地区发展。

从以上可以看出，传统的餐饮行业营销通过连锁经营和特许经营等多种方式，开始突破地域和空间的限制，朝着连锁化、集团化方向发展，但是仍然难以突破时间上的限制，使得传统餐饮行业处于一个重要的瓶颈期。

综上所述，传统的餐饮行业营销模式还处于一种较为原始的环境下，只有打破餐饮行业时间、空间限制的营销模式才是走向快速发展的选择。

二、外送外卖餐饮电子商务营销管理

随着互联网的迅速发展，企业电子商务大力开展，餐饮行业也有一些企业开始尝试电子商务模式，目前餐饮行业的电子商务主要有 B2C、B2B 与 O2O 三种模式，下面沿着时间的轨迹去探寻餐饮行业的电子商务发展之路。

餐饮行业的 B2C 电子商务模式的发展举步维艰，以中国饭网为例分析一下餐饮行业电子商务发展。中国饭网创立于 2004 年 7 月，成立之初立足于 B2C，但是仅仅半年后就成为给中国餐饮企业提供推广服务的 B2B 网站了。如今，依仗互联网良好的大市场环境，餐饮业的 B2C 又卷土重来，无忧订餐网、请客网等一批互联网企业相继开张。但是这些网站基于“返佣”的盈利收入很少，更多的业务经营是广告和会员年费纳入到其盈利当中。特别是会员年费这块，相当于为餐饮业提供自主化的企业上网服务。然而，广告收入和会员年费收入都要依赖强大的内容支持和品牌效应，要想盈利可谓是任重道远。

B2C 模式发展遭遇重重困难，在此营销环境下另一种 O2O 模式也逐渐出现在了人们的视野中，以中国最早施行 O2O 模式的饭统网为例，分析 O2O 模式在餐饮行业电子商务中的发展状况。

在线餐饮服务供应商饭统网 2003 年成立于北京，是中国第一家免费提供餐厅预订服务、免费提供餐饮优惠折扣服务的在线餐饮综合服务企业。消费者通过饭统网预订电话订餐，结账时会员餐厅给予消费者优惠折扣，在当年，对消费者来说，这是一种比较新鲜的模式，饭统网领风气之先，一度发展非常迅速。在 O2O 概念被热捧的大背景下，餐饮服务网站本应该处于最好的发展时期，然而运营了十几年的饭统网在 2014 年 4 月 23 日却突然倒闭，也让我们看到了早期餐饮行业 O2O 发展还存在着许多缺陷。

随着美团网、大众点评网、微信公众平台的兴起，一种更为便捷、高效、成熟的 O2O 模式迅速占领了餐饮行业的电子商务领域。而饭统网也逐渐被世人所遗忘，但是作为第一家互联网 O2O 餐饮服务公司，这 12 年中所产生的行业影响与实践经验却为整个餐饮互联网行业提供了经验教训。从上述餐饮行业电子商务的发展历程可以看出，B2B 模式、B2C 模式过渡到 O2O 模式是市场环境下的必然选择，O2O 模式取代 B2C 模式必然有它的优势和可取之处。

三、外送外卖餐饮营销管理

餐饮企业在选定目标市场并制定出相应的策略后，能否取得成功主要取决于是否具有良好的市场营销组合。所谓市场营销组合就是指企业为达到在目标市场上所追求的销售水平而采用的可控性营销变量的组合。影响市场营销的因素很多，除不可控制的因素如政治、法律、宏观经济环境、人口、技术、社会文化、市场竞争等之外，还有企业可控制的因素，主要有产品（Product）、价格（Price）、地点（Place）、促销（Promotion）四个方面。因此，市场营销组合也就是企业以目标市场为中心，通过综合运用产品、价格、地点、促销等有利因素，达到企业营销目标并获得最佳效益。

（一）产品策略

指企业依据目标市场的需要做出与产品开发相关的计划与决策。产品策略的主要内容有：产品生命周期各阶段的策略、新产品开发、产品组合、产品包装和商标等。

（二）价格策略

指企业的定价目标、定价策略与定价方法等。在过去的经济体制下，产品价格由国家统一规定，企业无法控制。随着我国经济体制的转轨，有不少产品价格已放开，企业拥有自主定价权，价格将主要按照市场供求情况而制定。因此，价格已成为企业市场营销的可控因素。对于企业来说，如何运用价格策略是企业营销成功与否的重要一环。

（三）地点营销

指企业产品销售的目标市场的经营地点。对此，企业必须考虑的是；利用哪种类型的经营方式，是自助还是零售，如何运输和贮存产品才能保证在消费者需要时能及时供应等。

（四）促销策略

指企业为扩大销量，提高市场占有率所采取的各种促销活动及其策略，如人员推销、营业推广、广告、公共关系等。

以上是市场营销组合的四个因素。在此有两点需进行特别强调。

首先，市场营销组合是一种系统组合。产品、价格、地点和促销是市场营销组合中的主要因素，其中每一因素又可分解成若干子因素，市场营销组合就是由众多大大小小的因素构成的系统。企业要想在目标市场营销中取胜，就必须综合运用系统的每一因素而不是单靠某一个或几个因素。产品再好，如果广告宣传跟不上，企业也难以成功。因此，企业只有围绕目标市场，并将各种营销策略因素有机结合，才能获得成功。

其次，市场营销组合是一种动态组合。它会随着企业营销的内外环境和时空条件等变化而不断进行修正重组。因为某一特定营销组合，只适用于保证的菜品和特定的时间，因此，企业必须从产品的实际情况出发，因地因时制宜，选择最优的营销组合，只有这样才能使企业的营销活动经常处于最佳状态，在激烈的市场竞争中立于不败之地。另外，市场营销组合的动态性不仅会体现在现有营销因素或策略的组合方面，还会表现在营销因素或策略本身的发展方面。如近年来，根据市场营销实践发展的需要，当代营销学权威——美国的柯特勒教授又提出政治力量和公共关系两方面的策略。总之，市场营销组合是随着市场营销实践活动的发展而不断发展变化的。

思考题

1. 外卖外送业态的基本类型和特点是什么?

2. 简述外卖外送业态存在的问题、现状，联系实际谈谈外卖外送餐饮将来发展趋势。

3. 以一家中式快餐外卖店为例，试设计其管理组织结构。

4. 外卖外送企业经营决策和计划的制定有何特点?

5. 简述外卖外送行业适行的物资采购方式及其特点。

6. 根据菜单设计原则，设计一套外卖外送的菜单。

案例

餐饮外送维权

在餐饮外送热的背景下，伴随而生的法律问题不容忽视，如何提供方便快捷，同时更加规范的外送服务，是相关餐饮行业经营者应关注的问题。近日，结合相关案例，北京市海淀区人民法院法官对餐饮行业外送法律纠纷进行了调研，并对消费者如何维权进行了相关提示。具体如下。

王先生所在公司附近有一家餐馆，由于其承诺3公里以内免费送餐，且饭菜价格比较合理，所以，王先生经常在该餐馆订午餐。八月的一天，王先生和往常一样在该餐馆订了午餐。当天适逢北京下大雨，餐馆外送员将饭菜送到王先生所在公司时，要求他多付2元钱的外送费。王先生认为，餐馆加收2元钱的外送费不合理。对此，餐馆的解释是，当天天气情况恶劣，外送员冒雨送餐比平时辛苦，收取的2元钱服务费是给外送员的辛苦费。王先生认为，餐馆已做出承诺，3公里内免费送餐，其所在公司正在餐馆免费送餐的范围内，而餐馆并未说明在恶劣天气下要加收外送费，故不应在事先未告知的情况下加收费用。双方为此发生争议，王先生诉至海淀区法院。后经海淀区法院主持调解，王先生与餐馆达成和解，餐馆退还了加收的2元外送费。

法官提示：

海淀区法院民一庭法官隋秋红表示，餐饮企业在制定外送服务规范时，实际制定的是提供外送服务的格式合同，无论是标注在菜单上，还是印刷在分发的外送宣传单上，只要明确表示提供外送服务的时间、外送范围以及收费标准，就构成了外送服务格式合同条款。顾客向餐馆要求提供外送服务，即视为接受该格式合同条款的约束。应注意的是，根据《合同法》的基本原则，该合同条款必须明示，能够为顾客所知晓。且该格式合同条款应当是既定的，在合同达成后即餐馆同意向顾客提供外送服务后，双方就该合同条款不得随意变更。如果需要变更合同条款，必须经过合同相对方同意，即餐馆不得在提供外送服务时随意加收外送条款约定之外的其他费用。因此，即使当天天气恶劣，外送员送餐确实辛苦，这种情况下外送员的额外津贴也应由餐馆负担，不应由顾客承担。还应注意的是，餐馆在制定外送规范时，应遵循公平原则确定餐馆与顾客之间的权利义务，显失公平的合同条款将被认定无效。

法律依据：

《合同法》第三十九条：采用格式条款订立合同的，提供格式条款的一方应当遵循公平原则确定当事人之间的权利和义务，并采取合理的方式提请对方注意免除或者限制其责任的条款，按照对方的要求，对该条款予以说明。格式条款是当事人为了重复使用而预先拟定，并在订立合同时未与对方协商的条款。

《合同法》第四十条：格式条款具有本法第五十二条和第五十三条规定情形的，或者提供格式条款一方免除其责任、加重对方责任、排除对方主要权利的，该条款无效。

思考题

1. 外卖外送业态的基本类型和特点是什么？
2. 简述外卖外送业态存在的问题、现状，联系实际谈谈外卖外送餐饮将来发展趋势。

3. 以一家中式快餐外卖店为例，试设计其管理组织结构。

4. 外卖外送企业经营决策和计划的制定有何特点？

5. 简述外卖外送行业适行的物资采购方式及其特点。

6. 根据菜单设计原则，设计一套外卖外送的菜单。

参考文献

[1] 嵇步峰，侯兵 . 餐饮管理 [M]. 北京：中国纺织出版社，2008.

[2] 黄文刚 . 餐饮管理 [M]. 成都：四川大学出版社，2012.

[3] 徐文燕 . 餐饮管理 [M]. 上海：格致出版社，2011.

[4] 戴桂宝 . 现代餐饮管理 [M]. 北京：北京大学出版社，2012.

[5] 侯兵，马健鹰 . 餐饮连锁经营与管理 [M]. 北京：高等教育出版社，2010.

[6] 杨柳 .2015 年中国餐饮产业运行报告 [M]. 北京：社会科学文献出版社，2015.

[7] 蔡万宽 . 餐饮管理 [M]. 3 版 . 北京：高等教育出版社，2008.

[8] 李勇平 . 餐饮企业流程管理 [M]. 北京：高等教育出版社，2010.

第八章　休闲餐饮管理与创新

主要内容

本章包含七个部分，第一部分是休闲餐饮业态特点与发展，分析了休闲餐饮形成与发展及特点；第二部分是休闲餐饮的组织与岗位管理，论述了休闲餐厅的组织结构、岗位配置和人力资源管理方面的内容；第三部分重点分析休闲餐饮的经营决策与计划，如何科学制订经营决策和推进计划的实施；第四部分是休闲餐饮产品和生产管理问题，分析了如何创新设计休闲餐饮产品和优化生产流程；第五部分是休闲餐饮的定价与菜单设计问题，不同休闲餐厅类型和档次如何确定价格和制定菜单；第六部分是休闲餐饮的服务管理与质量控制问题，如何提升休闲餐饮的服务质量；第七部分重点分析休闲餐饮的市场营销管理，结合新媒体、网络和社交媒体等分析如何开展休闲餐饮的创新营销。

学习目标

总体目标：能对休闲餐饮业态的产生背景、起源和发展情况有基本的认识和理解，掌握休闲餐饮经营的模式、计划、组织以及市场营销方面的重点，加深对休闲餐饮经营的能力和条件的认识，做到理论与实践充分结合。

目标分解：

1. 了解和把握休闲餐饮业态的起源、类型和模式。
2. 理解和领会休闲餐饮经营的条件与要求。
3. 理解和掌握休闲餐饮产品的类型与生产要求。
4. 理解和掌握休闲餐饮产品的定价与菜单设计要求。
5. 理解和掌握休闲餐饮市场营销的特定要求和条件。

重点与难点

教学重点：休闲餐饮类型、休闲餐饮特点、休闲餐饮发展对策、休闲餐饮市场拓展模式、休闲餐饮定价、休闲餐饮市场营销。

教学难点：休闲餐饮业态选择、休闲餐饮产品设计与优化、休闲餐饮经营组织。

第一节　休闲餐饮业态特点与发展

休闲餐饮既与其他餐饮业态存在诸多的共性特征，同时也体现了个性特点，既要适合发展连锁经营的需要，同时要考虑业态的适应面问题，如何把休闲与餐饮更好地融合在一起，用休闲吸引餐饮，以餐饮支持休闲，体现以“休闲、舒适、情趣、品位”为主题的餐饮消费模式，同时在条件成熟的情况下，发展和丰富融餐饮、娱乐、休闲、洽谈、表演、健身等形式于一体的新型消费方式，满足这一发展要求，显然需要在产品结构和服务功能等方面进行优化配置，单纯的标准化显然是行不通的。

一、休闲餐饮的概念及特点

（一）休闲餐饮的认识

休闲餐饮主要定位于“休闲”二字，随着人民生活水平的提高，餐饮业已经逐渐超越了“吃”的简单概念，而是不断探求对消费者需求的深层次满足。休闲餐饮（Casual Dining）在西方是一种以“休闲、舒适、情趣、品位”为主题的餐饮形式。休闲餐饮是在传统餐饮业的基础上发展起来的，是生产力发展到人们有了一定的 闲暇时间，家务劳动走向社会化阶段的产物，或者更确切地说，是现代社会的产物， 是适应人们休闲消费需求，为人们休闲提供餐饮设施和服务的产业领域。在表现形式上，以朋友聚会、休闲娱乐、商务洽谈等为目的，主要依托餐饮、茗茶、咖啡及其他休闲服务为主要形式的多功能消费活动。休闲餐饮的核心是“以休闲功能提升餐饮服务价值，以服务创新增加休闲文化内涵”。

（二）休闲餐饮的特点

与传统餐饮相比，休闲餐饮的特点主要体现在以下几方面。

1. 餐厅氛围的独特性

休闲餐厅在周围环境、室内氛围和装修格调等方面都体现出独特之处，餐厅氛围呈现多元化、多样化的态势，可以是中式的、西式的、古典的、现代的，感受或热烈刺激，或新奇动感，或优雅浪漫，或休闲适度，多种类型的休闲餐厅有效满足了不同类型顾客的需要。

2. 休闲产品的多样性

这种多样性既可以多餐别(中餐、西餐、日餐、东南亚餐等),更可以跨越菜系,当然这绝不是一个大杂烩,可以用一类食品作为主线,兼有其他种类。小食品、小菜、小点心可以丰富些,既能体现请客办事填饱肚子等餐饮消费的固有功能,又有清茶、点心、水果等,用以商谈公务和放松心情,动中有静、静中有幽、互相映衬、相得益彰的产品系列。

3. 消费时间的随意性

通常人们以早、午、晚三餐作为生活习惯,时间的限制使人感到不便。晚起的人、赶车的人、加班的人、尽兴玩的人都不能满足,因此休闲餐饮填补了这一市场空白,由目前的三餐变六餐直至全天候(即由早、午、晚变为早茶、早午茶、午餐、下午茶、晚餐、夜宵),这种模式的出现就满足了人们休闲就餐的随意性。

4. 服务模式的灵活性

这种服务首先是没有拘束感,从餐厅的装饰、布局和员工的服饰到服务的方式,力图让"休闲"的意境进一步深入人心,除了目前很多餐厅使用的自助式服务,或让人轻松的"拼图拿大奖"式服务以外,还可以有谈心式服务。这种服务不要求员工如何去做,而是要员工自己懂得怎样才能令客人满意,只要客人要求,员工可以跟客人聊天,以拉进和客人的距离,使客人有回家的亲切感,从而消除拘束感。给消费者一种感官、精神上全方位的满足。

二、休闲餐饮的发展背景

我国休闲餐饮的快速发展主要基于两方面的因素,其一,以必胜客、星巴克等为代表的国外品牌的经营模式发挥了明显的带动作用,由此形成的以"休闲、舒适、情趣、品位"为主题的休闲消费氛围得到了市场的充分认可,休闲餐厅、咖啡馆、酒吧、餐吧、茶艺馆等各种风格不同的休闲餐饮形式在各地全面开花。出现了各式酒吧街、咖啡路、休闲村等休闲消费形态,北京有著名的三里屯酒吧街、什刹海休闲区、秀水街餐吧路等,上海有徐家汇、南京路、淮海路酒吧、咖啡馆等休闲餐饮聚居区,杭州有南山路酒吧一条街等。其二,我国餐饮业良好的发展势头催生了休闲餐饮的全面兴起,当前大众化休闲餐饮日渐成为主流,假日消费和家庭私人消费持续看好,休闲餐饮业为人们提供休闲、娱乐新选择的同时,已成为拉动当地餐饮市场的亮点。

从企业的角度看,众多休闲餐饮连锁企业正在加速跑马圈地,资源整合策略各异,通过直营、特许经营、加盟连锁等多种方式快速扩张,迪欧咖啡、两岸咖啡、上岛咖啡、绿茵阁、仙踪林、一茶一座、永和豆浆、和合谷、避风塘等本土品牌已经迅速崛起。这些品牌全新的用餐理念随着休闲餐馆品牌店的营销而成为一种时尚，有效地适应了休闲消费需求，餐饮中融和餐饮、娱乐、休闲、洽谈、表演、健身等各种形式，集咖啡、酒吧、西式快餐、中式点心店、茶馆等于一体的综合业态受到了市场的认可和消费者的追捧。

三、休闲餐饮存在的问题及对策

（一）休闲餐饮业态存在的问题

和其他餐饮业态相似的是，休闲餐饮前期都需要投入大量资金，包括信息系统建设、服务和产品生产标准化的研发以及员工培训等。另外，在连锁经营发展过程中，热门店址的租金成本日渐提高，普遍存在进入门槛低、消费定位错误、产品标准化程度低、服务质量差、行业自律性较差的问题，越来越失去消费者的信任。因此，往往在标准店或旗舰店开出后，便开始在发展直营及招收加盟的策略中游弋不定，难以摆脱形成规模经济的困境，不仅投资长期难以回收，更难得到机构投资人的资金注入。发挥休闲餐饮对推动餐饮行业品牌化、连锁化、现代化、国际化发展的创新作用，促进传统餐饮业的结构优化和产业升级。

（二）休闲餐饮业态的发展对策

在竞争激烈的餐饮市场环境中，休闲餐饮连锁业态既要保持自身的特色和竞争力，又要便于复制，满足不断连锁经营、开拓市场的需要。为此，休闲餐饮连锁业态应明确以下发展思路。

第一，在产品结构的设计上，执行统一标准的同时，最大限度地兼顾差异化和应时性。各地饮食存在的广泛差异性，冲击着常规的标准化观念。所谓的餐饮标准化生产包含食谱标准化、制作标准化、生产工艺标准化、包装材料标准化以及现代的餐饮产品专业配送的标准化等内容。标准化是开展连锁经营的前提条件，但是完全标准化操作，又可能引发餐品品种与当地饮食文化水土不服，不受当地消费者接纳，直接影响到餐饮连锁经营的两难问题。因此，休闲餐饮的连锁经营既要以标准化为重要参照，同时要将当前的即时性休闲产品和方式融汇其中，一些地区特色明显的休闲食品要能遴选进来。

第二，采取差异化的连锁经营模式，丰富企业的差异化发展战略。当市场陷入同质化竞争的泥沼，谁能及时调整经营策略，谁就能重新获得新的竞争优势。差异化连锁要求兼顾企业发展实际、地区餐饮市场发展现状以及投资者的认知等因素。选择连锁经营方式的做法，是在坚持连锁经营宗旨的前提下，将产品和服务的标准化、经营思路的差异化进行有机结合，以实现多方共赢双赢。

第三，建立完善的流程管控系统，形成健全的管理体系。休闲餐饮连锁总部应对每道餐点从采购到制作制订一系列标准流程，从原料采购、检验、初加工、包装、运输等每一环节，保证产品质量受控并始终如一。例如对门店销售产品中涉及的生鲜蔬果、肉类，为保证其产品新鲜度和控制成本，总部应要求由门店在当地采购，同时也提供一套采购要求和制作规范，目的是确保门店选择优质的产品，提供给消费者放心的餐饮享受。

第四，坚持灵活、规范的生产运作标准，要将传统烹饪技艺与现代食品工业化操作手段相结合，完成由传统经验型向科学化、数据化、标准化的转变，提高生产能力和水平，逐步摆脱手工操作的随意性。但是又要充分考虑传统烹饪的特点与优势，不能一味强调大而全的工业化。既要保持菜品在配料、烹制技术和产品色、香、味、形上的基本特点，又要与现代化工艺结合，以适应标准化生产的要求。同时，辅之以合适的经营模式、氛围设计和服务水准，凸显休闲餐饮的本质。

第二节　休闲餐饮组织与岗位管理

一、休闲餐饮业态组织结构的认识

与其他餐饮业态相似，组织构建与岗位优化是休闲餐饮管理的基础。美国管理学大师德鲁克说：无论我们谈论的是企业、政府或者是非营利组织，包括医院和学校，对管理适当的定义只能有一种，就是让人力资源充分发挥生产力的作用。在整个人力资源管理体系中，岗位分析组织优化、组织结构的设定以及岗位说明书是核心，其他都是围绕着此来做的，例如，招聘、培训体系、绩效考核、薪酬等。如果没有这个基础，职责难以确定，更无科学标准进行考核。

对于同样的一群人，采用不同的管理方法、不同的架构、不同的关系、不同的指挥方式、不同的汇报链、不同的流程，结果是完全不一样的。这就是组织结构的力量。组织的力量是通过组织管理串起来的，通过组织架构、流程、责任进行串联。因此，休闲餐饮组织结构的本质是为协调员工之间的关系、岗位之间的关系、组织结构中各构成要素间的关系而形成的一种专业化餐饮分工组织。

二、休闲餐饮组织结构的设计原则

第一，坚持围绕战略目标设计组织结构的原则。组织结构的设计目的是为了支撑餐饮企业的战略，餐饮组织的发展目标需要组织结构做相应的调整。休闲餐饮因其特殊的模式和市场定位，需要针对主营业务和运营模式进行战略设计，组织结构应服从于战略目标的制订。

第二，坚持业务匹配的原则。餐饮组织体系中，不同的业务组织架构不一样。而同一种业务在不同发展时期需要的组织结构也不一样；同一企业中各项业务不一样，组织架构也不尽一致，休闲餐饮在产品生产和销售推广的组织结构会有本质差别。

第三，坚持精简与效率相统一的原则。精简是指层次要尽量的少，每一个人管理的幅度大，即层次少、幅度大、扁平化。能减就减，追求最大宽度和最小层次。当然，组织机构的规模、形式和内部机构必须在业务需要的前提下，将人员精简到最低限度，用最少的人力去完成任务。精简的目的是为了减少内耗，提高效率，要坚持做到：不因人设岗；不应设可有可无的岗位；指挥幅度不宜过多；尽量减少层次，以利信息快速传达。

第四，坚持责权利对等原则。责任是权利的基础，权利是责任的保障。责权利要对等，并且要统一起来。责任和权利不相适应，管理人员就无法正常从事各项管理工作。责权相等原则要求各级管理人员的责任明确，权力大小能够保证所承担任务的顺利完成。权责分配不影响各级管理人员之间的协调与配合，也就是说，有权必有责，有责必有权。

第五，坚持统一指挥的原则。统一指挥就是要避免多头领导，反对越级指挥，越级汇报。各级管理者也只能按管理层次向自己管辖的下级人员发号施令。在制定岗位职责时，必须说明汇报上级是谁、直属下级是谁。餐厅不应要求任何一个人同时受命于几个上级。

第六，坚持动态优化的原则。所谓动态优化，就是组织架构要与战略目标相匹配，组织架构要与业务模式相匹配，外部环境变化的时候，组织结构要优化。每一种组织结构要相对稳定，至少要稳定一年的时间，然后进行改进。

第七，坚持分工明确的原则。休闲餐厅各岗位间的分工要明确，不能有重叠，避免抢功和推诿；责任要清晰，界限要明确，避免重叠，避免有空缺的地方；有空缺的地方坚持通力协作的原则。

第八，坚持控制与授权适度的原则。餐饮管理中“一抓就死，一放就乱”的情况要竭力避免，所有事情要有授权和监控，靠流程监控，并设监控点。尤其要反对只看结果，不看过程的做法。任何一个大的结果，都要分成若干个小的阶段，靠流程来驱动，要监控，要有不同的沟通反馈、指导和调整，所以要授权，同时也要控制，掌握好这个度，才能形成完整的高效率的组织架构和流程。

三、休闲餐饮组织机构中的岗位分析

（一）岗位分析的基本前提

做岗位分析的时候，有一个重要的原则，叫战略指导原则，即各个岗位所承担的职责和任务，有没有体现战略目标，这个职责是不是促进了战略目标的达成，对企业战略目标达成有没有贡献。

（1）做岗位分析，就是反省每一个岗位。从总经理、各个部门经理一直到下面每一个岗位，反省所做的工作是不是有效地促进了战略目标的达成。

（2）让岗位的承担者清楚自己的权限。进行岗位分析，还有一个重要的任务，就是让岗位的承担者清楚自己该干什么，不该干什么，什么时候干什么，这就是战略沟通。这体现了战略指导，战略指导的结果会导致重新安排岗位职责。

做岗位分析的时候，绝不是简简单单像照相一样如实地把岗位的职责任务、工作条件以及入职要求描述出来，而是应该根据战略需求、战略目标和战略任务，看一看要达成整个企业的整体目标，各个岗位必须要做哪些促成战略目标达成的事。

（二）什么是岗位分析

岗位分析就是要对所有的岗位了解清楚，了解透彻。观察询问、查询、比较、综合等各种手段都可以用。岗位分析的对象是岗位，不是人。目的是为其他的人力资源管理活动提供一个基础，同时为落实战略目标服务。

（三）岗位分析的信息构成

岗位分析侧重的信息，可以概括为以下几方面。

（1）工作内容是必不可少的，包括职责、任务，甚至所谓的子任务之类，也就是这个岗位到底是干什么的。

（2）岗位的工作环境、工作条件，使用的工具，包括待遇这些所谓的工作背景，必须明确地给出来。

（3）对入职岗位的人有什么要求，达到什么样的水准有明确的要求。

（四）岗位分析的情况和环境

休闲餐饮组织在什么情况下适宜做岗位分析，并没有统一的环境和标准，而是要因地制宜地做好岗位的梳理和筛选工作。常见的情况如下。

（1）招聘的时候。

（2）机构调整的时候。

（3）新设岗位的时候。

（4）新业务发展的时候。

（5）流程再造之前或者再造过程中。

（6）发现有问题的时候。

（7）其他特殊情况。

餐饮管理者一定要根据岗位分析的结果、职责、入职要求，建立新的组织模型，成立新部门，以及增加工作岗位，增加新工作内容，或者导入新模式，还有流程重组的时候等都需要变。当然，岗位分析在动态变化的同时，也有个相对的稳定性，一年或半年就稳定在这个阶段，然后下半年再进行更新。

（五）岗位分析的实施者

休闲餐饮组织中，谁来做岗位分析，应视不同情况而定。做岗位分析，由以下三类不同的人共同进行。

（1）实际承担这个岗位的工作人员。岗位承担者主要了解本岗位的具体任务和职责，怎么去完成，没有完成的后果是什么，入职的要求是什么等。

（2）岗位的直接主管。直接上司的主管应该起补充指导的作用，他们之间是相互配合的关系。

（3）人力资源管理专家。人力资源部的人应该成为人力资源专家，分别起指导其他部门、组织培训、提供工具、提供模板、做辅导、搜集所有的信息并整理好，在他人需要时随时提供帮助。

四、休闲餐饮组织中的常见岗位

这里以星巴克为例，分析休闲餐饮组织中的主要岗位。

（一）职位名称：店经理（Store Manager）

工作职责：本职位通过领导门店团队为星巴克的顾客和伙伴营造和维持“星巴克体验”，以取得星巴克的成功。店经理需要定期和经常为门店的总体营运管理制订决策。尤为重要的是，店经理的时间主要用于监督和指导工作，对员工编制进行决策（例如，招聘、培训、评估、惩戒、解雇、人员编制和计划安排等），以确保顾客的满意度和产品质量，管理门店的财务业绩以及负责店内的安全和保安管理。该职位需要以身作则，遵守星巴克的行为准则。其责任和主要职能包括但不限于以下内容。

（1）领导：设立工作团队的目标，提升组织能力，以身作则。在发生客流高峰或突发事件时保持冷静，确保门店的正常营运并为员工做出积极的榜样。对员工进行培训并确保员工提供优质的顾客服务以表现出“顾客第一”的工作态度。制订行动计划并直接激励和领导门店团队推动公司项目的执行，以实现营运和组织目标。运用正直、诚实和求知的管理原则，提升星巴克的企业文化、价值和使命。计划、确认、传达并委派相应的工作，以确保门店营运平稳进行。培训并指导门店团队采取行动并达成营运目标。经常审视门店环境和主要营运指标，认识问题、利害关系以及抓住机会，对门店团队进行培训和指导，以达成营运目标。

（2）计划和执行：为工作团队制订战略和营运计划，加以管理执行，并对结果进行评估，监控和管理门店的人员编制情况，以确保职业发展和人才招募，进而满足和维持门店的营运需要。运用现有工具确定沟通内容和优先次序，运用判断力经常对门店团队的沟通信息进行筛选。清楚、简明和准确地进行沟通，以确保门店的高效营运。确保并负责所有门店伙伴运用相关的工资及工时政策。征询顾客反馈，了解顾客及门店所在社区的需要。运用各种营运工具制订计划，实现出色的门店营运。其中工具包括排班表、营运月报、季度营运回顾，现金管理和库存管理等。 运用外部的资源支持门店营运，并执行地区性和区域性活动。其中资源包括人力资源、市场营销、伙伴及资产保护、食品饮料、咖啡和零售陈列等。运用管理信息工具，分析财务报告以发现和解决门店业绩的趋势和存在问题。

（3）伙伴发展和团队建设：为员工提供指导、回馈和发展机会，构建高效团队，通过定期开展绩效评估、提供反馈并设立挑战性目标以提高绩效，积极地管理门店员工。运用绩效管理工具管理日常绩效以支持组织目标的实现。 鼓励和激发员工达成业务绩效。 鼓励和激发团队成员达成业务绩效。理解员工的动机、需求及所关注的问题，同门店团队建立并保持积极良好的关系。确保员工遵纪守法并遵循营运需求。确保团队成员遵纪守法并遵循营运需求。运用现有组织工具和程序，来认识和提高个人及团队成就。同时积极寻找新颖有效的创造性方法。运用和示范有效的管理原则与实践，搭建和维护成功的门店团队，营造出一个员工价值得到体现与尊重的环境。

职位要求： 年龄在 22 周岁以上

工作年限： 3 年以上

英语等级：不限

学历要求： 大专以上

（二）职位名称：值班主管（Shift Superviser）

直接上级： 店经理、店副理

下属人员：咖啡吧员

工作职责：本职位通过在值班期间协助店经理执行门店营运，以取得星巴克的成功。值班主管负责员工人力部署和任务分配的工作，以确保为顾客营造并维持良好的“星巴克体验”。该职位需要以身作则，遵守星巴克的行为准则。其责任和主要职能包括但不限于以下内容。

（1）运用正直、诚实和求知来提升星巴克的企业文化、价值和使命。在发生客流高峰或突发事件时保持冷静，确保门店的正常营运并为员工做出积极的榜样。

（2）通过不断的环境评估和顾客给予的暗示，预测顾客和门店需求。将信息传递给门店经理，使团队做出必要的回应，以时刻建立“第三空间”环境。

（3）协助培训新员工，积极帮助提升其工作的成功表现，在需要时给予尊重和鼓励性的指导。向店经理提供在值班期间员工工作表现的反馈。

（4）发现员工工作士气和行为表现上的变化，与店经理沟通，促进营造积极的团队氛围。

（5）营造积极的学习氛围，提供清晰、具体、及时和尊重员工的指导；在值班期间给员工回馈，从而确保营运的卓越，并提高绩效。

（6）为所有顾客提供优质的服务，表现出“顾客第一”的服务态度，并与顾客紧密接触。发现顾客的需求并做出回应。

（7）理解员工的动机、需求及所关注的问题，在值班期间与团队建立并保持积极良好的关系。

（8）在值班期间执行门店营运工作。按照工作分配，负责开关店工作。

（9）遵循营运的政策和流程，包括现金处理、安全和保全，以确保值班期间所有员工的安全。

（10）遵循所有的现金管理和现金收款政策，并确保值班团队遵循正确的现金管理惯例。

（11）在值班期间确保咖啡吧员为所有顾客提供优质的顾客服务。

（12）保证工作的正常且准时出勤。

（13）坚持遵循所有产品配方和陈列标准，为所有顾客提供品质如一的饮料、咖啡豆和食品。遵循所有产品的健康、安全和卫生指导原则。

（14）通过使用现有的组织工具，并与店经理协作，寻找新颖有效的认同方式，认同和加强个人和团队成就。

（15）在值班期间，运用营运工具，达到营运卓越。

职位要求如下。

（1）本职位通过在值班期间协助店经理执行门店营运，以取得星巴克的成功。

（2）负责员工人力部署和任务分配，确保员工为顾客营造并维持良好的星巴克体验。

（3）接受倒班工作（门店一般营运时间 7:00 ～ 24:00）。

（4）申请者需具备大专或以上学历。

（5）酒店业、连锁餐饮或零售业一年以上管理工作经验。

年龄要求：22 周岁以上

工作年限：1 年以上

英语等级：不限

学历要求：大专以上

（三）职位名称：咖啡吧员（兼职）

职位描述：本职位通过提供优质的顾客服务以帮助星巴克取得成功。咖啡吧员需要为顾客营造“星巴克体验”，向顾客提供快速的服务、优质的饮料和产品，并保持店内环境干净舒适。该职位需要以身作则，遵守星巴克的行为准则。

职位要求如下。

（1）国家统招全日制在读大学生。

（2）接受星巴克在区域范围内的门店调动。

（3）正直诚信，尊重他人，充满热情地做每件事。

（4）接受倒班工作（门店一般运营时间 7:00 ～ 24:00）。

（5）工作时间：每周 16 ～ 24 小时（配合门店营运时间及同学上课时间）。

（6）外语口语流利者优先（不限语种）　。

年龄要求：不限

工作年限：不限

英语等级：不限

学历要求：大专至本科

（四）职位名称：咖啡吧员（全职）

工作职责：以正直、诚实和求知的行为提升星巴克的企业文化、价值和使命。在发生客流高峰或突发事件时保持冷静，维持门店的正常营运并为同事做出积极的榜样。

（1）通过不断的环境评估和顾客给予的暗示，预测顾客和门店需求。将信息传递给门店经理，使团队可以做出必要的回应，以时刻建立“第三空间”环境。

（2）协助培训新员工，积极帮助提升其工作的成功表现，在需要时给予尊重和鼓励性的指导。

（3）发现同事工作士气和行为表现上的变化，与店经理沟通，促进营造积极的团队氛围。

（4）为所有顾客提供优质的服务，表现出“顾客第一”的服务态度，并与顾客紧密接触。发现顾客的需求并做出回应。

（5）遵循星巴克的营运政策和程序，包括现金处理、安全和保全等，以确保值班期间所有员工的安全。

（6）保持整洁有序的工作环境，以便能在需要时找到资源和产品。

（7）保证工作的正常且准时出勤。

（8）坚持遵循所有产品配方和陈列标准，为所有顾客提供品质如一的饮料、咖啡豆和食品。遵循所有产品的健康、安全和卫生指导原则。

（9）通过使用现有的组织方法，认可和加强个人和团队成就。

职位要求如下。

（1）中专以上学历，已毕业。

（2）专业、性别不限。

（3）正直诚信，尊重他人，充满热情地做每件事。

（4）接受倒班工作（门店一般营运时间 7:00 ~ 24:00）。

（5）工作时间：每周 40 个小时。

第三节　休闲餐饮经营决策与计划

一、休闲餐饮经营决策

休闲餐饮的经营决策主要体现在市场拓展上，即市场的开拓发展。市场拓展有宏观、中观与微观之分。宏观市场拓展，是研究某一产业在全社会的市场开拓发展问题。中观市场拓展，是研究某一产业在一定区域内的市场开拓发展问题。微观市场拓展，属于市场营销的范畴，是企业市场营销的重要策略与环节。我们侧重研究休闲餐饮业的中观市场拓展问题。模式，指某种事物的标准形式或使人可以照着做的标准样式。休闲餐饮业市场拓展模式，就是休闲餐饮业市场开拓发展的标准形式或标准样式。就我国而言，休闲餐饮业市场拓展模式主要有“传统餐饮 + 休闲餐饮”模式、“农家乐”休闲餐饮模式、商业体休闲餐饮模式、连锁经营休闲餐饮模式。

（一）休闲餐饮市场拓展模式

1.“传统餐饮 + 休闲餐饮”模式

传统型餐饮业如酒楼、酒家、饭店（庄）等，采用单店或独立餐饮、前厅后厨管理，主要提供正餐服务。传统型餐饮业目前虽仍是我国餐饮业的主流形式，但随着休闲餐饮业的兴起，不少酒楼、酒家除了保留传统散座营业大厅外，为满足休闲餐饮的需求，新设有茶厅、酒吧、包间或 KTV 包房等小型餐饮区，形成“传统正餐 + 休闲餐饮”的经营模式，使其市场得到不断拓展。由于各自引入休闲餐饮的特色不同，从而形成了不同的休闲餐饮经营模式，如特色餐饮、风味餐饮、娱乐餐饮、早点早茶、夜宵等。

“传统正餐 + 休闲餐饮”的经营模式，是传统型餐饮业拓展市场的有效模式，它能较好地克服传统型餐饮业市场定位单一、业态单一、餐饮千篇一律，与现代消费者餐饮需求的多样性、差异性的矛盾，使面临困境的传统型餐饮业“柳暗花明又一村”。目前仍处于传统型餐饮业的酒楼、酒家、饭店（庄）等，不妨选择“传统正餐 + 休闲餐饮”的经营模式，使其市场得到相应拓展。

2.“农家乐”休闲餐饮模式

以“吃农家饭，住农家院，做农家事，看农家景”为内容的“农家乐”是湖南乡村游的著名品牌。“农家乐”的开发，可以说是找到了传统农业与现代旅游业的最佳结合点，为农民利用农田、农舍和山水生态资源发展经济提供了有效的载体。这不仅有助于盘活农户家庭的闲置资产，拓展农业和农村资源，而且有助于农民就地转移，实现充分就业，促进传统农民参与现代产业分工和分享现代产业利益。以“农家乐”旅游为依托的休闲餐饮，我们称之为“农家乐”餐饮，是农家乐的重要组成部分和收入的主要来源。

“农家乐”餐饮有三种模式可供选择：一是自助农庄模式。农民利用自己的果园、菜地、鱼塘、家禽等农家资源，让客人现场采摘、垂钓、点宰，吃农家饭，当农家人，享农家乐。二是农家客栈模式。农户利用位于城郊结合部和一些主要旅游景区（点）附近的自家住宅和农家资源，为游客提供食宿服务。三是风景旅游模式。农户开辟旅游景点，在山溪池塘边和花圃园林中设置木屋、亭台、楼阁等休闲餐饮娱乐设施，让游客在山清水秀、鸟语花香的自然环境中品尝农家饭，享受农家乐。

3. 商业体休闲餐饮模式

商业体休闲餐饮有两种模式。一种是超市内设休闲餐饮部，为购物者提供休闲餐饮服务，形成“超市带动餐饮，餐饮促进超市”的良性互动。这种模式比较普遍，大型百货商场、书城等也纷纷引入了这种经营模式。超市内部经营餐饮的优势在于：第一，餐饮依托超市，可以实现零库存经营。超市商品丰富，种类齐全，餐饮所需原料应有尽有，是餐饮最好的储备库。第二，餐饮为超市做商品深加工，降低超市成本。超市有许多生鲜食品不宜存放到第二天重复销售，由餐饮部加工成产品销售，可减少超市的损耗，增加超市利润。第三，联手经营，实现共赢。超市与餐饮的客源基本相同，在促销活动上可以共同造势，相互拉动，优势互补。如餐饮可以推出各种类型的美食节吸引广大消费者参与，超市则配合推出一些特价生鲜食品与之呼应，联手共赢。

另一种是餐饮专营超市，其超市布局一般分为选料区、食街区、操作区、就餐区四个部分。选料区供顾客自选原材料，给人以逛超市购物的感觉；食街区为现代化的大排档，顾客可以在此自做现吃；操作区为透明玻璃隔开的厨师挂牌现场操作场所，菜品口味由顾客自选，客人可以看到加工全过程；就餐区布置有序，温馨优雅，是顾客正式用餐的地方。在餐饮专营超市顾客可以选择熟食，落座就吃；可以自选原料，厨师烹制；可以自选自做，自得其乐。多种方式同时进行，多方面满足顾客的餐饮需求。

4. 连锁经营休闲餐饮模式

这种模式具有集中采购、储存、配送和整体促销的规模优势，因此成为当今世界餐饮经营的一种潮流和趋势。连锁经营型休闲餐饮主要包括直营连锁和特许经营两种模式，其中，直营连锁是休闲餐饮连锁经营的基本形式。现阶段，在继续巩固直营连锁的同时，可稳步推进特许连锁休闲餐饮业的发展。因为特许经营是一种知识产权的总体转让，不仅包括专利、商标等工业产权的转让，也包括技术秘密和商业秘密等专有技术的转让，这种知识产权是一种较容易让人接受的无形资产，也是一种最不容易被人模仿的无形资产，并且不受资金、地域、时间等各方面的限制，被誉为“21世纪最成功的商业模式”。尽管有的特许经营在发展中遭受挫折，有的回归直营模式，但任何事物的发展都有一个过程，特许经营也应如此，不可能一蹴而就。随着我国市场经济体制和诚信体系的健全与完善，特许经营和自由连锁的规模必将逐渐扩大。

（二）选择休闲餐饮市场拓展模式应注意的问题

1. 注重市场分析

拓展市场，首先要了解市场，要进行广泛深入的市场调研。市场分析的目的是为了找到目标市场、寻找发展机会，为下一步的企业资源投入方向和拓展策略制订科学依据。在“传统餐饮＋休闲餐饮”“农家乐”餐饮、超市休闲餐饮、连锁经营休闲餐饮等四种可供选择的休闲餐饮业市场拓展模式中，不论选择哪种模式来拓展自己，都要把市场分析摆在首位，重点掌握区域市场基础信息，竞争品牌信息，渠道成员的信息等。区域市场基础信息，包括行政区域、经济状况、人口分布、人文环境、地理位置、市场容量和增长性、关键客户及消费者分析（如消费水平、消费行为、消费特点）等；竞争品牌信息，包括竞争品牌格局及主要竞争品的营销表现、价格体系、渠道结构、终端形式、促销推广、营销团队等；渠道成员的分析，包括企业现有的渠道客户合作的意愿及原因（销量大、品牌强、获利能力强、店家配合好等）、下线分销的实力和掌控能力、经营意识等。通过市场分析确定目标市场后，集中资源、寻求点的突破，最后以点带面使市场不断得到拓展。

2. 立足自身优势

要实现以点带面拓展市场，关键在于找到市场拓展的突破点，这就不能不立足自身优势，以自身优势作为市场拓展的突破点。从传统餐饮看，它的市场拓展之所以可以选择“传统餐饮 + 休闲餐饮”的模式，不需要另辟新途，就是因为传统餐饮目前仍然是餐饮业的主流形式，菜单内容丰富，能经营多种地方风味的菜肴，适应多种消费群体的餐饮需求，且客源稳定、管理规范、服务周到，以此为基础，引入休闲餐饮，投入少，见效快，使传统餐饮与现代休闲餐饮交相辉映，相得益彰。

从“农家乐”餐饮看，它的优势就在于“农”“家”“乐”三个方面，“农家乐”餐饮市场的拓展就要在“农”“家”“乐”三个方面做文章。“农”要突出发展休闲农业，这是拓展“农家乐”餐饮市场的基础。休闲农业，以其亲近自然、返璞归真的特色，刷新了城里人休闲娱乐的习惯。“家”要突出与自然和谐发展的环境建设。在硬环境方面要突出交通建设，便于自驾游，一些交通不便的休闲农庄生意清冷、惨淡经营、难以为继，说明不能一味强调小环境而选址偏远，同时也说明交通建设的重要。在软环境方面要突出休闲农庄内部与餐饮密切相关的导引、休息、安全、卫生、消防、娱乐等服务设施的开发与管理，努力提高“农家乐”从业人员服务的专业水平。总之，环境建设既要朴素、自然、协调，保留农家风味，又要适应现代城市居民的生活习惯，使人真正产生“家”的感觉，吃得舒适，住得安稳。“乐”要突出推陈出新。推陈就是要挖掘具有本地特色的传统娱乐项目，精心打造，形成品牌，切忌照搬模仿，以免雷同。出新就是要适应现代城市居民的求新求异的娱乐需求，不断推出富有时代特色的休闲娱乐项目，除观光、娱乐、度假外，可开发务农、品尝、购物、疗养等项目。如果只是钓鱼、住宿、打牌、卡拉 OK 等，感觉上仅仅是把城市休闲的活动换个场所，缺少特色和吸引力，“农家乐”就会“乐”不起来。“农家乐”餐饮市场拓展的重点在“乐”，不单要注重乐的结果，更要注重乐的过程，使包括吃、住、行、休闲的每一个细节都能够让游客有为之一乐的“兴奋点”，使游客达到“乐不思蜀”的境界，“农家乐”餐饮市场便会在“乐”中得到拓展。

从超市休闲餐饮看，超市内设休闲餐饮部的优势就在于购物与休闲餐饮融为一体，餐饮专营超市的优势就在于千品汇聚、物美价廉、现做现吃、放心安心，真正体现了以顾客为中心的经营思想。因此，超市休闲餐饮一经推出，便赢得了广阔的客源市场，一派热闹红火的景象。要使超市休闲餐饮市场进一步得到巩固和拓展，重点要放在严格的质量管理上，要建立起完善的标准化质量体系，努力实现菜肴品质标准化和服务质量标准化。

从连锁经营休闲餐饮看，它的优势就在于规模经营，无论是直营连锁，还是特许经营和自由连锁，离开规模就失去其存在的意义。直营连锁主要靠自身实力扩大规模，拓展市场，如果自身实力强大，能以一定规模在市场竞争中立于不败之地，应继续坚持，大可不必赶时髦，特别是在市场体制和诚信体系不健全的条件下，尤其如此。特许经营和自由连锁的成功与否，很大程度上取决于市场体制和诚信体系的完善程度，就目前而言，尚不具备条件。考虑到特许经营确实是一种适应现代市场经济发展、拓展休闲餐饮业市场的好形式，应该予以推广，但必须具备最基本的推广条件——叫得响的品牌。因为特经经营通俗地说就是“卖品牌”，没有叫得响的品牌，得不到广大食客的认可，即便中心厨房、标准化、信息化建设和连锁人才培养等条件都具备了，也很难获得成功。

3. 把握发展阶段

休闲餐饮业是经济发展到一定阶段的产物，它的发展具有阶段性，因此，对其市场的拓展必须把握好发展阶段，在不同的发展阶段采取不同策略。从第一次经济普查资料分析结果看，在我国，以人均 GDP 达到 1.5 万元为标志，之前为缓慢发展阶段，之后为快速发展阶段。在当前做好正餐发展的同时，根据市场需求适度发展休闲餐饮。如果不顾发展的阶段性，盲目扩大休闲餐规模，就有可能陷入困境。

发展连锁经营也有一个过程，也要把握好发展阶段，在不同的发展阶段采取不同策略。连锁经营的实质是规模效益。一般认为，连锁分店发展到 14 个时，才开始盈利，才能发挥规模优势。是否发展连锁经营，就要考虑能否达到这个盈亏平衡点，能就连锁，否则就不连锁。世界上销售额排序前 4 位零售连锁公司其分店数目分别为：沃尔玛（美国）2561 个，西尔斯（美国）1940 个，麦德龙（德国）2387 个，凯玛特（美国）4000 个。相比之下，国内连锁企业尚未达到盈亏平衡点，与国际连锁公司相比差距甚远，很难得到规模效益所带来的利润。连锁经营的直营—特许—自由三种基本形式，实际上反映了连锁经营发展的三个阶段，发展自由连锁所要求的条件最高，特别是诚信体系必须完善。

二、休闲餐饮发展计划

（一）市场需求分析

现阶段的餐饮市场中，正餐以中式正餐为主，西式正餐逐渐兴起，但目前规模尚小。快餐以西式快餐为主，肯德基、麦当劳、必胜客等，是市场中的主力，但也呈现饱和与产品老旧不易扩大的状况。高档餐厅又因价位过高，产品较传统，不易扩大连锁；又受经济发展景气的影响，无发展空间。休闲餐饮可以有效引领市场需求，为时尚人群提供良好的场所。时尚的休闲餐饮，中西结合的菜品，追求奢华的装修风格，轻松的环境，贴心的服务，构造时尚的演绎空间。

（二）目标市场

休闲餐饮的目标市场定位包括三个部分：25 ~ 35 岁的白领女性为主；18 ~ 25 岁金领人士子女；18 ~ 30 岁热恋中的情侣。

以上人群在市场份额中占有很大比例，而此类消费者具有一定的消费能力，当前正在努力工作，对未来充满希望，拥有独立的意识和时尚触觉，追求流行及新鲜事物，是都市时尚的领航者。

（三）销售分析

一家餐厅若单纯的只作为一个饭馆，那么它的味道可以让它红一时，当味觉已成为本能，客人有更高要求时，便无法满足，久而久之便没有了原本的味道，没有了让人回忆的东西。休闲餐饮应立足于创造五感体验的时尚餐厅，如图 8-1 所示。

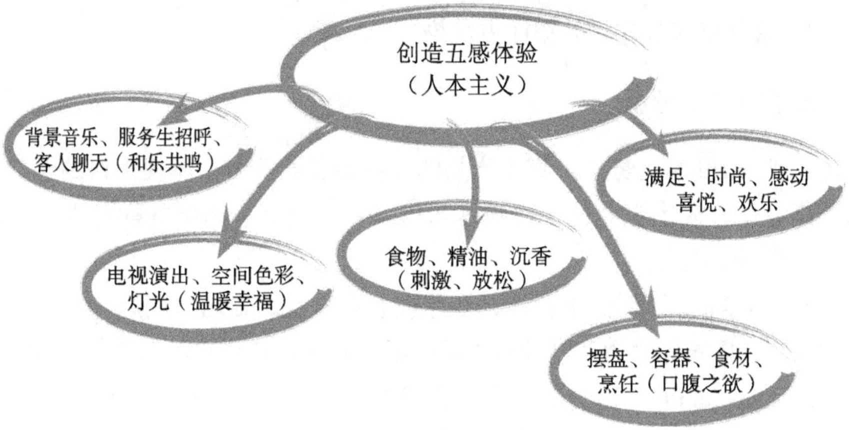

图 8-1　休闲餐饮的五感体验

（四）竞争对手分析

市场中的休闲餐饮及相关业态的餐厅进行对比分析见表 8-1。

表 8-1　主要休闲餐厅比较分析

店名	类别	平均客单价	结账方式	
麦当劳	西式速食	18 ～ 20	柜台点餐、结账、立即取餐	排队店
肯德基	西式速食	20 ～ 22	柜台点餐、结账、立即取餐	排队店
东方既白	中式速食	20 ～ 30	柜台点餐、结账、立即取餐	
Pizza hut	西式休闲餐厅	70 ～ 80	Table service	排队店
Starbucks	西式休闲咖啡厅	18 ～ 25	柜台点餐、结账、立即取餐	
萨利亚	西式餐厅	25 ～ 50	Table service	排队店
味千拉面	日式休闲餐厅	25 ～ 50	Table service	排队店
新旺茶餐厅	港式饮茶休闲餐厅	25 ～ 50	Table service	排队店
港丽茶餐厅	港式饮茶休闲餐厅	50 ～ 60	Table service	排队店
仙踪林	饮料休闲简餐餐厅	30 ～ 50	Table service	
麻布十番	日式休闲餐厅	25 ～ 50	Table service	
Coco 壹番屋	日式休闲餐厅	25 ～ 50	Table service	

据上表可知，休闲餐饮的主要特点如下。

（1）排队店以 Table service（餐桌式服务）为主。

（2）以休闲餐厅占优势。

（3）客单价在 50 元左右的店排队。

（4）菜品丰富多样化的餐厅占优势。

（五）SWOT 分析

（1）Strength（优势）：突出产品的独特性和竞争力，体现价格的合理性和产品的高品质，突出专业的生产技术与设备，突出别样高端的配送方式，强化强大的品牌行销策略。

（2）Weakness（弱势）：新开餐厅或餐厅自身的知名度问题，开办营运成本高的问题，影响竞争力及利润有限的情况，营运人员操作经验不足的问题。

（3）Opportunity（机会）：主要体现在外食人口数量庞大，消费者对健康及身材的重视，以休闲时尚为诉求有效满足需求，餐饮 O2O 蓬勃发展。

（4）Threats（威胁）：所处区域的知名度情况。市场中各类型餐饮众多，消费者选择性大，相互瓜分客源。业界仿风盛行，预期同业竞争雷同者将会迅速增加于市场中。

（六）企业未来五年发展目标

（1）明确企业发展方向：推广中国精致饮食文化，以发展出华人自有餐饮品牌，目标是推广至全世界。

（2）形成企业经营理念：融汇东方与西方文化，与人文特色相结合，重视与消费者之间的关系，发展出独特的饮食新风潮。

（3）创新企业经营模式：形成从理念—目标—内涵—方针的一体化经营模式（图 8–2）。

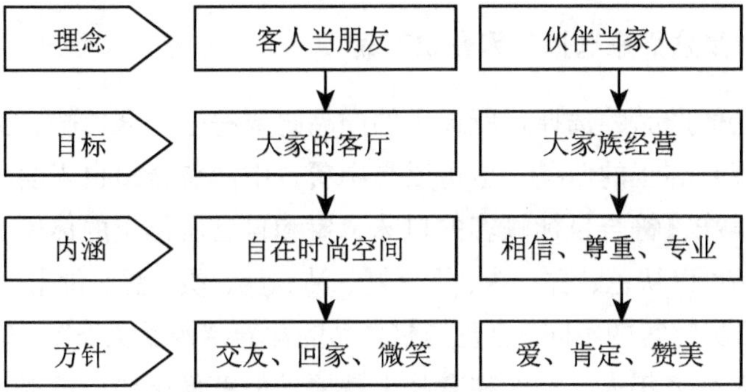

图 8–2　创新企业经营模式

（4）未来五年开店计划要做规划（表 8–2）。

表 8–2　餐厅未来五年的开店计划

年份	2016 年	2017 年	2018 年	2019 年	2020 年	合计
直营店数						
年度营收						
加盟店数						
年度营收						
年度开店合计数						

第四节 休闲餐饮产品与生产管理

一、休闲餐饮产品的发展现状

针对目标市场，休闲餐厅首先要创造自己的休闲文化，同时要求食物、服务、价格、环境与其协调一致，突出其文化主题。产品要强调整体概念，让顾客从味觉、视觉、听觉、触觉，全方位感受休闲餐饮带来的休闲理念。

（一）以受众面来选择休闲餐饮产品

首先是餐饮产品的选择。所提供的产品既要符合大众口味，又要强调自己的特色。可以是纯正的西餐，也可以是中餐，中西餐合璧也未尝不可，关键是要有特色和美味，符合目标顾客的口味，要和自己所推崇的休闲文化相协调。评价餐饮产品可以从色、香、味、形、器、洁、量、质、温、价十个方面来分析。餐厅应根据目标顾客的不同，合理调整食品的营养结构以及外形、口感、品种等。比如目标顾客是老年人，那么在食品上就要求低糖低脂肪，清淡可口；如果目标顾客是青年人，菜式就可以丰富多彩，讲究菜肴的色香味以及外包装的精美；如果是儿童，那么在设计食品的时候，就要突出新奇有趣，以此来吸引儿童的注意力，同时可以配备一些辅助的产品（如玩具）去满足儿童的好奇心。除此之外，可以根据顾客的特点配备各式套餐，如情侣套餐、儿童套餐、家庭套餐、健康套餐、滋补套餐等，与这些套餐配套的是，餐厅要提供专门的情侣就餐区或是家庭聚餐区。食品的质量是餐厅最终能否存活的关键，如果没有美味的食品，就算环境再好，价格再便宜，最终还是无法留住顾客。

（二）以地方特色来选择休闲餐饮产品

有关调查显示（表 8-3），在各地休闲餐饮产品中，上海、南京休闲最爱吃甜点，北京休闲最爱涮火锅，广州、杭州小吃当道。有关数据显示，各地休闲餐饮主要集中在小吃、甜点、饮品，并呈现出地域文化和消费能力的差异。同样是休闲饮品，上海人钟爱的是小资腔调十足的咖啡，广州人最爱逛街时来一杯价格实惠的奶茶，南京人的最爱则是传统的茶社。

表 8–3 几个城市的休闲餐饮产品比较

排序	上海	北京	广州	杭州	南京
1	面包甜点	火锅	小吃	小吃	甜点
2	小吃	小吃	奶茶	农家菜	外卖
3	火锅	小火锅	快餐	西餐	茶社
4	咖啡	西餐	日本料理	中式快餐	甜品
5	冰淇淋	蛋包饭	蛋糕	茶餐厅	冰淇淋

（三）以餐厅环境来体现餐饮产品特色

休闲餐厅的环境是体现休闲文化的载体。餐厅的环境特性可以分为外部特征以及内部特征，包括摆台特色、台面装点、装修格调、区域分割、灯光、温度、餐厅气味、卫生状况、背景音乐、建筑特色等。引人注目的店名，或夸张或低调的外观设计，独具特色的内部环境，都是吸引顾客眼球、留住顾客所不可或缺的因素。餐厅环境的设计要能充分展现本餐厅的休闲文化。比如仙踪林西餐厅的特点就是以园林景致为主题，配以富有环保概念的后现代设计，营造清雅休闲的气氛。餐厅内，到处是绿树藤萝，地面是松软的海沙，而所有的椅子都设计成秋千架，服务员都衣着休闲，穿梭于秋千之中。青年恋人一边荡着秋千，一边品尝美味佳肴，体验园林带来的休闲气息；而我家牛排馆的特色是以热带鱼为主题，餐厅内环绕着许多热带鱼缸，各式各样的热带鱼在水中悠闲畅游，蓝色的灯光，摇曳的烛光，舒适的沙发座垫，还有轻柔的背景音乐，营造的是宁静、悠闲、舒适的海底风情。

（四）以独到服务来拓展餐饮产品内涵

休闲餐饮的服务也可以与众不同。真诚而友善的服务，是所有餐厅都不可少的，休闲餐厅经营者在设计服务的时候也可以根据餐厅的主题，设计独特的服务方式。这里包括了服务人员的文化水准、服装搭配、精神风貌、服务方式、服务速度、服务用语等。比如斗牛士西餐厅，它的服务和它的名字一样火爆，餐厅内的服务员不是走着送餐，而是以飞快的速度跑着蹦着将吱吱作响的牛排送到餐桌上，突出餐厅活力四射、惊险刺激的主题；而“蒙地卡罗”则是由温文尔雅的服务人员为您提供最绅士的服务，突出的是高贵典雅的气氛；“辛面馆”的服务人员都会说一口流利的日语，突出的是日本文化氛围。服务人员的身影是餐厅中流动的风景，他们是传递餐厅休闲文化的流动载体。

（五）以顾客需要作为产品改进的依据

休闲餐厅应建立在准确把握“顾客需要什么”的基础上，深入分析满足顾客个性化消费需求的条件，根据餐厅现实和未来的内外状况明确“餐厅能为顾客提供什么”，满足并引导顾客个性化的消费需要，通过食品、环境、服务的整体产品组合，来体现餐厅的休闲主题。

二、产品和生产质量提升的策略

（一）产品定位要准确

休闲餐饮最为重要的一步，是把哪一部分人群作为主要目标顾客。定位的变化带来的是策略的变化。用50岁人的方式思维就永远无法吸引20岁的顾客。有了目标顾客定位，就能使餐饮店的产品或服务在内容、提供方式和基础设施三个方面，与目标市场上的竞争对手有所区别。

（二）产品要拥有独家秘诀

强势品牌是先让消费者记住品牌，然后慢慢熟悉特色；小品牌是先让消费者记住特色，然后慢慢记住品牌。无论哪个行业，都需要拥有竞争者无法模仿的技术和独特的服务方式，才能让顾客盈门。可口可乐直到现在也没有公开它的秘方；“仙踪林”因为鲜明的特色——装修特色和食品特色而让人记住了“仙踪林”三个字；“真功夫”连锁快餐的特色在于它有独特的“广东原盅炖品”；重庆的火锅搬到外地去，往往就变了味道，因为重庆火锅的特色主要在于底料和佐料……要想在产品同质化的市场中成功，需要拥有自己独家的成功秘诀。为了调制出顶级的咖啡，星巴克拥有从烘焙、混合、萃取和包装等各方面的专利技术。比如，星巴克开发出一种金属箔作为包装材料。这种材料最大限度地阻隔了氧气和潮气，在这个包装袋上安装了特殊的阀门扣，这个扣能把咖啡氧化时所产生的气体排出，使咖啡始终维持真空状态。休闲餐饮要想让一种概念在消费者的印象中根深蒂固，就必须做到：第一，该产品一定对消费者有用而且很重要；第二，产品一定要具有独特性；第三，产品的种类一定要明确。

（三）推出代表性产品

休闲餐饮店明确自己有代表性的产品，要推出有代表性的产品，使之成为自己的招牌菜和形象产品，借以吸引顾客。待代表性产品成功后，然后再进一步向其他产品扩展。星巴克进入韩国之前，速溶咖啡几乎占领了整个咖啡市场。但是，星巴克很清楚，这种咖啡的品质不高，所以决定在韩国推出优质、高品位的浓缩咖啡。星巴克最后正是以浓缩咖啡引领了韩国咖啡市场的新潮流。“叫个鸭子”通过颠覆性的创新，改良了现有北京烤鸭的干涩、油腻的口感、繁琐的卷饼蘸酱过程，再配上精心设计的精美包装，让鸭子不仅拥有外酥里嫩的美味，还可以让年轻消费者足不出户就能便捷享用。

（四）产品开发系列化

有了代表性产品，休闲餐饮店只是有了形象产品，但这还不够，还需要拥有跑量的产品。餐饮店跑量的产品，就是根据餐饮店的产品定位而推出的系列化产品。在消费文化发达、个人消费的个性化越来越强的时代，不能再用陈腐的传统观念来看待问题，固步自封意味着离成功越来越远。餐饮业是一个受季节影响较大的行业，所以要抓住季节因素及时推出应季产品，休闲餐饮应该时常更改产品项目或根据季节变化变换产品种类，并且提前做好淡季的准备工作，做到一年四季都有合适的各种产品。当然，产品开发系列化并不是说产品品种越多越好，而是要“贵精不贵多”。

（五）不断开发新产品

总去同一家餐厅吃饭，再好吃的东西也会吃腻。一种产品每天保持同样口味固然重要，但在用创新的产品来维系老顾客的同时，吸引新顾客也同样重要。社交媒体时代，消费者最大的特点是容易“喜新厌旧”。君不见，各行各业，饮料也罢、电影也罢、明星也罢、服装也罢，只有不断出新，以新对好，才能抓住消费者的心，长期留住他们。加之中国消费者的消费层次还比较初级，对品牌缺乏忠诚度，还处于品牌消费的“感性阶段”，在竞争激烈的环境中，刻意求新、独树一帜是使自己的产品和品牌兴盛不衰的主要办法。

（六）良好的服务定位

休闲餐饮要掌握特定顾客的爱好，提供他们喜爱的菜品，把眼光放在针对顾客的个性化服务上，才能拥有竞争力。人各有所好，眼光也不尽相同。有些人重视设计，有些人重视产品的口味，也有些人重视价格。缩小目标顾客的范围，抓住本店的核心顾客，以这些顾客为中心制订服务理念，方为制胜之道。而且，休闲餐厅还应营造出一种良好的氛围。即使是同样的菜品，也会因为环境和对象的不同而感到迥异。尽可能为顾客营造一个感性、优美的氛围，这样顾客会因为美好的氛围再次光临。

三、互联网思维与休闲餐饮产品

互联网思维中最重要的是用户思维，即一切以用户为中心，包括用户体验至上和兜售参与感两大原则。用户体验至上是休闲餐饮的显著特征，也是衡量产品的关键指标。兜售参与感是让用户参与产品研发和传播。例如，在产品研发方面，海尔为用户生产定制化冰箱，厂商根据用户实际需求定制个性化产品。产品开发前与用户沟通产品改进细节、定期开发或预告产品更新功能、发布后（开发后）用户对新版本打分，选出最满意和最不满意的功能，并作为下一次产品迭代的依据，整个开发过程用户全程参与。

（一）产品设计强调极致思维

互联网空间里，用户主动参与品牌传播是衡量粉丝忠诚度的重要指标，用户通过在社交平台晒单参与品牌扩散。移动互联网时代，如何更好经营粉丝是休闲餐饮企业的必修课。在注重产品开发的同时，运用官方微博微信和客户端转发用户晒单和意见，全力推动用户不断提出评价意见和建议。在打造品牌微社区过程中，多方面多渠道收集用户的反馈意见。

极致思维的要求是把产品和服务做到极致，必须打造出让用户惊喜的产品和服务。实现这一效果，需要具备三要素：找准用户惊喜点、产品做到极致和团队执行力强。

（二）不断提升产品周边服务水平

除了产品体验，加强产品周边服务同等重要。海底捞服务是餐饮行业的标杆，最令顾客惊喜的是顾客在海底捞过生日，海底捞全体员工为顾客唱生日歌、跳舞，赠送生日蛋糕和大抱熊。这一做法极大地提升了产品的附加值。同时，积极拓展围绕主业产品的延伸式产品，形成合理的价格秩序和定价机制，也是产品生产设计的重要任务。

互联网思维另一关键点是形成线上线下的协同效应，一些主打外卖业务的休闲餐饮同样要做好线下用餐环境的整洁与专业。线下体验店作为与消费者直接交易和沟通的场合，正常情况下必须要予以重视，尤其是在室内装潢和摆设上多下功夫。

（三）形成不断完善产品的改进机制

迭代思维是互联网思维的重要构成部分，在产品打磨过程中，通过不断试错来持续完善产品，必须做到微小创新和快速迭代，即从用户最细微的痛点着手，通过缩短开发周期实现产品快速更新，贴合用户需求。用户思维尤其是用户参与和反馈是衡量这一标准的关键，不同产品寻找共同点以形成合力的做法，往往能产生令人欣喜的结果。

第五节 休闲餐饮定价与菜单设计

一、休闲餐饮的定价分析

（一）休闲餐饮的定价依据

休闲餐饮的成本与利润是菜单定价的两大因素，其中，成本核算是基础，利润是目标。因此，制定菜品价格时，一定要分析和确定成本、利润之间的关系。此外，以下几方面也是休闲餐饮定价的重要依据。

1. 顾客需求

休闲餐饮目标顾客的需求和愿望是什么？顾客花上一定数量的金钱，餐厅能够提供给他们什么？如何使他们再次光临？顾客所乐意接受的价格餐厅能做到吗？休闲餐饮属于服务性行业，菜品不能大批量生产，而是根据顾客的需要进行小批量加工生产，并且由服务员直接向顾客提供服务。在高档休闲餐厅中，人工费在餐饮价格中占很大比例。休闲餐厅中有一些菜品的加工生产费用远远超过原料成本。因此，在菜品定价时人工费用是一个不可忽视的重要因素。同时，休闲餐厅既是生产商又是销售商。休闲餐厅的菜品一般不通过中间商销售，而是直接向顾客销售。由于休闲餐厅直接与顾客交易，因而定价决策与顾客的直接反应，顾客的就餐喜爱，以及他们对价格的敏感度有直接关系，这一点与制造业不同。制造业远离顾客，无法根据顾客的直接购买反应调节价格，而休闲餐厅可利用价格直接影响需求，应付竞争。正因为餐饮产品价格的这种特点，餐饮定价还要考虑顾客的需求。作为顾客，他们并不要求休闲餐厅里的菜品价格越低越好，他们也明白休闲餐厅总是要赚钱的。价格应该实实在在，该值多少钱就标多少钱，免得令人疑惑和犹豫。

2. 餐厅利润

休闲餐厅菜品定价的目标应与休闲餐厅经营的总体目标相协调，餐饮产品价格的制订必须以定价目标为指导思想。休闲餐厅往往要以经营利润作为目标。应该根据利润目标预测经营期内，将涉及的经营成本和费用，然后计算出完成利润目标所必须完成的收入指标。

要达到的收入指标＝目标利润＋食品饮料的原料成本＋经营费用＋营业税

决定销售收入的高低有两个关键指标，一是座位周转率，二是顾客平均消费额。通过预测休闲餐厅的座位周转率，就能预测出顾客的平均消费额指标：

顾客平均消费额指标＝计划期餐饮收入指标 ÷（座位数 × 座位周转率 × 每日餐数 × 期内天数） 根据目标利润计算出顾客平均消费额指标，应与顾客的需求和顾客愿意支付的价格水平相协调。在确定目标顾客平均消费额指标后，就可以根据各类菜品中营业收入的百分比来确定各类菜品的大概价格范围。

3. 销售能力

在有些情况下，休闲餐厅出于经营的需要，可以在定价时以追求增加客源和食品的销售数量为出发点。有些休闲餐厅遇到激烈竞争时，为了扩大或保持市场占有率，也会制订低价以增加客源。这些休闲餐厅虽然因低价而生意兴隆，但可能得不到应得的利润，甚至不能产生利润。有些休闲餐厅为实现其总体经营目标，如以增加客源作为餐饮定价的目标，可能会以较低的价格吸引顾客，以使休闲餐厅的整体利润提高。在休闲餐厅里，菜单上的有些菜品往往是无利甚至是亏损的。但前提条件是这些菜品的销售必须能够刺激其他菜品的销售。

4. 餐厅生存和发展

在餐饮市场不景气或竞争激烈的情况下，有些休闲餐厅为了生存，在定价时只求保本，待餐饮市场需求回升或休闲餐厅出名后再提升价格。当餐饮收入和固定成本、变动成本和营业税之和相等时，休闲餐厅能求得保本。为生存而定价，适合于求廉型消费。求廉型消费是以价格低廉为主的消费类型，这种类型的顾客都有精打细算的节俭心理或是经济收入较低的。对大多数顾客来说，在休闲餐厅用餐时，总希望能买到价廉物美、经济实惠又合口味的菜品。这种追求价廉物美的心理，在顾客收入水平较低时显得较为强烈。

（二）休闲餐饮的定价方法

1. 休闲餐厅随行就市定价法

随行就市定价法，是一种最简单的定价方法，即把同行竞争者的菜单价格为己所用。这种以竞争为中心的定价策略，在实际中是经常使用的。但投资经营休闲餐厅，最忌的就是依葫芦画瓢，因为每家休闲餐厅都有一本难念的经。如别人以烧鹅为品牌，而你的品牌是家乡菜，别人的一碟素炒青菜的价钱就肯定不能成为你的定价，这里面就有了主次之分。如烧鹅定价高了，为了提高市场竞争，其他传统菜的价格就不可能再定高。相反，招牌菜定价低了，其他的菜品定价自然就要高，你如果夹在中间凑热闹，吃亏的自然是你。如何判断眼前利益和长远利益，必须权衡利弊。

2. 休闲餐厅综合分析定价法

在休闲餐厅中，综合分析法是根据菜品的成本、销售情况和赢利要求综合定价的。其方法是把休闲餐厅所供应的所有菜品根据销售量及其成本分类。

每一菜品总能被列入下面四大类中的一类：

高销售量、高成本；或高销售量、低成本；

低销售量、高成本；或低销售量、低成本。

第二类菜品即高销售量、低成本菜品是最容易赚钱的。但是，在实际经营中，休闲餐厅出售的菜品，几类都有。关键在经营者的市场嗅觉。

菜品价格还取决于市场均衡价格，你的休闲餐厅的价格如果高于市场的价格，就会吓跑顾客。如果与此相反，那么你的休闲餐厅就能吸引顾客。但是如果大大低于市场价格，休闲餐厅也会亏本。因此，在定价时，可以经过调查分析或估计，综合以上各种因素，把菜品分类，并加上适当的毛利。

综合分析定价法看上去比较复杂，有一定的难度。但根据自己的休闲餐厅的经营情况进行一定的分析，经综合多种因素考虑后给菜品定的价，才会是比较合理的。

3. 休闲餐厅巧用文字定价法

俗话说："民以食为天"，每个人每天至少要吃三餐，所以物美十分重要，一定不能低估。但是，作为一家休闲餐厅，食品价格要为顾客所能接受，因而价廉的因素也绝对不能忽视。尤其应当指出，对于一家小本经营的休闲餐厅来说，价廉更是获利的法宝。

另外，在给菜品定价时，应该明白这样的道理：40 元不如 38 元，20 元不如 18 元。因为在顾客的心目中，钱付出去了还可以找零，心情便会更愉快。

价格定得巧妙，使顾客产生很实惠的感觉，这是休闲餐厅老板必须认真加以研究的重要课题之一。

还有，数字的运用，也要注意其吉祥与否，以免招来顾客的不满。在我国，"6"和"8"被视为大吉大利的数字，而"4""7"则被看作不吉利的数字。所以休闲餐厅应趋利避害，对数字善加运用。

作为一家休闲餐厅，应该以一般大众为消费对象，因而菜品的价格不要定得过高，要想到薄利多销。总之，大众的休闲餐厅，大致应具备以下几个条件：

一是不受季节的限制，随时都可以用餐；二是用餐时间不受早上、晚上等时间段的限制。

以这些条件作为考虑的基础，那么该卖什么菜品便很清楚了。这是因为，大富大贵的顾客毕竟只是一小部分。而大部分顾客是希望能享受到物美价廉的菜品。有时候，价廉甚至成为顾客考虑的第一要素。

4. 公开牌价与灵活措施相结合

休闲餐厅经营以诚为本，诚信是做生意的灵魂，声誉好、作风正的香港休闲餐厅，历来都是明码实价的。定价政策对任何一间港式休闲餐厅的经营来说都是十分重要的。港式休闲餐厅如果没有价格政策，当顾客要求某个价格时，管理人员的价格决策就会缺乏依据，同时会使休闲餐厅在顾客中失去信誉。有确定的价格政策可使休闲餐厅通过管理价格去实现经营目标。这样，休闲餐厅的价格不会被动地受市场竞争或市场潮流所牵制，而能主动地确定价格去战胜竞争者。公开牌价是印在菜单上或贴在招牌价目表上的公开销售价格。公开牌价是菜品价值的货币表现形式。菜品价格的高低，直接关系到休闲餐厅与顾客双方的切身利益，也直接影响到顾客对某种菜品接受与否，以及消费的数量。

一些休闲餐厅有相对不变的公开牌价，也有一些休闲餐厅没有固定的公开牌价。休闲餐厅对一般顾客按其基本价销售，但可根据不同的场合或不同的推销需要进行加价或打折。相对不变的公开牌价对管理提供方便，为销售提供准则，也可减少与顾客的矛盾。所以大多数休闲餐厅都采用公开牌价，但针对市场而附加的时令菜及根据顾客特殊需要而开设的套菜不采用公开牌价。有的特殊套餐如团体餐、会议餐还可与客户一起商定价格。

公开牌价上一般标明确切的最终价格。有些休闲餐厅为了迎合某些顾客追求优惠的心理，在公开牌价上标明价格已经打了一定折扣。许多顾客不了解食品真正值多少钱，他们只关心价格折扣的大小；看到优惠价就会来购买，实际上有时这些优惠价往往还高于竞争者的价格。对这种假优惠牌价政策，有许多争执和不同看法，特别在高档休闲餐厅中，很多人认为有损休闲餐厅的形象。

价格水平可从顾客的平均消费额总结出来。顾客平均消费额的高低受定价目标的制约。在追求目标利润，注重销售，刺激消费和寻求生存的定价目标指引下，休闲餐厅会确定不同的价格水平。同时，休闲餐厅还要根据自身的菜品质量和竞争状况决定其价格水平是高于、接近于、还是低于竞争者。

菜品价格是具有某种心理功能的，并在一定程度上影响着顾客的消费动机和消费行为。在完全竞争的形势下，休闲餐厅确定的价格高于或低于市场价格都是不明智的。竞争越激烈，休闲餐厅对价格的控制程度越小，价格必然接近竞争者。休闲餐厅需要争夺市场、扩大市场占有率时，往往愿意推行低于竞争者的价格。休闲餐厅需要突出产品质量、树立高档休闲餐厅的形象时，又往往将价格水平定得高于竞争者。

休闲餐厅价格管理的另一方面是价格的灵活度究竟该有多少？休闲餐厅应该采用固定价格政策还是灵活价格政策？

固定价格政策：休闲餐厅固定价格是在相同销售条件下，对一定数量的菜品采取相同的销售价格。很多休闲餐厅采用固定价格政策。在一般情况下，价格不予商量或讨价还价。在休闲餐厅中，由于菜品涉及可变成本大，收入的增加对边际成本的增长作用很大，因而菜品价格调节余地小，其价格固定性大。采取固定价格政策定价比较容易，管理比较方便，并容易为休闲餐厅建立良好的信誉。但要注意固定价格不能定得过死。过死的固定价格不易适应餐饮市场需求和竞争局势的变化。

灵活价格政策：休闲餐厅的灵活价格是将相同菜品、相同数量对不同顾客和在不同场合中采取不同的价格。对不同顾客采取的价格是高是低，取决于顾客价格的协商能力，以及休闲餐厅与顾客的关系。灵活价格政策在小型特别是个体经营的休闲餐厅中运用较多，在菜品尚未标准化，菜单尚未固定下来时运用较多，有时休闲餐厅为招揽顾客会答应顾客的折扣要求；在大型休闲餐厅中有时为招揽团体用餐，管理人员会与客户协商价格；有些休闲餐厅对常客可根据要求给予特殊价格。灵活价格政策的优越性，是可以根据竞争状况和顾客需求调节价格，不会因为价格高而失去客源。精明的老板向愿意支付高价的顾客收取高价，而对不愿支付高价的顾客收取较低的价格。

二、休闲餐厅的菜单设计

菜单内容的拟定。菜单内容对厨房生产及顾客选择有很大的关联。不能让顾客拿着菜单不知道点什么好，也不能让厨房看着菜单不知道怎么去准备。一张好的菜单就能直接反映出一个餐厅的档次和经营水平，同时也能影响整个厨房的生产。在拟定菜单内容时要考虑以下几个因素。

（1）市场的材料（不能因材料采购、保存等而制约生产）。

（2）地方的饮食习俗（保留部分、创新部分）。

（3）店面的规格及规模（不能小而全，也不能大而偏，而且不能偏离主题，一个面馆即使小吃做得最好，没有一碗好面也是不行的）。

（4）周边人员的消费水平（有些休闲餐厅是平民消费的场所，需要照顾大部分，优待小部分）。

第六节　休闲餐饮服务管理与质量控制

服务管理与质量控制是休闲餐厅生存与发展的基础，休闲餐饮只有不断完善其服务质量体系、提高内部与外部管理、提供标准化与个性化服务、加强顾客管理才能在激烈的市场竞争中做强做大。

一、休闲餐饮的服务管理

（一）形成标准化与个性化相结合的餐饮服务模式

休闲餐饮服务的核心是形成标准化与个性化相结合的服务模式。

1. 标准化服务体系的建立

标准是对重复性事物和概念所做的统一科学的规定，经过有关方面协商一致，由主管部门批准、发布，作为共同遵守的准则和依据。而休闲餐饮服务标准化则是指在标准意识的指导下，建立的由休闲餐饮管理者规范化的管理制度、统一的技术标准和服务岗位工作项目、程序与预定目标的设计与培训，向休闲式餐厅产品的消费者提供统一的、可追溯和可检验的重复服务。这样标准化的服务能使消费者感觉很科学，很安全，对休闲式餐厅的服务质量也会感到更加满意。同时服务员也有章可循，在工作量很大的时候也不会出现错误，提高工作的效率，提高综合的服务质量。

2. 个性化服务的要素构成

个性化服务以其鲜明的针对性、灵活性和超常性成为当代服务的趋势。由于满足了消费者的不同个体多样化的服务要求，其整体服务量大，但提高了休闲式餐厅的整体服务质量。由个性化服务产生的顾客和休闲餐厅之间的亲和力，也是休闲餐饮增强市场竞争力的重要因素。其中，休闲餐饮的个性化服务应当包含以下几要素。

（1）灵活服务。灵活服务是休闲餐饮个性化服务中最基本的部分。只要顾客提出的要求是合理的，就要尽最大的努力去满足。因此，个性化服务首先就要求休闲餐厅服务员具备积极主动的服务意识，同时也需要服务员的社会责任感，做到“眼观四路，耳听八方”的灵活服务。

（2）偏好服务。人与人是不同的，在个人偏好上也有一些表现，特别是现在这个追求个性的年代，所以偏好服务很重要。偏好服务是针对有明显个人兴趣爱好的顾客服务。休闲式餐厅在客史档案中记录储存顾客的偏好需求，对于首次出现的偏好需求则可通过及时的灵活服务予以满足。

（3）意外服务。“雪中送炭”的个性服务是休闲式餐厅服务里必不可少的一项，这种意外服务最能体现休闲式餐厅对顾客的情感传递，也能体现出一个企业的社会责任感。使顾客有“患难见知交”的感觉，在顾客最需要帮助的时间，服务准确周到，其效果可事半功倍，使顾客难忘。

（4）用心服务。“精工出细劳”的用心服务是休闲式餐厅个性化服务中至关重要的一项，是做好一切服务的基础。服务的理念为“100-1=0；100+1=0”休闲式餐厅，做好服务质量不仅要做到礼貌、热情，还要从细微处着想。周到、细致的服务，需要服务员将其服务和休闲式餐厅的事业融洽在一起。两者相融，能使服务员在服务中，产生高度的负责精神，提供有效的服务；表现出主动性和自觉性，了解顾客的需要；用眼睛去服务，用脑去想服务，用心用情去服务。

（5）超前服务。超前服务是休闲式餐厅个性化服务中不可或缺的服务。需要服务员在服务过程中注意察言观色、揣摩顾客心理，按顾客需求提供主动周到的服务，做到事前服务，服务于顾客开口之前。因为有些时候、有些事顾客不便开口，比如买单离开等。服务要用心服务，还要付诸实际行动。

（二）建立多渠道多样化的员工管理体系

1. 定期或不定期的员工培训

提高员工综合素质是休闲式餐厅服务质量管理的当务之急，由于工作专业性的需要，员工培训方法可多种多样，培训的内容也要随着员工的职业发展来决定，滚动式的个性化的给员工进行培训。培训的内容可包括：一是技能性培训，根据行业的准则、标准对员工的工作技能培训；二是知识性培训，包括①运作休闲式餐厅在整个经济体中的作用、地位、意义；②整个行业的发展状况、性质特点以及本餐厅在行业中的定位标准、目标以及本餐厅的文化；③菜谱、酒水、茶水、碗筷等其他小知识。只有将技能培训与知识培训有机结合，才能真正全面提高员工的素质与技能，真正提升其服务品质。

2. 全面提高员工满意度

服务行业流行这么一句话："没有满意的员工就没有满意的顾客"，因为换个角度来思考，顾客满意了说明服务质量是有所提高的，所以想要提高服务质量就要提高员工满意度。组织行为学家马奇（March）和西蒙（Simon）通过大量调查研究得出结论：员工对工作是否感到满意，是决定其是否辞职的最重要的影响因素之一。员工流失对休闲式餐厅而言，损失无疑是惨重的，服务质量首当其冲。根据美国马里奥特（Marriott）对休闲式餐厅所进行的调研结果显示：如果休闲式餐厅员工流失率降低10%，顾客流失率就可以降低1% ~ 3%，营业额就可增加5% ~ 15%。这数字表明员工是企业的品牌塑造者，也是品牌服务者；此时节约的费用几乎可超过利润总额，休闲式餐厅的服务质量水平也得到稳定的保证。员工对工作的满意度，除了公平合理的待遇之外，还包括工作安全感，以及休闲式餐厅支持他们实现发展的愿望等。因此要做到以下几点：①要适当提高员工薪酬；②改善员工的工作、生活环境；③为员工制订个人职业发展计划；④打造一支优秀的团队。当休闲式餐厅与员工之间建立并维持和谐关系时，将极大提高员工对休闲式餐厅的满意度，从而对员工队伍稳定和团队精神建设都有帮助，进而会对服务质量管理工作带来正面促进作用，提高的服务质量。

3. 加强沟通管理

沟通管理包括企业内部沟通和企业与外界的沟通。合作以沟通为基础，没有沟通，人与人之间会陷入一种相互隔绝的心理状态，就不会产生相互信任、相互帮助，就不可能相互配合工作。休闲式餐厅企业内部沟通包括上级之间、上下级之间、部门之间、部门内人员之间的沟通等。良好的内部沟通可通过各种集体活动来促进休闲式餐厅内部沟通，如管理人员与服务人员一起用餐、设立员工意见箱、一起出去游玩、做游戏等都是实现内部有效沟通的具体方式。企业与外部沟通，要把企业的经营理念，某一期间的主打产品，促销活动等信息通过有效的渠道和方式传达给外界，以便外界更好的认识企业，从而也打开、稳定了企业的市场。知己知彼，才可以提高休闲式餐厅的服务质量。

4. 推行岗位轮换制度

休闲式餐厅属于劳动密集型企业，这种企业的很多岗位工作重复、劳动量非常大，很容易使员工出现过度疲劳或迟钝倾向，这时需要管理者采取岗位轮换方式给员工进行有效调节。这有助于开发员工潜能，打破不同部门间的隔膜，使员工更能理解部门之间的工作难处，为协作打好基础。有了良好的合作，总体的服务质量才会提高。

5. 培育企业文化

企业文化是现代任何一个企业的灵魂，是企业凝聚力的最重要内涵和外延。休闲式餐厅文化的形成，它反映的是休闲式餐厅全体员工的共同价值取向，在其基础上，休闲式餐厅员工之间、部门之间就会形成一个合作、团结的整体。好的休闲式餐厅文化能够提升员工的工作意愿，发自内心的为顾客服务，而消费者接受这种服务，感受这种企业文化的同时会提升对其服务质量的认同感，这时它的服务质量就真正得到提高了。

（三）制订面向顾客的餐饮服务战略决策

“知己知彼，百战不殆”，“有的放矢方能百发百中”。所以了解顾客是很重要的。通过掌握顾客信息，加强顾客管理来了解顾客的喜好及生活方式，根据顾客的需求提供优秀的销售及售后服务，从而间接地提高了休闲式餐厅的服务质量。

1. 搜集顾客信息

第一，搜集顾客信息的首要步骤是建立顾客信息卡。建立顾客信息卡是实施顾客管理的第一步。在顾客信息卡中记录年龄、性别、爱好、收入水平、居住地等基本资料，再对不同群体的需求进行分析总结，才能更好地服务。

第二，定期或不定期的与顾客联络，让顾客与企业相互了解，一方面提高顾客的信任度，另一方面也使企业了解市场。联络的内容包括：给顾客寄发适合其口味的产品广告信函或电子邮件，询问顾客对同类产品的需求意向和要求，告知顾客企业在特定时期所开展的酬宾活动等。将顾客反馈回来的信息记录在顾客信息卡上，为更细的市场划分打下基础。

第三，随时更新顾客资料。由于顾客本身处在不断变化之中，对客户的资料也应随之进行不断地调整。顾客信息卡中的内容需求在与顾客进行联络的过程中，根据反馈信息不断地调整，确保信息卡能及时反映客户的变化，真实的反映顾客的要求，使全过程顾客管理保持动态性。

2. 分析顾客信息

顾客信息卡建立后应进行定期分析，使之成为企业营销工作的一个指导指标。休闲式餐厅在明确知晓顾客的需求后，能快速决定企业是否可以为之提供所需产品，如果能就立刻开展下一步的准备工作，如果不行还可以将顾客推荐给相关的企业，并从中获取佣金。这无疑也是一种市场机会。休闲式餐厅企业若是从这个角度出发，同样可以培养忠实顾客。所以，企业需要定期分析顾客信息，可以说，全过程顾客管理成功与否的关键就在于企业能否用先进的理念和精确的模型对集成化的顾客信息进行模拟和分析，挖掘顾客潜在价值，为企业发展潜在顾客提供依据。首先是选择一定的分类标准对顾客进行分类管理，如依据顾客消费水平指标可将顾客分为高档、中档和低档消费者，在分类时应突出重点。其次，根据顾客分类，对市场进行细分化，对比细分市场与企业所涉及范围的契合度，确定目标市场。然后再做服务标准服务程序等，从而有利于提高休闲式餐厅的服务质量。

3. 面向顾客的战略决策

第一，做好宣传促销，引导顾客消费。休闲式餐厅应通过售后顾客管理，建立起企业与顾客之间的互动机制，在仔细分析顾客需要的基础之上，以专业推荐相关产品的方式，引导顾客对产品进行选择，为把可能流入其他企业的顾客重新拉回来增加了可能性。

第二，提升顾客让渡价值。微利时代的到来使经营理念也得以改进，应该要微利多销，但要提高硬件等服务质量，换个思路来盈利。顾客让渡价值即整体顾客价值与整体顾客成本之间的差值。通过增强企业提供的产品、服务、人员、形象等价值，提供整体顾客价值；或通过降低价格，减少顾客的时间、精力等，减少整体顾客成本；或两者同时进行，从而提升顾客让渡价值。顾客只有获得更多的让渡价值才能提高满意度，提高对企业的忠诚度，企业才能拓展市场。这也是休闲式餐厅提升综合服务质量的标志之一。

二、休闲餐饮的服务质量控制

不断完善休闲餐饮服务质量管理体系，持续提升休闲餐饮服务质量，需要明确休闲餐饮服务的质量控制思路。

（一）制定滚动式质量标准和目标

休闲式餐厅要对各服务项目的日常管理和服务环节明确质量标准，制定工作规范和工作程序，使员工服务行为有章可循，当然要根据时势进行适当的规律性的创新，这样才能更好地进行个性化服务，满足个体不同的需求，这种实际上是间接地提高了服务质量。对休闲式餐厅各岗位、各环节的服务过程进行如实记录，仔细分析研究，按照质量管理要求进行改进，使之合理化，并以文字、数量和图表的多种形式、分版块的确定下来，形成服务程序。服务过程的规范化、程序化、标准化、个性化既是休闲式餐厅质量体系的重要内容，也是建立服务质量管理体系的重要基础工作。同时，休闲式餐厅还应制订服务质量检查、调整程序和用量化的形式严格控制标准，建立质量信息反馈系统，收集分析服务不符合标准的原因，提出并实施改进措施。

（二）设立服务质量管理组织结构

休闲式餐厅应设立服务质量管理专职机构，作为服务质量体系建立、完善和监督的组织保证。建立内容全面、科学合理、控制严密的服务质量控制、管理系统，通过一定的制度、规章、原则、理念、方法、程序等，使休闲式餐厅质量管理活动系统化、标准化、制度化，把休闲式餐厅各质量活动纳入统一的质量管理系统中。这样就不会出现某一个服务项目上的失误，同时也能使服务环节之间得到完美的衔接。因为服务的好坏标准是消费者感性的判断或评论。所以我们应该有“100+1=0；100−1=0”的服务理念来要求个体，要求集体，进而服务（单项服务）和纵向服务质量（多项服务）才能保证，整体的服务质量才会提高。同时有了一定的制度、规章、原则、理念、方法、程序等并让消费者认识，消费者才会更容易变得成熟，顾客就更加容易满足，服务才会成功。

总之，服务质量是休闲餐厅生存与发展的基础，与其他餐厅之间的竞争，本质上就是服务质量的竞争，因此提升休闲式餐厅的服务质量对餐厅起着至关重要的作用。休闲式餐厅只有不断完善其服务质量体系、提高内部与外部管理、提供标准化与个性化服务、加强顾客管理才能在这样的休闲时代使休闲式餐厅在激烈的市场竞争中长盛不衰，做强做大。

第七节　休闲餐饮市场营销管理

一、休闲餐饮的市场细分

城市快节奏的生活正在改变着消费者的饮食习惯，传统的就餐时段遭遇空前的挑战。这一切的变化缘于现代人生活忙碌，用餐时间不固定，加之现代营养学倡导的少食多餐，使目前餐饮的消费时段变得模糊。繁忙的人们不再认为一日三餐必须按时定点，零食、小吃往往可以替代正式一餐。于是，各种小吃、快餐之类的休闲餐饮店不断涌现。而不少酒店、宾馆、茶楼也提供此类业务。这种讲究便利、快捷和方便的餐饮形态正成为一种趋势，吸引着追求便利和价廉的部分消费者。此外，中国家庭结构正趋于小型化，四世同堂已成为稀有现象，三口之家逐渐成为餐饮业的消费主体。传统中式的大酒席形式被小型化的分餐制所代替，AA 制、个人付费已经成为休闲餐饮消费的主流。总的来说，具有一定水平的消费能力，以 2 ～ 4 人为主体的自助消费模式，是今后中国休闲餐饮业的发展方向。

（一）休闲餐饮消费者的类型

著名的“80/20”规则认为：在顶部的 20% 的顾客创造了 80% 的利润，意味着企业一旦失去了这 20% 的顾客，也就丧失了 80% 的利润；而另外那 80% 的顾客，仅贡献了 20% 的利润。如果无法评价和量化顾客价值，就难以识别出企业的价值顾客，更谈不上保留和发展，顾客长期价值最优更无法实现。仅仅知道 80/20 规则是不够的，关键的问题是如何甄别出哪些顾客属于 20%，哪些顾客属于 80%，这就需要通过市场细分将不同的顾客分类。

休闲餐饮市场细分，是指休闲餐饮企业根据餐饮需求和行为的差异性，将餐饮整体市场分为若干个消费者群体的过程。被分割出来的每一个群体都是一个细分市场，即“子市场”。在每一个子市场上，消费者的饮食需求、欲望及行为具有相似性。因此，市场细分不是对餐饮产品的细分，而是对具有不同饮食需求的消费者的分类，市场细分的基础是运输需求的差异性。市场细分是餐饮企业致力于确认和分析市场需求差别，发现市场机会的过程，它对于制订行之有效的营销组合策略具有重要的意义。

有关调研表明，我国休闲餐饮消费者主要表现为四种类型（表 8–4）。

（1）享受型。追求品味，讲究精神层面的享受，对于此类消费者而言，饮食也是一种文化，讲究内涵和享受。

（2）替代型。以追求方便、快捷为主的消费者，表现为选择吃快餐代替自己做饭。

（3）被迫型。时间紧或者无条件自己做饭或正式用餐，迫于无奈而在外吃便餐。

（4）复杂型。近些年来不断曝光的食品安全问题，让社会大众对食品安全越来越不放心，而这些因素也越来越成为社会的主流。人们寄希望于一些比较大的、知名度较高的餐店来解决食品安全问题。

表 8–4　休闲餐饮的市场细分

就餐心理 \ 介入程度	低度介入	高度介入
自愿	替代型	享受型
被迫	被迫型	复杂型

（二）休闲餐饮市场细分条件

有效的市场细分条件与市场细分的目的紧密相关，是差异化营销对市场细分的要求。有效的市场细分应具备以下几个条件。

1. 可进入性

可进入性是指餐饮企业的资源条件和市场营销能力必须足以使休闲餐饮进入所选定的餐饮子市场，并有所作为。每个餐饮企业的设备、技术力量、管理、比较优势等决定了该企业可进入的市场是有限的，因而只能在可以进入的市场范围内进行市场细分。实际上，餐饮子市场的可进入性就是餐饮企业营销活动的可行性。显然，对于无法进入和难以进入的市场进行细分是毫无意义的。

2. 可赢利性

可赢利性是指细分后的餐饮子市场的规模和购买潜力必须大到足以保证休闲餐饮实现其赢利目标。如果细分后的餐饮子市场上消费者需求量较少、需求种类较少、消费频率较低等，说明该子市场潜量不大，难以补偿休闲餐饮运营的成本支出，更谈不上赢利。因此，有效的市场细分必须具有足够的餐饮需求规模和潜力、保证休闲餐饮的赢利，使企业能够不断地发展，否则这种细分是没有意义的。

3. 可衡量性

可衡量性是指市场细分的标准和细分后的餐饮子市场是可以衡量的，主要指用以细分市场的消费者信息不仅能通过市场调研及时获得，而且还具有可衡量性，否则这些特征资料就不能成为细分市场的标准。如果无法评价和量化顾客价值，就难以识别出休闲餐饮的价值顾客，更谈不上保留和发展，顾客长期价值最优更无法实现。

4. 反应差异性

反应差异性是指细分后的每个餐饮子市场对休闲餐饮市场营销组合中的任何一项因素的变动都能迅速地做出具有差异性的反应。如果几个餐饮子市场对于一种市场营销组合的变动具有相类似的反应，休闲餐饮就没有必要为每个餐饮子市场分别制订不同的市场营销组合，市场细分的意义也就不存在了。餐饮企业进行市场细分，必须通过市场调研分析市场中消费者的需求，要明确把握消费者所寻求的利益，并发现不同消费者期望值的差异程度。除此之外，休闲餐饮还要将这些需求不同的消费者的特征组合与消费特征联系起来。

二、休闲餐饮的目标市场

对休闲餐饮的目标市场可以从如下几个方面进行分析，从而为目标市场选择和市场定位策略提供一定的参考。

（一）按地理位置细分

把市场划分为不同的地理区域单位，可以选择一个或若干地区开展业务市场细分为国际和国内市场，城市、郊县和农村市场。休闲餐饮要视具体情况选择某一类具体的目标市场。

（二）按人口统计特征细分

将市场按人口统计学变量如年龄、家庭人数、性别、收入、职业、受教育程度为基础划分成不同的群体。

（三）按消费行为细分

根据消费者的消费行为，将消费者划分成不同的群体。市场细分为创新体验者、早期体验者、早期大众、晚期大众和落后体验者。新式休闲餐饮的创新体验者和早期体验者占比较多，对于很多休闲餐饮品牌来说都具备这个特点。

（四）按消费目的细分

根据顾客消费的目的，可将休闲餐饮市场细分为保健、休闲、静心、信仰或习惯、品奇尝鲜等几种类型。

从目前休闲餐饮发展实际来看，不少休闲餐饮都犯了同样一个错误，即认为大多数甚至所有人都是他们的目标顾客。实际上，目标市场不可能也不应该覆盖所有的细分市场，目标市场只是消费者中的一部分，那就是对餐馆所提供的服务和产品有着强烈需求并愿意光顾的那些顾客。

三、休闲餐饮的市场定位

首先，尽管市场在当前的状态下基本饱和，但基于我国经济形势的发展和社会生活水平的提高，休闲餐饮市场的潜力巨大，将有很大的提升空间。同时应注意到，由于人们的饮食习惯需要培养，休闲餐饮市场份额的扩大将是个缓慢的过程，在这种情况下，休闲餐饮定位特色化，直接决定了其在当前的竞争力，并影响其后续发展。

其次，休闲餐饮业态的多样化格局已经基本形成。如果仅仅依靠对市场的不断细分来区分竞争对手，无异于将自身逼近了死胡同。餐饮行业的市场细分已经基本完成，依靠找空隙来求生存的现象将会越来越少。休闲餐饮企业必须认清当前的形势，以消费者为中心，迎合并引导消费者的需求，通过不断创新来提升自己的竞争力。

最后，构建长远的发展战略定位。面对越来越挑剔的消费者，休闲餐饮必须在保持其特点的基础上，不断提高内容和质量。同时，休闲餐饮发展还需要具有战略眼光，积极拓展具有发展潜力的领域。在稳定忠诚客户的同时，积极谋求新的消费者。潜在消费者的寻找和争取是休闲餐饮发展到今天所面临的关键问题。如何抓住潜在消费者和稳定已有的消费者是市场定位中的又一个博弈分析。而要争取潜在消费者，必须要在内容上进行大胆的创新和尝试；要稳定现有消费者，就要在原有的经典产品上继续发扬光大，这样才能拥有竞争优势和广阔的发展前景。

四、休闲餐饮营销策略与措施

（一）休闲餐饮的营销策略

通过对现有代表性休闲餐饮经营模式的总结与分析，可将休闲餐饮营销策略归纳为如下几个方面。

1. 产品策略

产品策略的核心思想是 Remix。Remix 的意思为再混合、混搭等义，原指跨界产品统类名称，包括电子产品和服装等。其宗旨是面向年轻人群体，立足于非传统思维，将各种风格融合，不拘束于任何一种既定的限制。Remix 要求饮食文化要与休闲文化、娱乐文化、时尚文化等充分融合，体现多样化、丰富化的产品设计理念。近年来，以娱乐休闲和养生健康为导向、轻食风潮为目标的休闲餐饮模式较为盛行。在产品种类策划上，企业多推出甜品、冰品、茶饮、饮品、面食套餐、风味套餐、茶点、轻调特酒等创意食品；让消费者的味蕾、感官和精神得到全方位满足。

2. 价格策略

大众化、平价化是休闲餐饮的价格导向。从市场认同度的角度看，休闲餐饮适宜采取多样性商品组合定价方式，要真正留给消费者价值大于价格的超值体验。为此，价格策略应充分考虑五个方面的因素：一是消费者需求情况，休闲餐饮定价应充分考虑消费者意愿和支付能力；二是市场发展情况和竞争状态。市场发展过程一般包括投入期、发展期、成熟期和衰退期，不同的市场发展阶段要求制订不同的价格策略；三是政府的宏观管理。餐饮食品的特性使餐饮企业不仅要关注本行业的政府行为，还要注意相关行业的政府行为；四是企业所处的环境。如餐饮行业的气候和发展趋势、餐饮原材料的通货膨胀、国家有关价格、竞争、行业结构等方面的政策法规，社会公众和消费者的意见等；五是本地区人民生活水平。一般来说，当地人民的生活水平高，餐饮企业的定价水平就会高一些，反之也然。

3. 渠道策略

休闲餐饮的渠道策略主要通过开设主题餐厅的方式拓展企业品牌。为此要在主要商圈设店，尤其是城市综合性商业体的店面更为适宜。同时要尽快建立推广和加盟体系，为企业品牌形象宣传提供强大支撑。

4. 促销策略

休闲餐饮促销策略主要包括如下四个方面。

（1）创新品牌规划，独特命名设计。借助于 Remix 文化，实现新旧文化、不同属性文化之间的融合与创新。同时，实施副品牌规划，在品牌差异性方面进行区隔式设计。

（2）掌握目标消费特点，建立品牌认同。掌握目标族群的消费行为及喜好，建立会员制度，建立认同感。

（3）创新优质包装思路，组合多元产品。尤其要将茶文化、特色包装文化、文化商品、主题性商品等融入到休闲餐饮销售中。

（4）持续完善营销策略，广布渠道资源。与其他品牌捆绑，实施全方位的品牌授权，创新经营思路，打造概念营销，在较短的时间内形成良好的社会口碑。

（二）休闲餐饮的营销措施

1. 以社会化思维提升营销成效

社会化思维，不仅是利用社会化媒体做口碑营销，更重要的是利用社会化网络作为营销的载体。社交媒体和互联网已对传统公司的组织架构和商业模式产生冲击，改变了企业生产、渠道和营销等整个商业形态。休闲餐饮应不断完善微博微信等营销工作的使用效果，企业官微经常转发用户晒单微博，加快形成一套完整的传播机制，比如寻找关键用户传播、挖掘关键传播节点、借势营销等。

2. 以文化思维系统包装企业品牌

如何让休闲餐饮“文化”起来，应成为休闲餐饮发展中的重要任务。为此，首先要形成休闲餐饮中的创意文化思维，不断推出具有纪念和珍藏价值的文化产品，如书籍、休闲文化等。全聚德作为餐饮老字号中的代表，已形成了一系列文化产品开发体系，且都产生了广泛的影响，休闲餐饮要有这方面的思维。另外，要开展推广式的文化产品设计，包括影视剧植入、主题歌会、各类沙龙等，多角度全方位营销企业品牌。而从消费者视角看，应多一些值得回忆和珍藏的文化产品，如音像制品、连环画等文化商品的推出。

3. 以科技化思维点亮休闲餐饮品牌

餐饮 O2O（线上和线下）是当前基于餐饮点餐平台或者工具的兴起而火爆的经营模式，也是科技化思维在休闲餐饮中的具体运用。休闲餐饮 O2O 模式主要包括即食类和延时类两种模式。即食类基于客人饿肚子又不愿意动，或者说懒得找周边餐馆的痛点，整合线下餐馆资源和物流，这类工具整合的资源大多数是以主食为主，由于刚需市场巨大，物流显得尤为重要，时效性非常强，但顾客对于口感的要求相对而言并不高。而延时类则是对即食类的有效弥补，两者各有所长，共同构成休闲餐饮科技化主题。

思考题

1. 休闲餐饮发展中存在的问题有哪些？如何解决？
2. 休闲餐饮组织结构设计原则体现在哪些方面？
3. 休闲餐饮如何才能形成高效有序的服务体系？
4. 如何做好休闲餐饮的服务质量控制？
5. 与其他餐饮业态相比，休闲餐饮市场营销体系有何不同之处？
6. 请分析休闲餐饮消费者的主要类型。
7. 请举例说明休闲餐饮的营销策略与措施。

案例

百度烧烤公司休闲餐饮的发展模式

百度烧烤是一个中国餐饮连锁行业快速发展的知名品牌，创立于于 2005 年，隶属于沈阳亿百度餐饮管理有限公司。公司本着“做小不做大，做精不做俗”的经营理念，苦练内功，锐意进取，坚定不移的走特许连锁加盟道路。2006 年，公司与国内知名的策划机构合作，引入现代特许连锁加盟模式，建立一套完整的特许体系，打造出一支创新、奉献的管理服务团队。经过对市场的分析和适应，百度烧烤确立了新的定位思路，具体为：

（1）整合资源，错位发展集团产业。百度烧烤隶属于沈阳亿百度餐饮管理有限公司，是集团旗下的四大主力产业之一。如何有效地整合集团的资源，实现集团内部资源的优势互补，充分满足各部分消费者群的需要，体现集团化的优势，这是百度烧烤考虑发展战略问题的出发点。因此，百度烧烤在进行市场定位和战略设定时，不能够单纯的从自身出发，要进行系统思考，通过全局的战略部署，突出自身的特点，实现自我的突破式发展，在战略上采取成本最小化战略。

（2）不断创新，突出特点。在进行战略定位时，通过对百度烧烤消费者的访谈，可以知道百度烧烤目前在烧烤餐饮业中还是具有一定的特色和竞争力的，得到了广大消费者的认可，并且广大消费者希望百度烧烤能在烧烤方面继续发挥自己的特色，不断创新，为消费者服务。

（3）在消费者年龄定位上，百度烧烤目前的消费者年龄主要集中在18~45岁，百度烧烤的消费者年龄层比较宽泛，不够细分，这对公司的未来发展是不利的。公司应与市场一同成长，也应与消费者一同成长。百度烧烤的市场定位应该结合目标市场的特点和目标顾客的需求以及购买力等情况，从产品定位和价格定位两个方面来进行综合考虑。

案例思考题

请结合案例分析休闲餐饮在市场定位和营销策略上容易出现哪些误区？如何规避这些误区？

参考文献

[1] 邱功胜．百度烧烤营销策略研究 [D]. 长沙：中南大学硕士学位论文，2011.

[2] 张涛．必胜客在中国的营销战略制定研究 [D]. 上海：华东理工大学硕士学位论文，2010.

[3] 曾艳．基于 STP 的休闲餐饮营销战略探讨 [J]. 企业经济，2013（3）：121 ~ 124.

[4] 谭怡．休闲餐饮业的现状及营销对策探讨 [J]. 绿色科技，2013（6）：270 ~ 271.